广视角·全方位·多品种

权 威 · 前 沿 · 原 创

上海蓝皮书

BLUE BOOK
OF SHANGHAI

总编／潘世伟

上海资源环境发展报告（2011）

世博后城市可持续发展

名誉主编／张仲礼
主　编／周冯琦

ANNUAL REPORT ON RESOURCES
AND ENVIRONMENT OF SHANGHAI(2011)

社会科学文献出版社
SOCIAL SCIENCES ACADEMIC PRESS (CHINA)

法 律 声 明

“皮书系列”（含蓝皮书、绿皮书、黄皮书）为社会科学文献出版社按年份出版的品牌图书。社会科学文献出版社拥有该系列图书的专有出版权和网络传播权，其 LOGO（ ）与“经济蓝皮书”、“社会蓝皮书”等皮书名称已在中华人民共和国工商行政管理总局商标局登记注册，社会科学文献出版社合法拥有其商标专用权，任何复制、模仿或以其他方式侵害（ ）和“经济蓝皮书”、“社会蓝皮书”等皮书名称商标专有权及其外观设计的行为均属于侵权行为，社会科学文献出版社将采取法律手段追究其法律责任，维护合法权益。

欢迎社会各界人士对侵犯社会科学文献出版社上述权利的违法行为进行举报。电话：010－59367121。

社会科学文献出版社

法律顾问：北京市大成律师事务所

上海蓝皮书编委会

主要编撰者简介

张仲礼　上海市生态经济学会名誉会长。曾任上海社会科学院院长、上海社会科学联合会副主席、中国国际交流协会上海分会副会长、上海市生态经济学会会长等职。第六届至第九届全国人民代表大会代表。1952 年，获美国社会科学研究理事会奖金。1982 年，获美国卢斯基金会中国学者奖。2008 年，获"亚洲研究杰出贡献奖"。2009 年，荣获首届上海市学术贡献奖。

周冯琦　上海社会科学院生态经济与可持续发展研究中心主任、博士生导师、部门经济研究所研究员、上海市生态经济学会秘书长。主持国家社科基金重点项目"主要国家新能源战略及我国新能源产业发展制度研究"。《上海可持续发展研究报告》主编。

中文摘要

绝大多数的可持续发展问题，都能够在城市中显现出来。城市是解决社会可持续发展问题的矛盾焦点，也是提升国家可持续发展能力的行动重点和战略支点。就一个城市的长远发展来说，它的历史是由各个时期中一些关键性事件构成的，这些重要的事件提升了城市的能级，推进了城市的转型，提高了城市在地区中的级别，重大事件之后如何总结其举办经验、延伸其积极效应，有着重要的探讨价值。2010 年的上海世博会在上海城市发展的历史长河中，无疑将产生重大的影响。《上海资源环境发展报告（2011）》以世博会的环境效应以及"世博后"城市的可持续发展为主题展开讨论。

报告认为：2010 年上海世博会筹办过程中的环境保护机制和经验积累，世博会所展示的绿色技术、所展现的可持续发展实践、所传播的消费理念、所倡导的绿色自愿减排行动等都将会对上海乃至长三角地区城市的发展产生深远的影响。上海世博会是上海可持续发展的新起点，成为全球倾力打造的低碳发展的典范。"低碳世博"对我国推进低碳发展具有重要启示。世博会将引领城市未来可持续发展的方向。"世博后"上海的可持续发展需重点关注市民对空气质量标准提升的强烈诉求、城市饮用水安全和郊区水环境污染问题、城市生活垃圾减量化以及处置能力与垃圾快速增长的矛盾、能源以及碳排放强度硬约束的挑战、电子信息产业中的 PFCs 排放减量以及节能环保产业的技术创新和集群发展等领域。

除总报告外，本书从四个专题视角加以研究。

第一个专题是世博会环境效应专题。报告从上海世博会的特征、世博会的组织运作机制出发，探讨世博会的环境效应以及"世博后"如何延续放大世博会的环境效应。上海世博会从价值规范、技术知识普及、制度创新激励、产业结构变迁诸多方面推动环境效应的延续和扩展，因而是不折不扣的城市环境治理的重要战略工具。2010 年上海世博会在世博会历史上首次提出了"低碳世博"的理念，在筹备、举办过程中会聚了世界各地低碳发展的智慧和实践，成为全球倾力打造的低碳发展的典范。

第二个专题是低碳发展专题。报告分别从电子信息行业特征、温室气体排放减量、碳捕获和封存技术的实践案例和发展前景、碳金融工具如何推动温室气体减排等视角探讨上海的低碳发展路径问题。提出上海低碳发展战略，在宏观层面，应强化政策引导和技术创新；在微观层面，应侧重重点领域，积极促进能源、工业、建筑、交通领域的低碳发展，加强自然生态系统碳汇能力建设，广泛倡导城市低碳生活和绿色消费理念。

第三个专题是能源领域相关专题。报告分别从通用能源系统节能减排、上海新能源产业创新集群发展以及上海新能源汽车发展实践的视角研究如何通过通用能源系统的节能减排推进节能降耗，如何通过新能源产业集群的创新发展推动能源结构的优化，如何通过城市新能源汽车的推广应用促进城市节能减碳工程的系统推进。

第四个专题是城市可持续发展专题。该专题主要从城市饮用水安全与水环境保护以及城市生活垃圾填埋场综合利用视角探讨影响城市可持续发展两个重要领域。分析了上海饮用水安全与水环境所面临的挑战，建议提高饮用水安全标准、加强水源地保护、加强省界水环境保护的目标考核以及提高公众参与度等城市治水措施。垃圾填埋场周围的生态环境维护是困扰各大城市的一大难题，上海尝试通过建立静脉产业园区，开发风力发电、填埋气发电、太阳能发电，在静脉园区构建"立体式、多模式"能源再利用体系，将垃圾填埋场封场后的土地再利用和发展可再生能源有机结合在一起，探索出垃圾填埋场可持续利用的一种新模式。

Abstract

Most of the problems in sustainable development could emerge in the city. City is the key of solving the contradiction in social sustainable development, which is also the emphases for action and strategies support for enhancing the capacities of national sustainable development. To long-term development of a city, its history consists of some key events in each period. These important events have enhanced the city's energy level, promoted the city's transformation, and improved the level of cities in the region. After these events, how to summarize the organization experiences and how to extend the positive effects has important value of study. In Shanghai's urban development history, Expo 2010 will undoubtedly have a significant impact. The "Annual Report on Resources and Environment of Shanghai (2011)" discusses the themes of the Expo environmental effects and the city's sustainable development in post-Expo.

Report shows that, the environmental protection mechanisms and accumulated experiences in the organization process of Shanghai Expo 2010, the green technology showcase, the present practices of sustainable development, the spread of consumption concepts and the advocated green voluntary emission mitigation actions in Expo, would have profound impacts on the city's development in Shanghai and then the Yangtze River Delta. Shanghai Expo is the new starting point of Shanghai's sustainable development. Shanghai Expo will become a model of low carbon development with global efforts. "Low Carbon Expo" has an important inspiration for promoting low carbon development in China. The Expo will lead the city's direction of sustainable development in the future. After the Expo, Shanghai's sustainable development will focus on some fields, which includes the public's strong demands for enhancing the air quality standards, problems of drinking water safety and rural water environment pollution, reduction of municipal solid wastes and contradiction between the disposal capacities and the waste rapid growth, the constraints challenge of energy and carbon emissions intensity, the PFCs emissions reduction in electronic information industry, and the development of innovation cluster in energy saving and environment protection industry.

Except the general report, this book studies from the perspectives of four themes.

The first topic is the environmental effects of the Expo. Starting from the characteristics of the Shanghai Expo and the organization mechanism of the Expo, report discusses the environmental effects of the Expo and how to continue and enlarge these effects in post-Expo. From the aspects of the value criterions, technology information disseminations, institutional innovation incentives, and industrial structure changes, Shanghai Expo is to promote the continuation and diffusion of environmental effects. So it is an absolute strategy tool for urban environmental management. In the Expo history, Shanghai Expo 2010 has first proposed the concept of "Low Carbon Expo". In the process of preparation and organization, it has gathered the wisdoms and practices of low carbon development all over the world, which makes it be a model of low-carbon development with global efforts.

The second topic is the low carbon development. Separately from some views, report discusses the paths of Shanghai's low carbon development. The views consist of the characteristics greenhouse gas emissions reduction in the electronic information industry, the practice cases and perspectives of carbon capture and storage technology, and how to promote the greenhouse gas emissions reduction with carbon financial instruments. Then the report puts forward the low carbon development strategies in Shanghai. In the macro level, Shanghai should strengthen policy guidance and technical innovation; in the micro level, Shanghai should focus on the key areas, actively promote the low carbon development of energy, industry, construction, transportation, strengthen the carbon sink capacity in natural ecosystems, and promote a wide range of urban low carbon living and green consumption.

The third topic is the energy and the related. Separately from the perspectives of the energy conservation and emission reduction in the general energy systems, the innovation cluster development of Shanghai's new energy industry, and Shanghai's practices of new energy vehicle, report investigates that how to promote energy conservation with the practices of general energy systems, how to promote the optimization of the energy structure by the new energy industry cluster innovation development, and how to systematically promote the projects of urban energy conservation and carbon reduction by the spread and use of new energy vehicles.

The fourth topic is the urban sustainable development. The topic separately discusses from two important areas of urban sustainable development, which include drinking water safety and water environment protection, and comprehensive utilization of urban solid waste landfill. Report analyses the challenges of drinking water safety and water environment in Shanghai. It recommends some water control measures, such as improving standards of drinking water safety, strengthening protection of water sources, strengthening objective assessment of water environmental protection in the provincial boundary, and increasing urban public participation. The ecological environment maintenance around the landfill is a major problem in cities. Through the establishment of venous industry park, Shanghai Environment has developed wind power, landfill gas power generation, solar power generation, and has constructed "three-dimensional, multi-mode" energy reuse system. The organic combination of land reuses of the landfill after closure and development of renewable energy has explored a new model of sustainable use in landfill.

序

世博会是一项具有较大影响和悠久历史的国际性博览活动。纵观历届世博会，自 20 世纪 70 年代之后，各国的世博会主题大多是围绕技术创新与能源、环境可持续发展等议题展开的。随着环境问题的日益突出，人类与环境的协调发展越来越成为世界各国关注的焦点。作为特大活动和国际重大事件，上海世博会以"城市，让生活更美好"为主题，为城市可持续发展的实践提供了有益的素材和实践基础。"后世博"将成为城市可持续发展的重要战略机遇期。

上海正处于后工业化的特殊发展时期，加快推进转型和城市可持续发展将成为上海"十二五"时期及更长一段时间发展的主基调。然而，在经济发展过程中，资源与环境已经成为制约上海经济社会发展的关键因素，上海在资源与环境方面面临的压力会越来越大，在自身发展方式的转型上面临着巨大的挑战。一方面，支持上海经济社会快速发展的能源、土地、水资源等自然资源条件已经发生了重大的变化，即从相对宽裕的发展阶段到了严重不足的发展阶段。能源、土地、水资源等自然资源不足和二氧化碳吸收能力薄弱等环境容量问题，已经成为制约上海经济社会发展的主要因素。这些都使得上海迫切需要改变传统的经济增长方式，向科学发展和低碳转型迈进。另一方面，上海在应对气候变化问题上也面临巨大挑战。全球气候变化严重地威胁着人类的生存与经济社会的可持续发展，已成为当今科学界、各国政府和社会公众强烈关注的重大环境问题。上海作为全国经济最发达的城市之一，存在能源消费量高、碳排放量大的问题，这就使上海在应对气候变化方面不仅要面对来自发达国家碳减排的压力，还要通过自身转型走向资源高度节约型的经济增长和社会发展的道路。

上海世博会的召开对上海经济与环境、城市的可持续发展产生了巨大的影响。世博会的召开为上海在城市发展过程中应对上述压力和挑战提供了创新思路和发展机遇。"世博后"的环境效应不断扩大。从短期来看，一方面，世博会可以引领城市发展新的理念。世博会中展示的各类低碳环保技术有利于提高公众对低碳环保技术、产品和行为等的接受度，使低碳环保的理念更加深入人心，顺应了在资源环境约束的压力下实现城市可持续发展的要求。另一方面，世博会可以引领低碳环保的技术创新。世博会云集了全球最为先进的低碳环保技术、实践案例和操作方法，而且还花巨额资金将新能源、新材料、新设施等投入使用，对经济社会发展产生了变革性的影响。从长期来看，世博会为上海战略性新兴产业的发展准备了条件，将推动上海城市的可持续发展。通过对高新技术战略性新兴产业的推动、对现代服务业的促进，上海世博会的环境效应得以延续和扩大，对经济社会发展产生深远影响。

"十二五"期间上海将更加着力于城市的可持续发展，提升产业发展的质量、效益、结构和水平。所以，以"绿色世博"为契机，研究如何放大世博会绿色效应，引领城市可持续发展具有重要意义。

《上海资源环境发展报告（2011）》以"世博后城市可持续发展"为主题，侧重对以下几个方面的内容进行探讨：一是世博会环境效应专题。阐释了上海世博会的环境效应，以及如何发挥世博会效应，促进上海可持续发展等内容。二是低碳发展专题。从碳捕获与存储技术、低碳经济的实施路径、如何以碳金融的发展推动上海低碳发展等几个方面做了探讨。三是能源领域相关专题。从通用系统节能、新能源技术创新集群、新能源汽车等方面研究上海如何把握低碳发展转型的机遇，发展战略新兴产业，助力城市可持续发展。四是城市可持续发展专题。分别从上海水环境保护和城市生活垃圾填埋场综合利用视角探讨城市生命线的保护。

期望《上海资源环境发展报告（2011）》从理念到实践引领世博后上海的可持续发展。

张仲礼

2010 年 12 月于上海

目 录

B I 总报告

B II 世博会环境效应专题

B III 低碳发展专题

B IV 能源领域相关专题

皮书数据库阅读 使用指南

CONTENTS

B I   General Report

B II   Environmental Effect of 2010 Expo

B III   Low Carbon Development

B IV   Energy and the Related

B V Urban Sustainable Development

B VI Appendix

总 报 告

General Report

B.1

世博会：城市可持续发展的新起点

周冯琦*

　　摘　要：绝大多数的可持续发展问题，都能够在城市中显现出来。城市是解决社会可持续发展问题的矛盾焦点，也是提升国家可持续发展能力的行动重点和战略支点。重大事件对城市的可持续发展有着重要的影响。2010 年上海世博会筹办过程中的环境保护机制和经验积累，世博会上所展示的绿色技术、所展现的可持续发展实践、所传播的消费理念、所倡导的绿色自愿减排行动等都将会对上海乃至长三角地区城市的发展产生深远的影响。上海世博会是上海可持续发展的新起点。上海世博会的绿色办博、绿色建设、绿色运营实践、绿色展览展示告诉我们这样一个事实：城市是资源环境等矛盾问题的制造者，但同时城市也是资源环境等矛盾问题的解决主体。上海世博会所展示

---

* 周冯琦，上海社会科学院生态经济与可持续发展研究中心主任，部门经济研究所研究员，博士。研究方向：资源环境经济学、低碳经济、产业规制。

的低碳环保理念将引领城市可持续发展的理念更新，引领多极城市群的发展，引领特大城市以内涵为主的城市可持续更新，引领城市绿色经济发展；世博会展示的绿色发展的财富效应，将引领企业绿色发展；清洁能源推广利用的可能性，将引领清洁能源入主城市发展；世博会展示的生态建筑将引领城市建筑可持续发展方向；多元共享的交通案例，将引领租赁式多元化城市交通发展；世博会上非政府组织和市民的积极参与以及与政府的互动，将引领利益相关者参与城市治理机制的新发展。

　　关键词：上海世博会　环境治理　节能减排　城市可持续发展

　　2010 年 12 月 11 日，坎昆气候变化大会终于画上句号。会议通过了两项应对气候变化的决议，向国际社会发出了积极信号，并将推动全球气候变化谈判进程继续向前。虽然此次会议仍未能完成"巴厘路线图"的谈判，未给出《京都议定书》第二承诺期的时间表以及相应的减排目标，但中国政府宣布，将本着对本国人民和世界人民高度负责的态度，一如既往地推进绿色、低碳、可持续发展，为应对气候变化作出自己的贡献。2010 年 11 月公布的《中共中央关于制定国民经济和社会发展第十二个五年规划的建议》中指出，"十二五"期间，中国将深入贯彻节约资源和保护环境基本国策，节约能源，降低温室气体排放强度，发展循环经济，推广低碳技术，积极应对气候变化，促进经济社会发展与人口资源环境相协调，走可持续发展之路。绝大多数的可持续发展问题，都能够在城市中显现出来。城市是解决社会可持续发展问题的矛盾焦点，也是提升国家可持续发展能力的行动重点和战略支点。就一个城市的长远发展来说，它的历史是由各个时期中一些关键性事件构成的，这些重要的事件提升了城市的能级，推进了城市的转型，提高了城市在地区中的级别。重大事件之后如何总结其举办经验、延伸其积极效应，有着重要的探讨价值。2010 年上海世博会筹办过程中的环境保护机制和经验积累，世博会所展示的绿色技术、所展现的可持续发展实践、所传播的消费理念、所倡导的绿色自愿减排行动等都将会对上海乃至长三角地区城市的发展产生深远的影响。上海世博会的绿色办博、绿色建设、绿色运营实践、绿色展览展示告诉我们这样一个事实：城市是资源环境等矛盾问题的制造者，但同时城市也是资源环境等矛盾问题的解决主体。

一 上海世博会的环境表现和努力

在上海召开 2010 年世博会之前，上海的环境质量曾引起世界的普遍忧虑。一些人士担心，2010 年上海世博会可能成为历史上空气污染最为严重的世博会之一。事实证明这些担忧是多余的，上海高度重视世博会前以及世博会期间的环境空气质量保障工作，实现了世博会期间环境空气质量优良率（API）达到 95% 以上，重特大活动日环境空气质量优良率 100% 的目标。上海世博会为城市可持续发展留下了众多重要的"绿色遗产"。

（一）环境污染常规防控机制

1. 滚动实施环保三年行动计划，突出污染源头控制

从 2000 年起，上海便滚动实施环境保护和建设三年行动计划（以下简称环保三年行动计划）。2009 年，这一计划已进入第四轮。10 年中，上海通过燃煤设施的清洁能源替代淘汰改造了近 6000 台燃煤设施，创建了 674 平方千米的基本无燃煤区。通过产业结构调整，淘汰了 3000 余家高污染、高能耗、技术工艺落后的企业和生产工艺①。通过工业区整治，把吴淞工业区初步建成为城市现代工业区；通过对落后化工产业的调整，使桃浦工业区从一个污染严重的老化工基地转化为现代物流中心。上海市在滚动实施的环保三年行动计划中，建立了污染源头控制机制，以静脉产业园区、生态工业园区建设和电子废物处置等为重点，加大对循环经济的支持力度，积极推进清洁生产，切实推进经济发展方式的转变。

---

① 上海环境网，http://www.sepb.gov.cn。

2. 以规章制度和有效监管推动燃煤电厂二氧化硫减排

上海是一个特大型城市，2/3 的电力依靠本地电厂提供，而其中火力发电占大头。截至 2009 年底，上海市装机容量为 1654.94 万千瓦[①]。上海电力行业的二氧化硫减排对城市空气质量有很重要的影响。截至 2009 年 7 月，上海市所有列入"十一五"计划的电厂现役机组的脱硫工程全面完成，累计有 1067.4 万千瓦电厂机组脱硫设施投入运行，全部实现脱硫在线监测[②]。但随着上海市现役机组脱硫工程的全面完成，脱硫设施运行效率不高等问题逐渐显现。上海市成立了节能减排领导小组和二氧化硫减排监控协调小组，建立了联络员例会制度、工作月报制度和例行现场核查制度，形成了有关政府职能部门、区县政府合力推进和动态督察的工作机制。

——加强基础管理和监督

上海市先后出台了各类管理规章，规范脱硫设施运行的基础管理。2009年，上海市环保局牵头，会同市发改委、市经信委等部门，先后出台了《上海市电力行业大气污染治理设施环境管理台账要求》等文件，明确了发电企业的责任以及污染治理设施的运行和管理要求，指导、监督企业加强规范化管理，确保脱硫设施稳定运行并发挥减排效益。同时，市环保局、发改委、经信委等部门还联合出台了《关于进一步加强上海市供热企业燃煤锅炉脱硫设施运行管理等有关问题的通知》，规范脱硫设施运行，深挖供热企业二氧化硫减排潜力。

为了进一步加强对已经运行的脱硫设施的监督管理，实时掌握重点污染源排放情况，上海市环保局出台了《关于实施市级重点环保监管企业固定污染源烟气排放连续监测工作的通知》，要求市级重点环保监管企业从 2007年起全面实施固定污染源烟气排放连续监测工作，截至 2009 年底，已有 246 套设施的监测信息接入上海市环保局的信息平台，205 套设施通过市环保局的验收[③]。

---

① 上海统计局：《上海能源统计年鉴 2010》。
② 上海环境网，http://www.sepb.gov.cn。
③ 上海环境网，http://www.sepb.gov.cn。

除此之外，上海市还制定了《上海市电力工业上大压小工作实施方案》，并由市发改委、经信委代表市政府与相关电力公司签订了《关停小火电机组责任书》。

——动态监测与定期减排核查相结合

上海市环保局会同发改委、经信委等部门，吸收部分专家，组成了二氧化硫减排核查专项小组，定期开展二氧化硫减排核查工作。从脱硫设施运行台账记录情况，了解燃煤电厂的用电、用水情况，现场查看设备运行情况，调阅设备运行历史数据，进行综合分析，由此查找燃煤电厂是否存在管理不规范、违规开启旁路、烟气自动监控系统（CEMS）定期比对频次偏低、数据有效性审核不及时等监管盲点。

针对检查发现的燃煤电厂随意开启烟气旁路的问题，上海市专门出台了《关于完善烟气排放流量计量监控工作的通知》，规范安装要求，实现了脱硫机组全烟气流量的在线监控，并且针对部分电厂分散控制系统（DCS）数据存储时间过短的问题，要求全市脱硫机组的分散控制系统进行改造①。

为确保 CEMS 数据的准确性，上海市环保局环境监察部门每季度对国控重点污染源开展 CEMS 对比检测。根据检测数据，上海市环保局对脱硫电厂的脱硫设施的投运效率和运行效率进行月度评估，并向企业公示，为二氧化硫减排核算和行政执法工作奠定了扎实的基础。

——通过超量减排奖励，动员企业积极参与

上海市环保局在推进二氧化硫减排工作的过程中，始终坚持动员相关企业积极参与的机制。通过召开会议、政策解答等多种形式向发电企业宣传减排工作的重要性和严肃性，并于 2008 年出台了《燃煤电厂脱硫设施运行超量减排奖励暂行办法》等奖励措施，对脱硫设施年投运率高于95%且平均脱硫效率高于90%的发电企业的二氧化硫超量减排部分给予 4000～6000 元/吨的超量减排奖励。这一奖励措施的出台，对鼓励企业积极参与减排有重要的作用，发电企业纷纷成立脱硫设施运行专门管理机构，由专门管理人员负责

① 李成思、蔡新华：《上海监管与政策激励结合 破解二氧化硫减排难题》，2010 年 9 月 3 日《中国环境报》。

本企业脱硫设施运行管理工作，部分企业还聘请了专业的环保公司负责脱硫设施的运行维护，确保脱硫设施连续稳定地运行。

经国家环境保护部核定，2009 年上海市削减二氧化硫排放量达 6.36 万吨，超额完成 2009 年二氧化硫减排任务（削减比例居全国首位），其中燃煤电厂脱硫设施运行共削减了 5.38 万吨，为超额完成年度减排任务作出了突出贡献[①]。根据《燃煤电厂脱硫设施运行超量减排奖励暂行办法》的规定，上海外高桥电厂等 10 家电厂共获得超过 6000 万元的上海市节能减排专项资金奖励[②]。

3. 实施公交优先战略，提高机动车排放标准，有效防控机动车尾气污染

近年来，上海市不断加强大气环境保护和治理工作，环境空气质量得到逐步改善，但与发达国家城市相比还存在一定差距，特别是与机动车排放相关的大气污染指标和大气环境中的臭氧超标现象逐步显现。研究表明，机动车排放的氮氧化物、挥发性有机物和颗粒物在市中心城区所有污染源中的"贡献"比例达到 66%、90% 和 26%，机动车排放已经成为影响城区环境空气质量和居民健康水平的主要污染源[③]。

2007 年上海的大气环境监测表明，中心城区主要干道机动车尾气污染超标严重，高峰时段尤为明显，其中中心城区 90% 左右的碳氢化合物为车辆排放，机动车尾气污染防治工作已成为今后几年上海环保工作的重点之一[④]。防控机动车尾气污染的主要措施有：第一，实施公交优先发展战略，提高公交出行率；第二，加快公交车辆更新步伐，积极选用安全、舒适、环保的车辆；第三，提高机动车尾气排放标准。

进入 21 世纪以来，特别是上海获得 2010 年世博会举办权以来，上海以举办世博会为契机，全面贯彻落实公交优先战略，轨道交通投运里程数跃至世界第二位，全市公共交通出行比例升至 23.9%，提前实施欧Ⅳ排放标准并提出环保限行措施，新能源汽车的开发工作获得重大突破，在防控机动车

① 上海市政府门户网站，http：//www.shanghai.gov.cn。
② 上海市政府门户网站，http：//www.shanghai.gov.cn。
③ 蔡志刚：《上海市提前实施国家第四阶段机动车排放标准》，《上海环境》2009 年 1 月。
④ 陆世鑫：《治理汽车尾气，提高环境质量》，上海市虹口区老科技工作者协会成果。

尾气污染方面取得了可喜的成效。2010 年前 11 个月上海市环境空气优良率达到 93.6%，为历年最优，二氧化硫、二氧化氮和可吸入颗粒的平均浓度分别较上年同期下降 18.5%、10.7% 和 12%①。

——确定公交优先发展战略，制定明确的发展目标

在提出城市公交优先发展战略后，上海市建交委通过多方论证和规划研究，于 2007 年会同各有关部门发布了《关于优先发展上海城市公共交通的意见》（以下简称《意见》），《意见》提出上海公交优先发展的总体目标是，到 2010 年基本形成以轨道交通为骨干、地面公交为基础、出租汽车为补充、信息系统为手段、交通枢纽为衔接的科学合理的城市公共交通体系，为人民群众提供快捷、准时、便利、可靠、经济的优质公共交通服务。届时，上海公共交通日均客运量将达到 1690 万人次，占机动车出行的比重达到 65% 以上，占出行总量的比重达到 33% 以上。实现公共交通的便捷换乘，即实现"3 个一"的目标：中心城两点间公共交通出行在一小时内完成；郊区新城一次乘车进入轨道交通网络；新市镇与所属中心村之间一次乘车到达。实现公共交通站点 500 米服务半径全面覆盖中心城和郊区城镇，其中，内环线以内区域 300 米服务半径实现基本覆盖，在中心城区实现公共交通"一卡通"基本覆盖，推进轨道交通和地面公交之间的有效衔接和换乘②。

——加大了对城市公共交通的投入

上海市在轨道交通、部分地面交通、城乡道路建设、公交车辆更新等方面作了巨额投入，2002～2007 年，上海市轨道交通建设累计投入政府性资金 863 亿元，地面公交基础设施建设累计投入 22.66 亿元。2007 年市财政性资金对全市地面公交行业实施油价、车辆更新补贴，优惠换乘、老年人乘车优惠补偿等累计支付 8.6 亿元。2006 年和 2007 年，各区县也加大了对本区域内地面公交基础设施建设、公交车辆更新、线路开辟等的财政投入，共计达 8.11 亿元。其中，浦东新区财政预算安排资金 3.03 亿元，实际执行 2.9 亿。2007～2009 年，上海投资约 1100 亿元完成轨道交通和综合交通换

---

① 上海环境网，http：//www.sepb.gov.cn。
② 上海市建设交通委网站，http：//www.shucm.sh.cn。

乘枢纽等基础设施的建设、完善公交快速出行网络，并进一步推进公交优惠换乘，城市公共交通的服务能力显著增强[①]。

——加快城市公共交通设施体系建设

第一，全面推进轨道交通网络建设。在2010年世博会举办前后，上海累计建成11条轨道线，通车里程达430公里，"四纵三横一环"的轨道交通网络（四纵即南北走向的3号线、7号线、1号线和8号线；三横即东西走向的2号线、9号线和10号线；一环即4号线环线），每天可运送乘客近550万人次，承担全市公共交通出行量的35%以上，在有效缓解上海中心城区交通拥堵状况的同时，还为前来参观游览世博园区的50%的宾客提供了出行方便[②]。

第二，加快建设综合交通换乘枢纽。2005年底，上海市共有24个交通枢纽，预计到2010年底，列入"十一五"重大建设项目的60个交通枢纽基本建成，并在城市外围地区设置了大型停车＋换乘（P＋R）枢纽。2010年3月启用的虹桥综合交通枢纽，集成了民用航空、高速铁路、城际铁路、高速公路、磁悬浮、地铁、公交、出租等多种交通方式，全部建成后预计每天客流量将达到110万人次[③]。

第三，加快公交专用道建设。在世博会期间，世博公交专用道为公交车辆提速起到了明显的作用。统计资料显示，在普通四车道马路上，公交车平均时速仅为每小时12公里，而在公交专用车道上，这一数字提升到了每小时20公里，增幅近七成。截至2009年底，上海已建成公交专用道72.7公里，2010年的建设里程将超过20公里[④]。

第四，提高车辆装备和环保水平。上海积极发展低耗、环保、舒适的新型公交车，优化车辆装备。车辆更新进一步加快，折旧年限从20世纪90年代初的14年缩短到8年（高等级车12年）。截至2009年底，上海市有空调车11873辆，占营运车辆的70%；其中，高等级车5600多辆，市民乘车舒

---

① 上海市建设交通委网站，http：//www.shucm.sh.cn。
② 《上海轨道交通年内跻身世界前三名》，2009年7月29日《文汇报》。
③ 沈俊：《上海城市公共交通的发展与展望——在2010中国国际友好城市大会上的演讲》。
④ 上海市建设交通委网站，http：//www.shucm.sh.cn。

适度进一步改善。同时，通过推进信息化建设，5000 多辆公交车安装了车载智能装置。到 2010 年，符合国Ⅲ排放标准的公交车比例达到 35%①。

——实现市内"公交一卡通"，实施公交换乘优惠政策

上海自 1999 年 12 月开始试运行"公交一卡通"工程，实施"公交一卡通"旨在提高全市公共交通的营运效率，改善上海城市交通状况，方便广大市民出行。市民拥有"公交一卡通"交通卡后可乘公交车、出租车、地铁和轮渡，使用一卡通，方便迅速，省却了找零不便等诸多麻烦。

2007 年 10 月 27 日，上海推出了公交换乘优惠政策，乘客持同一张交通卡在轨道交通出站的刷卡时间，距实行换乘优惠空调公交车上车刷卡时间在 90 分钟内；或在实行换乘优惠空调公交车上车刷卡时间距换乘轨道交通进站刷卡时间在 90 分钟内，可享受 1 元的换乘优惠。如乘客持同一张"公交一卡通"在享受轨道交通与公交换乘每次优惠 1 元的基础上，一个自然月内在轨道交通消费满 70 元后，还可在该自然月内同时享受轨道交通票价九折优惠，形成叠加优惠。叠加优惠程序为先享受 1 元换乘优惠，再享受轨道交通九折优惠。在城市公共交通服务能力提升的同时，通过换乘优惠措施，提高了市民选择公共交通出行的比例，有效地缓解了世博会期间的交通拥堵和机动车尾气排放污染。

（5）提前执行机动车尾气排放国Ⅳ标准，并实施以旧换新补贴政策

为进一步提高机动车排放水平，改善城市环境空气质量，演绎"城市，让生活更美好"的世博会主题，上海市于 2009 年 11 月 1 日起，对在上海市新注册登记牌证的所有轻型汽油车和在上海市使用的公交、环卫、邮政、市政建设用车，提前实施国家机动车第四阶段排放标准（简称国Ⅳ标准，等效于 2006 年以后欧盟成员国执行的欧Ⅳ标准）。同时，停止销售、注册达不到排放标准的车辆。

提前执行更严格的机动车排放标准是上海市机动车污染控制工作的有效措施之一，上海市自 1999 年开始提前实施国家机动车第一阶段排放标准，随后在 2003 年提前两年实施国家机动车第二阶段排放标准，2007 年起在公

---

① 上海市建设交通委网站，http：//www.shucm.sh.cn。

交、出租行业提前实施国家机动车第三阶段排放标准。相比按照国家既定进度实施排放标准，提前实施排放标准累计削减机动车主要污染物排放达45万吨左右，使上海市在机动车保有量大幅增长的前提下空气环境质量的优良率始终保持在85%以上。实施国家机动车第四阶段排放标准后，轻型汽车单车污染物排放将进一步减少50%左右，重型汽车单车污染物排放可进一步减少30%左右，颗粒物排放更可减少80%以上，对全市的机动车污染减排可起到积极的作用，环境效益将进一步显现[①]。机动车国Ⅳ标准的提前实施对改善上海市2010年世博会期间的空气环境质量起到了积极作用。

为迎接2010年上海世博会的召开，配合国务院出台的鼓励汽车"以旧换新"政策，推进节能减排、改善城市环境，2009年6月，上海市出台了《上海市鼓励老旧汽车淘汰更新补贴暂行办法》，促进和鼓励老旧汽车的淘汰更新。据统计，从2009年6月1日至2010年4月30日，上海共受理汽车以旧换新和老旧汽车申请补贴材料1.4万余份，实现销售收入近23亿元，政府补贴9000余万元。从车辆更新方式看，转出更新占79%，报废更新占21%；从购置新车情况看，沪产车辆占53%[②]。促进汽车以旧换新和老旧汽车淘汰更新，不仅有利于保持经济平稳较快发展，提高资源利用率，减少环境污染，促进节能减排，还将促进消费者固有消费观念的逐步转变。

——积极推广新能源汽车

2009年，上海通过科技部、工信部等专家验收，成为13个"十城千辆"试点城市之一。除世博园区外，试点区域还将延伸至崇明生态岛、陆家嘴、嘉定新城、虹桥综合枢纽、临港新城、松江新城等地区。市区内的公交11路、825路、604路等百年公交线路全部由"蓄电池＋超级电容"的纯电动公交车取代。

作为全国"节能与新能源汽车示范推广"首批试点城市之一，上海结合世博科技行动计划，在世博会期间与科技部合作开展纯电动、混合动力、

---

① 蔡志刚：《上海市提前实施国家第四阶段机动车排放标准》，《上海环境》2009年1月。
② 《上海将延长老旧汽车淘汰更新补贴实施期限》，新华网。

燃料电池等 1147 辆各类新能源车辆的示范运行。这是继 2008 年北京奥运会后，我国新能源汽车技术和成果的又一次集中展示。上海世博会期间，共使用节能与新能源汽车 1147 辆，其中纯电动汽车（含公交车、场馆车）390辆，燃料电池汽车（含公交车、轿车）196 辆，超级电容公交车 61 辆，混合动力汽车（含公交车、轿车）500 辆①。上海世博会无疑是目前世界最大规模新能源汽车的商业运营示范点。

随着上海"十城千辆"节能与新能源汽车示范试点的进一步推广，2010～2012 年上海新能源汽车将达到 4157 辆，预计将节省传统燃料 23 万吨，减少有害物质排放 1400 吨，减少温室气体排放 73 万吨，按照每吨 6000元的汽油价格计算，节约 14 亿元燃料成本②。

通过四轮环保行动计划的不断推进、电厂烟气脱硫和"上大压小"计划大力发展公共交通，不断淘汰更新高排放的公交车和出租车，在国内率先实施了国Ⅳ标准、高污染机动车中环线内限行、积极推广新能源汽车等措施，有效控制了中心城区的大气污染。除此之外，还通过落实建设施工、拆房、道路和管线施工、堆场、道路保洁，以及物料运输等扬尘污染防治规范化管理，创建了 728 平方千米的"扬尘污染控制区"，减少了城区的降尘污染。

（二）针对特殊气象的强化应急措施

上海市虽然在大气环境污染常规防治方面已形成较完备的机制，但要实现重特大活动日环境空气质量优良率达 100% 的目标，仍面临巨大挑战。为了应对不同的环境污染情况，上海市制定了世博期间对各种污染情况下的环境空气质量保障方案。

这个方案根据环境空气质量达标或超标的不同情况，分别采取常规、强化、应急三个层次的措施。

---

① 王哲：《上海市节能与新能源汽车示范推广情况》，2010 中国汽车产业发展国际论坛，2010年 9 月 5 日。
② 王哲：《上海市节能与新能源汽车示范推广情况》，2010 中国汽车产业发展国际论坛，2010年 9 月 5 日。

常规措施是在环境空气质量可以达标的情况下，对已确定的电厂烟气、工业废气、机动车尾气、扬尘、挥发性有机污染物控制等整治项目加强监控，确保所有污染治理设施保持正常稳定运行。

强化措施是在全面解决常规污染因子的基础上，针对因二次污染引起的臭氧、灰霾等新型大气污染问题，实施一系列保证空气质量更上一个台阶的措施。

根据应急预案，在世博会期间，如果出现特殊气象条件，可能产生区域性污染，此时便要采取应急措施。主要有：高污染企业或生产线限产减排，未脱硫或未实施清洁能源替代的锅炉须使用低硫燃料，加强对黄浦江沿岸船舶冒黑烟的监管，停止各汽车修理企业、修理点、企业喷涂生产线喷涂作业等，通过这些措施减少污染物的排放浓度，并进一步考虑实施部分区域的人工降雨，起到缓解空气污染的作用。

据上海市环保局发布，世博会期间，上海市环保局充分发挥了由46个连续自动监测站和1个数据处理中心组成的环境空气质量自动监测网络的作用，对各类地区进行实时监测跟踪，发布监测日报，并在此基础上进行了48小时环境空气质量预报。

（三）区域空气质量保障联防联控机制

虽然上海市环保局对世博会期间空气质量的保障方案作了充分考虑，但仍然面临着巨大的困难和挑战，主要表现在灰霾污染问题日益严重，春、秋两季秸秆焚烧及不利气象条件将可能产生区域性大范围灰霾污染。环境空气质量具有很强的区域性特征，任何一个城市都难以独善其身。当出现区域性污染时，只有区域内所有地区共同采取措施，才能缓解污染状况。

为了保障世博会期间的空气质量，上海市环保局会同江苏、浙江两省环保部门，制订了长三角区域大气污染联合防治工作方案，创建了上海、南京、杭州等九城市区域空气质量联合预报机制，实行长三角重点城市日报数据动态发布和城市48小时趋势预报，开展长三角区域大气污染和灰霾联合监测，基本实现了区域空气质量监测数据的共享；重点对世博园区300公里半径范围内的电厂、钢铁企业、化工企业、建材企业、燃煤锅炉、炉窑设施以及餐饮企业实施全面综合整治，确保了污染治理设施正常运转、大气污染物稳定达标排放；依靠长三角区域的联动机制，推行了机动车环保标志互认制度，建立机动车"冒黑烟"信息定期通报制度；全面实施秸秆禁烧工作，共同编制了《世博会期间长三角地区秸秆焚烧遥感信息日报》，发挥区域联动效应，共同提升区域空气质量。据上海市环保局披露，根据环境监测数据统计，截至世博会落幕，上海市空气质量优良率达到了96.4%，特别是世博会开幕以来，优良率达到98.4%，为历年最高；空气中的二氧化硫、可吸入颗粒物、二氧化氮等污染物浓度是历年同期最低的。

（四）水环境治理与饮用水安全保障机制

水是"精彩世博"的重要组成部分。上海市从2000年开始实施环保三年行动计划，目前已进入到第四轮，其中水环境保护一直是环保三年行动计划的重要领域之一，投资超过800亿元，涉水项目主要包括饮用水安全保障、污水处理设施和收集管网建设、河道综合整治等方面。通过环保三年行动的滚动实施，全市城乡水环境面貌得到持续改善，水环境治理取得显著成果。作为水环境质量的重要指标，化学需氧量（COD）的减排是工作的重中之重。2009年，全市化学需氧量排放总量为24.34万吨，比2005年削减了19.9%，提前达到了"十一五"减排目标；万元生产总值化学需氧量与2005年相比降低了51%[①]。

1. 加强集约供水，省界断面动态预警监视，保障水源地安全

上海市积极推进城乡供水一体化，实现供水公共服务均衡化。在加快青草沙水库及原水系统、黄浦江原水连通管闵奉支线、崇明东风西沙水库和原水管、陈行水源地嘉定支线等重点工程建设的同时，大力推进供水集约化，将全市的饮用水水源集中至四大水源保护区。2010年，青草沙水库及原水系统建成后，供水能力为719万立方米/天，长江原水和黄浦江原水的比例调整为7∶3。2002年以来，全市已关闭大部分乡镇水厂、内河取水口、公共供水深井。目前，上海市供水集约化率达到62.4%。

---

① 《上海统计年鉴2010》，上海统计出版社，2010。

为了确保水源地的安全，上海市关闭了部分对饮用水水源存在严重威胁的高风险污染企业，加强对其他风险企业的监管，对进入水源保护区的运输危险品船舶安装 GPS，建立报告制度。以水功能区划为基础，对相关水工程调度进行实时监控，在省界断面和主要输水断面建设水资源实时预警监视系统；加强长江口咸潮入侵趋势的预警、预测和预报工作，建设和完善长江口氯化物实时监测系统；完善原水、供水水质预警和生物预警系统；编制完成相关的应急预案。

2. 运用经济手段，加强截污纳管工作，切断河道污染源

上海市针对郊区城镇化进程中，产业向郊区集聚而污水处理设施建设明显滞后、水污染防治基础设施薄弱的实际情况，于 2004 年发布了《关于加快工业区污水治理的若干意见》，2006 年出台了以新增污水处理量为标准核定补贴金额的"郊区污水管网建设市级资金补贴政策"，对工业区企业实施污水纳管补贴以及对松江、青浦等 7 个区县内列入计划的郊区污水收集管网工程进行补贴。近年来，污水处理厂和管网建设力度不断加大，城乡污水治理同步推进，污水总管建设延伸至各镇、街道、工业区等地区，并加大对禽畜牧场等面污染源的源头治理力度，中心城区管网基本实现全覆盖，郊区实现镇镇有污水处理厂。2009 年底，全市污水处理厂达到 52 座，污水处理率从"十五"期末的 70.2% 提高到 78.9%，污水处理设施规模由 471 万立方米/天提高到 686 万立方米/天。通过完善工业区污水收集处理设施建设、企业污水管网改造、实施纳管补贴等措施，推进了工业区污水的集中和处理，目前工业区已建成区域的污水集中收集处理率已达到 90%以上[1]。

通过截污纳管工作，减少了企业排污口，有利于环保部门的监督管理。郊区污水收集后进行集中处理，实现企业污水和生活污水由"分散治理"向"集中治理、集中控制"的转变，不但大大减少了排向河道的排污口，减少了违法排污现象的发生，而且环保部门由监管多家企业和生活污染源变成监管污水处理厂，大大提高了监管的效率。

---

[1]　上海市海洋局网站，http://www.shanghaiwater.gov.cn。

3. 太湖流域水环境联合治理机制

为了确保 2010 年上海世博会水环境质量稳定、安全，2008 年，上海市太湖流域水环境综合治理工作正式启动，上海市列入《太湖流域水环境综合治理总体方案》的治理范围包括青西三镇，共 30 个治理项目。为全面推进太湖流域水环境治理工作，上海市建立了太湖流域水环境综合治理联席会议制度，各有关部门联合，重点开展了淀山湖蓝藻治理和青西三镇的水环境治理工作，有效控制了太湖流域内第二大省界湖泊的富营养化。

虽然由环保部牵头的太湖流域水环境治理工作在世博会前以及世博会期间有很大推进，建立了省界断面水质监测数据、预警共享机制，但跨行政区域的水环境联合治理机制建设仍任重道远。

（五）节能减碳系统推进机制

无论是现在还是在可预见的未来，"节能降耗"都将是中国宏观经济运行中的热点问题。但是，由于所处经济发展阶段不同，地方政府与企业如何破解这一关系可持续发展、经济增长方式转变的重大命题，是一个不可回避的现实问题。

上海作为一个老工业基地，"十一五"以来，按照国家的要求，节能降耗取得显著成效。2006～2009 年，规模以上工业万元增加值能耗累计下降了 22.4%，为全市万元 GDP 能耗下降 17.12% 作出重要贡献，上海万元工业增加值能耗保持全国领先的水平，2009 年为 1.028 吨标准煤/万元[1]，不到全国平均值的一半；部分产品单耗已位居国际和国内先进水平。如外高桥第三电厂 1000 兆瓦机组供电煤耗已达 282.2 克标准煤/千瓦时，属国际同类机组煤耗最高水平，仅为全国平均水平的 82%[2]。

1. 结构降耗与优化能源结构并举

在结构节能方面，2007～2009 年上海市完成产业结构调整项目 1939 项，共计节约 380 万吨标准煤。经过三年的产业结构调整，逐渐呈现"三

---

① 上海统计局：《上海能源统计年鉴 2010》。
② 上海市经济和信息化委员会网站，http://www.sheitc.gov.cn。

个转变"。第一，从企业调整向行业调整转变。重点调整了铸造、锻造、电镀、热处理四大工艺行业，小水泥、小化工、小炼钢、小炼铁、铁合金、平板玻璃，以及医药的原料药和中间体等高能耗、高污染行业。继 2007 年铁合金行业整体退出之后，2009 年又实现了平板玻璃全行业退出。第二，从"单个拔点"向区域性调整转变。在 2008 年启动奉贤塘外化工区区域性调整的基础上，2009 年又实施了 5 个重点区域调整，为产业能级提升腾出了发展空间。第三，从注重降耗考核向注重环境和社会综合效益转变。2007 ~ 2009 年三年的调整项目累计减少 COD 660 吨、二氧化硫 1689 吨、废水 3052 万吨、固体废弃物 19 万吨。在改善居民生活环境、保障城市安全等方面的效应逐步显现①。

在结构增效的同时，上海积极推进能源结构的优化和调整，进一步增加天然气资源和市外电力供应，不断提高清洁能源的消费比重，煤炭在一次能源消费中的比重从 2005 年的 49% 下降到 2010 年的 43%。与此同时，制定鼓励政策，进一步加快风能、太阳能等可再生能源的开发利用，《关于促进上海新能源产业发展的若干规定》提出，到 2012 年规划上海市风力发电装机达 500 兆瓦，重点建设崇明、长兴、横沙"三岛"的陆上风电基地和临港、奉贤海域"两海"的海上风电基地。而太阳能光伏发电装机将达到 50 兆瓦。

2010 年世博会大力倡导低碳生活理念。其中最大的亮点莫过于光伏发电的大规模应用——整个园区的光伏发电系统将超过 5 兆瓦。此次完成并网的主体工程装机容量为 3 兆瓦，是全球目前最大的单一光伏建筑一体化项目。

2. 实施十大重点节能工程，强化技术节能

"十一五"期间，上海实施了"十大重点节能工程"，加强节能技术的研发，把节能技术的自主研发和引进消化再创新作为政府科技投入、推进高新技术产业化的重点领域。在技术节能方面，列入专项奖励计划的市级节能技改项目 553 个，目标节能量达到 177 万吨准煤；277 家企业开展清洁生产

① 上海市经济和信息化委员会网站，http：//www.sheitc.gov.cn。

审核，完成各类改造方案 2684 项，节约 24.8 万吨标准煤；推进实施合同能源管理市级奖励项目 81 个；2009 年，主要工业固体废弃物综合利用率达97.8%，资源综合利用发电 31 亿千瓦时；2010 年，将组织开展 260 项节能技改项目和 200 项合同能源管理项目，节能量达 60 万吨标煤①。

3. 实施固定资产投资项目能耗审核制

为了达到"十一五"的节能目标，上海市在 2006 年出台的《关于进一步加强节约能源工作的决定（草案）》中规定，固定资产投资项目的立项、设计和建设，应当实行严格的合理用能和节能论证，严格执行重点行业能耗准入标准。通过重点用能单位节能责任制度，明确节能目标责任，加强对重点用能单位的监督检查，加强对能源生产、运输、消费各环节的监督管理，实现管理节能。完善能源统计体系，建立单位生产总值综合能耗公报制度。未达到节能降耗目标的重点用能单位，予以通报公示，并限期改正。

4. 运用市场机制和节能奖励机制，引导和鼓励节能

上海市政府为进一步加大对节能减排的支持力度，于 2008 年 6 月出台了《上海市节能减排专项资金管理办法》，节能减排专项资金用于鼓励企业对现有设施、设备或能力等进一步挖潜和提高，把政策聚焦在节能和减排的增量上，用于支持原有资金渠道难以覆盖或支持力度不够且矛盾比较突出的节能减排重点方面，有效地调动了企业节能减排的积极性。

为了发挥大型能源企业在技术、人才、资金等方面的优势，鼓励能源企业要承担为用户节能降耗服务的社会责任。上海市积极推广合同能源管理，扶持节能服务公司（ESCO）发展，为用户提供节能诊断、设计、融资、改造、管理等专业服务。推进"能效电厂"建设，通过可行的电价和投融资机制改革，使投资节能与投资新建电厂取得同样的投资收益。

5. 建立节能降耗问责制，强化各级责任主体节能意识

2007 年 8 月，上海市发布了《节能减排工作实施方案》（以下简称

---

① 上海市经济和信息化委员会网站，http://www.sheitc.gov.cn。

《方案》)，《方案》中规定将节能减排指标的完成情况列入领导干部的考核指标体系，实行"行政问责制"和"一票否决"。要求国有控股企业、外资企业、民营企业等，也建立起相应的考核机制。这一制度的实施，强化了区县政府以及相关企业的节能意识。

6. 世博会成为自愿碳减排交易试点，探索运用市场手段推动减碳

气候变化已深刻影响着人类社会，上海世博会首次提出了"低碳世博"的口号。自愿减排成为实现"低碳世博"的重要手段。"自愿减排交易"是指参与者出于自身意愿，通过交易方式获得自愿减排量的行为。上海环境能源交易所于2010年1月正式开通了"上海世博会自愿减排系统"。世博会自愿减排包括"场馆自愿减排"和"个人自愿减排"等项目。

世博会自愿减排活动取得明显成效。据有关部门2010年9月27日发布的信息，自愿减排交易已有4000多例，个人减排活动参与方超过4352人次，参与企业十余家，参与场馆包括万科馆、联合国联合馆、民营企业联合馆、英国国家馆、广东馆等。其中，国际济丰纸业集团购买自愿减排量21953吨用于企业自身碳中和，为目前国内自愿减排市场单笔最大交易[①]。在上海世博会联合国馆内举行的"生态和谐城市论坛"，也通过自愿减排平台购买了自愿减排量150吨，抵消论坛产生的碳排放。上海青年世博"海宝"珠峰登山队在登顶珠峰后，通过平台自愿购买碳减排量，成为首支实现自愿减排的珠峰登山队。

无论是上海环境污染防控的常规机制，还是应急机制，以及上海节能减碳工程的系统推进，抑或是上海的目前环境表现以及资源利用效率水平，都表明：上海围绕世博会所做的各种努力，使得上海城市的可持续发展站到了一个新的更高的起点上。

二 世博会引领城市可持续发展

2010年的上海世博会是一个多方位、宽领域的展示平台，不仅向世人

---

① 上海能源环境交易所，http://www.cneeex.com/。

展示了绿色低碳、节能环保等先进技术，也向世人传播了城市低碳绿色发展的先进理念，更是一场前所未有的绿色发展实践。从世博会的选址、规划、动拆迁、世博场馆的设计和建设，到喜迎世博会的城市动员和城市基础设施的升级、城市面貌的更新，再到世博会主题的选择和演绎、世博会的参展和运营、城市的日常管理、区域间的合作等，无不体现和渗透着绿色发展的理念。2010 年上海世博会在展示城市发展新理念的同时，为解决城市发展过程中出现的矛盾和问题提供了多样化的解决方案。

从城市可持续发展的角度观察，上海世博会将从以下几个方面引领城市未来的发展。

（一） 引领城市发展理念的变革

观念落后是最大的落后，当年日本大阪世博会，几乎一半的国民都来参观，震撼了一代日本国民。上海世博会也使更多的国人再次"睁眼看世界"，开启民智，转变观念。即使没有亲自到世博场馆观看，国人也通过各种信息渠道了解世博会，接受一次思想和观念的洗礼，对正在推进城市化、即将步入现代化的中国来说，这种大国民教育显然是急迫而必须的。对决策者来说，思想和观念的洗礼将引导正确科学的决策；对企业界来说，绿色发展的社会责任教育将引导企业在追求发展的同时履行企业的社会责任；而对广大市民来说，这种体验式的教育引导市民积极参与到可持续发展的行动中来。上海世博会上展示的光速世博、物联网等，体现的都是新时代未来城市的新理念，是体验式国民发展理念教育的大课堂，将引领城市发展的理念变革。

（二） 多极城市群将成为引领城市发展的新形式

我们现在居住的城市，围绕着市中心不断扩张，一圈一圈地向外延伸，最后变成一个巨大的"靶子"，由此产生了大城市蔓延式发展所出现的各种城市病，如交通拥堵、环境污染、城乡接合部贫民区等各种社会问题。

上海世博会法国阿罗大案例馆展示的多极城市群理念给我们提供了优化

城市布局的另一种可能。城市没有中心"城区",而是由若干个分散的节点城区组成。所有城区配备基本的公共设施和齐全的商业设施,并保证充足的就业机会。在城际间配上便捷的公共交通。多极城市群的发展模式可以有效地减少客流物流的交通需求,缓解城市发展所面临的交通拥堵、污染排放激增等问题。

对上海来讲,无论是新城建设还是城市更新改造,都不应继续以往的城市蔓延式发展模式,而应建立多功能、多节点城区的发展模式。

(三) 内涵为主的城市更新引领特大城市的可持续更新

中国正处于快速推进经济社会现代化的发展阶段。中国的城市化水平,近10年来,年均提高约1.3个百分点,每年新增城市人口1500万人左右。发展资源、发展项目向城市,特别是区域性中心城市集聚。在外延城市化迅速推进的同时,以城市的更新改造和提升现代化水平为主要内容的内涵城市化更值得关注和研究。尤其是对于上海这样城市发展水平相对较高的特大型城市。

上海世博会园区选址于黄浦江两岸的老城区,成功地实现了区域旧城改造和功能提升,是城市更新和经济结构调整有机结合的成功典范。园区位于黄浦江的两岸,虽地处市中心,但地块主要是以改造后的工业用地为主,并且是上海迫切需要改造的一片棚户区和老工业基地。长期以来,那里工业用地和居民用地混杂,矛盾逐渐凸显。产业升级换代和棚户区改建都是那里亟须解决的问题。选址所在地原先有272家工厂,且大多是环境污染比较严重的企业,通过合理引导各类企业向相应的产业园区集中,如大中型的装备制造业企业向临港装备产业园区集中、造船类企业向长兴岛造船基地集中、再如原上钢三厂位于浦东卢浦大桥下,是建于50年代的大型钢铁厂,上钢三厂合并给宝钢,向宝山钢铁产业基地集中,原上钢三厂的部分厂房经改造,成了世博会园区的宝钢大舞台等,借世博会"东风",那片区域在较短的时间内集中进行功能改造,实现了产业结构的快速调整,拔掉城市中心污染源,提高了棚户区居民的居住条件,改善了浦江沿岸风貌。

（四）上海世博会将引领城市绿色经济发展

21 世纪，"绿色经济"成为全球经济转型期的热门词汇，并衍生出低碳经济、环境生态经济、循环经济、新能源经济等诸多分支。所谓绿色经济，是指以市场为导向、以传统产业经济为基础、以经济和环境和谐为目的的新经济形态①。联合国环境规划署高级经济学家盛馥来认为：我们可以把绿色经济看成是几个方面的一个总和，即绿色投资、绿色消费、绿色政府开支或者采购以及绿色贸易等方面的总和。绿色经济作为一个概念，其愿景是促进人们的福利、减少贫困，同时还要加快我们的经济繁荣②。绿色经济将经济、环境、技术、资金和发展等诸多方面纳入综合框架之中，鼓励新能源、新材料、节能减排和其他新技术投资，加强对自然资源的可持续管理。上海世博会选址、规划、设计和运营，以及后续利用，从旧厂房的保护、雨水的收集利用到固体废弃物的无害化处理和资源化利用，从水安全的保障到空气污染的控制、环境生态的绿化、太阳能光伏发电、新能源汽车等的利用，展现的是以最少的资源消耗，保障良好的城市生态环境、取得城市经济繁荣发展的以绿色产业为支撑的绿色经济发展方向。所谓的绿色产业，是指产品和服务用于防治环境污染、改善生态环境、保护自然资源，有利于优化人类生存环境的新兴产业。它以鲜明的时代性、广泛的应用性、发展的持续性获得了人类的普遍欢迎和各国政府的积极扶植，发展势头迅猛，效益可观，必将成为 21 世纪的支柱产业③。

从发达国家城市发展的历程来看，城市的发展消耗了大量的资源，也带来了大量的生产、生活废弃物，城市的发展面临资源稀缺、环境容量有限、全球气候变暖的挑战，但与此同时，城市有更高的能源和资源的配置效率，城市对环境造成的巨大污染，又为我们治理污染、提高资源利用效率、发展

---

① 张鹏：《绿色经济与中国路径》，2010 年 4 月 22 日《太原日报》。

② 盛馥来：《绿色经济的由来及概念》，2010 年 1 月 8 日在第四届世界中国学论坛"中国生态环境的可持续性"分会上的演讲。

③ 崔如波：《绿色经济：21 世纪持续经济的主导形态》，《社会科学》2002 年第 4 期。

绿色产业提供了规模化的需求。

2010 年上海世博会中所有的展馆都是绿色发展模式的典范，主题馆是世界上最大的单体光伏建筑，中国馆能耗比传统模式降低 25% 以上。入选 2010 年上海世博会城市最佳实践区的参展部分案例，充分展示了城市的未来，是现代化城市在"可持续的城市发展"领域的现实实践，对中国城市及全球其他城市在解决城市化发展过程中所面临的困难与问题、发展绿色经济具有很好的借鉴意义。葡萄牙馆极具特色的软木外墙、英国伦敦的零碳馆、瑞典马尔默的绿色屋顶、加拿大温哥华的环保木屋、日本大阪的樱花隧道、德国佛莱堡的向阳屋等，都展现了绿色和低碳的理念。联合国副秘书长、联合国环境规划署执行主任阿希姆·施泰纳在上海世博会第四场主题论坛上说："绿色经济的基本原则得到很好的实践，不仅是在实验室里面，而且还在上海这样一个伟大的城市中得到了实现"①。

（五）世博会展示绿色发展的财富效应，引领企业绿色发展

世博会真正的价值在于能够解决举办城市面临的问题，同时通过带动相关企业的技术创新，促进相关产业的升级发展，如果只是放眼于经济效应则无任何意义。上海现在的后续发展陷入瓶颈期，面临土地资源匮乏、能源制约、新旧产业转换的真空期，产业结构调整的问题能否顺利解决将是发展的重中之重，而企业发展方式能否转变是产业结构调整能否顺利实现的关键。对于如何转型变革，很多人或许会从世博会中看到新方向，世博会实际上成为很多企业寻求转型最好的试验场和企业绿色发展的示范场。

上海汽车集团设计制造的 1000 辆新能源汽车在世博会闪亮登场，以及远大馆、万科馆等企业馆的成功展示，表明绿色发展并不意味着成本的增加，绿色发展提升了企业的竞争力，企业绿色发展有财富效应。

当然，企业的绿色发展需要以市场需求为导向，而政府在创造绿色市场需求方面有很大的作为空间。

---

① 上海世博会"城市的环境责任"主题论坛演讲实录，上海世博会网站，http://www.expo.cn。

（六） 世博会引领清洁能源入主城市发展

上海世博会的主题——"城市，让生活更美好"首次展现城市发展对人类发展的重要性，清洁、安全、高效的能源将逐渐成为城市实现社会和经济可持续发展的基本的也是必要的条件，科技创新将引领未来城市的发展，清洁能源将成为城市能源的主要形式。

从世界上许多发达国家（美国、英国、日本、韩国等）的城市清洁能源发展建设来看，清洁能源均有力地促进了城市建设的可持续发展。加拿大、英国、法国、荷兰、澳大利亚等国 20 世纪 50 年代起就开始了人工煤气向天然气的转换。韩国城市燃气行业的发展就经历了起步阶段、液化石油气占主导地位和引入液化天然气三个阶段。韩国城市燃气从 20 世纪 30 年代就已开始生产煤气供应家庭需要。在此之后，韩国采取一系列措施促进液化石油气在城市燃气、交通等行业的发展，形成了液化石油气占主导地位的局面。1987 年，首尔燃气企业配送的煤气置换为天然气。为了满足对天然气不断增长的需求，韩国着手将首尔燃气管网扩展为全国燃气网，总长 1334 千米，覆盖各大城市。

在上海世博会上，太阳能光伏发电、风能、生物质能、新能源汽车、水源/地源热泵等先进技术的大规模利用，向人们展现了未来城市发展的美好前景，展现了可再生清洁能源将取代传统化石能源，成为未来城市能源利用的主要形式的可能性。我们正在经历一个能源变革的时代，也就是城市能源逐步实现多元化、清洁化、高效化，将由单纯地依靠化石能源向充分利用可再生资源与各种节能新技术、能源清洁利用技术的转变。清洁能源的导入，将成为一个后工业城市文明进步的期待。

（七） 世博会引领城市建筑可持续发展方向

城市人口密集，城市建筑所消耗的能源占社会总能耗的比例以及所排放的温室气体占全球排放的比例平均在 30% 以上，建筑领域一直都是人们改革能源利用方式的重要领域。上海世博会引领城市建筑的可持续发展方向，生态建筑将成为城市未来建筑的风向标。

此次上海世博会是全球建筑科技的汇集地，全球生态建筑的展示平台，引领着全球建筑业的节能方向。世博会所展示的生态建筑主要是通过能源的被动利用、生态建筑材料、立体绿化，以及建筑工厂化制造等来实现。在世博会展示的这些生态建筑上，有最先进的技术示范，也有技术的组合或改良。

"生态建筑"理念，首先必须是建造经久耐用的建筑，要用低碳技术、绿色技术，盖百年住宅；其次，要在延长建筑寿命的同时，综合考虑规划、设计、使用和维护的节能问题，确保建筑的全生命周期内都是节能环保的；再次，建筑的建造过程必须是环境影响最低的、资源利用高效的。上海世博会远大案例馆成功地演绎了建筑工厂化制造的理念。

上海应该借助经济适用房和廉租房建设的契机，积极推广建筑工厂化制造，推广现场拼装，而非现场生产，减少建筑垃圾以及对环境的污染。据远大馆的经验，建筑工厂化制造，可以减少90%的建筑垃圾，大幅减少建筑对环境的污染，提高建筑工人的生产安全。

（八）租赁式多元化交通将成为城市交通的主要模式

随着城市的半径日益扩大，越来越多的人正在突破城区界限，工作在城里，生活在郊县。上下班高峰时段，陷在滚滚车流中动弹不得，想必每个城市居民都经历过这样的头疼时刻。交通堵塞始终是城市难以治愈的顽疾。交通堵塞不仅严重影响了城市生活的效率和质量，同时还带来了环境污染、能源紧张等一系列社会经济问题。如何在不影响人们的出行自由和方便的同时，减少私家车的使用数量，同时又做到环境友好和低碳，是大中城市发展的难题。

提供便捷的公共交通网络、提倡公交出行、自行车出行是个城市力图减少私家车的普遍做法。除此之外，世博会不来梅案例馆倡导"汽车共享"这一出行理念，为城市交通拥堵提供了另一种解决之道。"汽车共享"之所以可在不来梅普及，最重要的原因是方便和廉价。不来梅是一座德国城市，面积不大，人口也不多。在德国，买车的费用其实也相当高，有高额的税收以及后续费用，不是每一个市民都能买得起车。在1990年，一家名为

Cambio 的"共享汽车"俱乐部诞生了。和普通汽车租赁公司不同，在 Cambio 租车非常简单，条件是年满 25 岁，有驾照，没有犯罪记录，只要花 30 欧元办一张会员卡，就可以在"共享汽车"的网点刷卡租车。租车的费用也非常低廉，几乎所有人都可以承受。如果是租一辆小轿车，只要 1.9 欧元/小时，也可以按照公里数付钱，还可以长期租赁，价钱也不贵，大约 130 欧元一周。这一价格即便是刚刚进入工作岗位的年轻人也可以接受，最关键的是油钱也算入租金内，不需要另外支付。

上海应抓住新能源汽车推广的契机，试点新能源汽车租赁。借鉴不来梅汽车租赁的经验，提供便捷、成本低廉的新能源汽车租赁服务，同时又可以把汽车租赁作为推广新能源汽车的一种有效途径。目前城市异地租车业务需求不断上升，在汽车租赁试点过程中需避免的误区是用最低端的汽车作为汽车租赁的试点用车，这种做法将会造成汽车租赁市场的扭曲，而且错失推广新能源汽车的良机。

（九）世博会引领利益相关者参与城市治理机制的形成

尽管本次世博会是举国体制，但上海通过世博会迸发出的城市生机和活力，却让人刮目相看。上海在充分"调动国家"、"调动世界"等方面展示出的协调智慧得到广泛认同："精彩、有序、友好、健康、科学"，上海通过世博会再塑上海形象、再塑城市居民形象、调动城市热情、加强城市管理等方面积累了宝贵经验。

世博会期间，上海市环境保护局、上海世博会事务协调局和美国环保协会共同主办了大型环保系列活动"世博绿色出行"，活动旨在减少资源消耗和温室气体排放、创造畅通的出行环境、改善空气质量，努力倡导实现"低碳世博"。世博会参观者"出行"所产生的碳排放构成了整个世博会碳排放的主体。"世博绿色出行项目"针对世博会参观者倡导低碳环保的交通方式，向全世界发出了"绿色出行看世博"的倡议，号召大家优先选择公共交通方式到达世博园，对于乘坐飞机的参观者，可以购买碳信用额度，抵消出行产生的碳排放；周边地区自驾车出行的参观者，建议采用停车换乘方式，缓解中心城区的交通压力；在参观世博园的过程中，参与低碳活动，宣

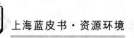

传低碳理念，为打造"低碳世博"共同作出贡献。在日常生活中，尽量采用轨道交通与公共汽车的出行方式，减少私人汽车的使用，从点滴行为开始，实践绿色出行。

上海世博会唯一参展的国际非政府自然保护组织——世界自然基金会（WWF）在世博期间，开展了丰富多彩的低碳理念宣传活动，展馆每月都有一个主题：五月是生态足迹月，六月是老虎和熊猫月，七月是气候变化主题月，八月是节能与可再生能源月，九月是淡水与豚类月，十月则是森林月。通过低碳理念的宣传，积极呼吁"保护地球，有我一个"，号召社会共同参与城市治理，保护生态环境。

除了非政府组织积极参与环保宣传之外，在城市环境治理方面，水环境治理、大气环境治理建立了长三角两省一市的联防机制，世博会预展机制，通过参展者与政府的互动，很好地解决了预展期间所暴露出的问题。这种利益相关者互动参与式的治理机制，将成为城市环境治理的发展方向。

总之，上海世博会在上海城市发展的历史中将留下光辉的篇章，政府应高度重视世博会的巨大创造潜力，尽快解析世博会相关试验结果和数据，研究如何将现有的创新解决方案本土化，并编制好操作性更强、目标更高的中远期城市环保蓝图。

三 "世博后"展望

世博会期间，上海市民尽情享受了城市环境良好治理而带来的清洁空气，对世博后上海环境质量的保障寄予厚望。但需要思考的是，世博会之后，上海的环境问题、上海的能源问题、上海的可持续发展将面临哪些挑战，上海该如何应对。

（一）空气质量优良率的新标准挑战

大气环境质量标准是以保障人体健康和正常生活条件为主要目标，规定出大气环境中某些主要污染物的最高允许浓度。它是进行大气污染评价，制定大气污染防治规划和大气污染物排放标准的依据，是进行大气环境管理的依据。

我国于1982年制定和发布了首部《大气环境质量标准》，即GB3095—1982，该标准中列入了总悬浮微粒（TSP）、飘尘、二氧化硫、氮氧化物、一氧化碳和光化学氧化剂（O_3）等6种污染物的浓度标准。1996年，国家环境保护总局发布了GB3095—1996，以替代GB3095—1982。该标准规定了环境空气质量功能区划分、标准分级、污染物项目、取值时间及浓度限值，采样与分析方法及数据统计的有效性规定，并补充和调整了污染物项目、取值时间和浓度限值。2000年1月6日，国家环境保护总局发布了《环境空气质量标准》（GB3095—1996）修改单（环发〔2000〕1号），并指令在修改单发布之日起实施，并一直沿用至今。目前，我国大气环境质量标准分为三级。一级标准：为保护自然生态和人群健康，在长期接触情况下，不发生任何危害性影响的空气质量要求。二级标准：为保护人群健康和城市、乡村的动植物，在长期和短期的接触情况下，不发生伤害的空气质量要求。三级标准：为保护人群不发生急慢性中毒和城市一般动植物（敏感者除外）正常生长的空气质量要求。多年未修订的空气质量标准已远远不能适应保护人体健康、生态环境和公众福利的需求[1]。

2010年11月18日，国家环保部发布了《环境空气质量标准》修订的征求意见稿（以下简称《征求意见稿》），此次修订的主要内容包括：对环境质量功能区分类方案进行了调整，取消了三类区；调整了污染物项目及监测规范；增设了臭氧八小时平均浓度限值；调整了数据统计的有效性规定等四个方面。《征求意见稿》将环境空气功能区分为两类：一类为自然保护区、风景名胜区和其他需要特殊保护的区域；二类为居住局、商业交通居民混合区、文化区、工业区和农村地区。

环境空气功能区质量要求：一类区适用一级浓度限值，二类区适用二级浓度限值。其中，可吸入颗粒物（PM_{10}）的分析方法，采用环境空气$PM_{2.5}$和PM_{10}的测定，即分级采样—重量法。表1为《环境空气质量标准》修订

---

① 王庚辰，2010年10月9日在中国科学院老科技工作者协会主办的"调整空气质量标准研讨会"上的演讲。

（征求意见稿）中的部分污染物浓度限值与世界卫生组织（WHO）以及英国标准的比较。

表1　环境空气中污染物浓度限值与世界卫生组织及英国标准的比较

序号	污染物项目	统计方式	浓度限值		世界卫生组织	英　　国	单位
			一级	二级			
1	二氧化硫	年平均值	0.02	0.06	0.02		毫克/立方米（标准状态）
		日平均值	0.05	0.15		0.125（2004年）	
		1小时平均	0.15	0.35	0.5*	0.35（2005年）	
2	二氧化氮	年平均值	0.04	0.04	0.04	0.04（2005年）	
		日平均值	0.08	0.08			
		1小时平均	0.12	0.12	0.2	0.2（一年不得超过18次以上）	
3	可吸入颗粒物（PM$_{10}$）	年平均值	0.04	0.10	0.02	0.04（2004年）	
		日平均值	0.05	0.15	0.05	0.05（2004年）	
	细颗粒物#（PM$_{2.5}$）	年平均值	0.015	0.035	0.01	0.012［（2010年）（苏格兰）］	
		日平均值	0.035	0.075	0.025	NA	
4	一氧化碳（CO）	日平均值	4.00	4.00	NA	NA	
		1小时平均	10.00	10.00	NA	NA	
5	臭氧	8小时平均	0.10	0.16	0.10	0.10	
		1小时平均	0.16	0.20	NA	NA	
6	总悬浮颗粒物（TSP）	年平均值	0.08	0.20	NA	NA	
		日平均值	0.12	0.30	NA	NA	
7	铅（Pb）	年平均值	0.50	0.50	NA	0.25（2008年）	微克/立方米（标准状态）
		季平均值	1.00	1.00	NA	NA	
8	苯并［a］芘（B［a］P）	年平均值	0.005	0.005	NA	NA	
		日平均值	0.010	0.010	NA	NA	

* 指10分钟平均浓度。

\# 为各级人民政府根据当地环境保护的需要，针对环境污染的特点，对国家新修订标准中未规定的污染物参考限值。

资料来源：环境保护部，《环境空气质量标准》（征求意见稿），http：//www.zhb.gov.cn；世界卫生组织，《世界卫生组织空气质量标准》，http：//www.who.int；英国环境署，《英国空气质量标准》，http：//www.airquality.co.uk/standards。

通过世界卫生组织标准所确定的将可吸入颗粒污染物从每立方米70微克减少至20微克，估计可将死亡减少大约15%[①]。

————————

① 王庚辰，2010年10月9日在中国科学院老科技工作者协会主办的"调整空气质量标准研讨会"上的演讲。

在指标方面，世界卫生组织和一些发达国家已把 $PM_{2.5}$ 作为核心监测指标进行长期监测。从这次征求意见稿看，我国仍将 $PM_{2.5}$ 的检测和限值作为参考标准。

限值方面，新修订的中国一级标准中的各项主要污染物浓度限值基本上与 WHO 指导标准的相应值持平，二级标准浓度限值都较 WHO 准则宽松，但可吸入颗粒物限值标准远低于世界卫生组织的标准。与其他国家和地区相比，中国的 CO 浓度限值较为严格，NO_2 和 SO_2 处于中间水平，PM_{10} 和 Pb 较为宽松。

管理方面，在此次修订标准出台之前，中国未规定污染物达标的统计要求，更没有具体的环境质量标准实施要求，相对放宽了环境空气质量标准。而美国、欧盟等国家和组织在其环境空气质量标准中对多项污染物提出了达标的统计要求，这在一定程度上起到了加强监控力度的作用。由于此前中国没有设置该种限制方式，虽然很多污染物相应取值时间下的浓度均值不超标，但如果执行新修订的标准，按明确规定类似的达标统计要求，超标现象可能会较为严重[①]。

近十多年来，上海市大气污染防治取得显著成效，尤其是世博会期间，由于采取了多方面的综合治理和临时应急措施，空气中的主要污染物浓度均出现较大幅度的下降，上海地区的环境空气质量有了明显的好转。但是如果按照世界卫生组织的标准，此次世博会的环境治理，应该是上海空气污染治理的一个新起点。

（二）城市生命线——水安全挑战

对上海而言，与空气污染面临同样严峻挑战的是水环境的污染以及饮用水的安全问题。

1. 水源地水质状况不稳定

上海青草沙水源地目前已基本建成，将于 2010 年 12 月 1 日正式启动通

---

① 王庚辰，2010 年 10 月 9 日在中国科学院老科技工作者协会主办的"调整空气质量标准研讨会"上的演讲。

水切换，七日供水规模可达 719 万立方米，可供超过 1000 万人引用。长江陈行及青草沙水库水源地水质相对较好，但也面临长江口咸潮入侵的威胁，同时水体氮、磷营养盐浓度普遍偏高，面临着水体富营养化和发生蓝藻水华①的风险。

黄浦江上游水源地在青草沙水库供水之前，是上海市最大的饮用水水源地，向中心城区及闵行、松江、奉贤、金山、青浦等郊区供水，取水规模达770 万立方米/天，青草沙水源地投入运营后，黄浦江上游水源地取水规模将调整为 500 万立方米/天。黄浦江上游属于河道型开放式水源地，受上游来水水质影响，水源地水质不稳定；同时受潮汐影响，中下游的污水随潮涨潮落而回荡，对水源地水质的威胁加大；水源地保护区内仍存在一定数量的污染企业，严重威胁着水源地水质安全；船舶通航繁忙、码头分布密集，突发水污染事件成为水源地安全供水的重大隐患。内河分散中小水源地尚未完成归并，取水口多分布在区级或镇级河道，原水水质无法得到有效保障。

2. 水厂水处理工艺落后

截至 2009 年底，上海市仅有南市水厂和临江水厂采取了深度处理工艺，其他水厂受原水水质和传统水处理工艺的约束，现有出厂水质虽总体达到国家饮用水水源标准要求，但与发达国家和国内原水水质较好的城市相比，还有差距。

上海市中心城区为环状网供水，材质主要为球墨铸铁管，郊区大部分地区仍为枝状管网供水，水泥管、灰铁管比例较大，漏损率较高。城镇水箱等二次供水设施陈旧，影响供水水质。供水管网及二次供水设施改造难度大，需结合旧区改造和道路建设同时开展。

3. 水环境污染仍然严重，水环境容量不足

2009 年，上海市 16 条骨干河道（719.8km）水质属Ⅱ～劣Ⅴ类。其中，优于Ⅲ类水（含Ⅲ类）占 28.7%（崇明、黄浦江上游段）；Ⅳ类水占27.2%，Ⅴ类水占 8.5%，劣Ⅴ类水占 35.6%，除部分河道受省界影响外，

---

① 所谓水华（water blooms），就是淡水水体中藻类大量繁殖的一种自然生态现象，是水体富营养化的一种特征，主要由于生活及工农业生产中含有大量氮、磷的废污水进入水体后，蓝藻（严格意义上应称为蓝细菌）、绿藻、硅藻等藻类成为水体中的优势种群，大量繁殖后使水体呈现蓝色或绿色的一种现象。

自身的污染仍然比较严重。黄浦江、淀浦河下游河段水质均劣于上游，其余河道的现状水质大多为Ⅴ～劣Ⅴ类。

河道水质污染以有机污染为主，主要超标项目为氨氮、化学需氧量和溶解氧。全市水体氮磷超标普遍，郊区河湖均有不同程度出现富营养化现象，部分地区出现藻类、绿萍暴发等问题。中心城区河道水体溶解氧含量低，因分流制雨水泵站初期污水污染严重，合流制泵站雨天放江，部分河道出现间歇性的黑臭现象。部分河道的自净能力和调蓄功能明显下降。水系不通，水动力不足问题相当突出，同时长江过境水资源丰富，但上海调水引流工程能力不足，使得利用长江水资源改善水环境容量的能力难以提高。

4. 农村面源污染和郊区工业分散化污染形势严峻

上海市入河污染负荷超过水环境容量。人口经济快速增长和产业结构偏重、布局分散对水环境的压力较大。农村面源（分散污水处理、垃圾、农田、畜禽养殖）污染影响不容忽视，过多使用氮磷化肥及高毒农药的现象仍然存在。郊区工业企业数量多，布局分散，治理设施相对落后，污染水环境，并存在潜在风险。

全市污水整体收集处理能力不能满足城市化进展需求，中心城区污水系统局部配置不合理，雨水排放系统能力不匹配，合流制泵站雨天溢流等情况已经导致泵站排水成为影响河道水质的重要污染源；分流制泵站存在雨污水混接、混排问题。郊区污水处理率仅61.1%，二级、三级管网建设不足；农村地区生活污水直排现象普遍，处理设施不完善；污水处理厂污泥处置能力严重滞后于污水处理能力，尤其是处理方式主要以填埋为主。

5. 省界断面联合监测机制面临协调和监管挑战

上海主要河流均源于苏、浙两地，上游来水水质较差。黄浦江水源地上游跨苏、浙、沪两省一市，水源地水质受上游三条支流影响。北支源自江苏东太湖—太浦河和淀山湖，经斜塘入黄浦江，太浦河出湖水质一般为Ⅱ～Ⅲ类，太浦河过京杭运河交叉后水质降低1个类别（Ⅲ类）；中支为红旗塘—大蒸港—园泄泾，主要承泄浙江嘉北区来水；南支为大泖港，主要为浙江平湖方向来水。世博会结束后，世博会前以及世博会期间实施的省界断面水质监测和信息共享机制虽说仍然存在，但如果缺少环保部的例行检查和有效监督，这一联合治理机制如何改进以及其真正的效应值得思考。

（三）垃圾围城的困境

一直以来，"垃圾围城"被认为是我国城市生活垃圾处理的现状与写照。它至少传达了两层信息：一是关于垃圾数量——规模庞大，有围城之势；二是关于城市生活垃圾的处置方式——堆放在城外。从中我们可以明显感觉到解决城市生活垃圾问题的紧迫性。

上海是全国 200 多座有垃圾围城现象的城市之一，在郊区有 200 余个生活垃圾临时堆放点，总堆放量达 60 亿吨，占地 5 亿平方米。每年产生 600 万吨垃圾和 240 万吨废品的上海，目前已被"垃圾围城"，全市共设立了 212 处垃圾堆场，最大一处垃圾堆场的面积比虹桥机场还要大[①]。

虽然近年来上海市政府在垃圾处置方面加大了投入，垃圾处置基础设施有所改善，但城市生活垃圾问题仍然困扰着上海。虽然"减量化、资源化、无害化"一直是上海固体废弃物管理战略的三大原则，但政府目前的重点集中在提高垃圾的安全处置能力上。近年来，随着垃圾焚烧厂和机械生化处置厂的增加，废弃物的利用途径得到了拓展，但实现生活垃圾减量化的方法尚未得到足够的重视，而这恰恰是可持续废弃物管理战略中最基础的部分。

2009 年，上海市生活垃圾产量为 710 万吨，比 2005 年增长了 14.15%[②]。垃圾产生量呈上升态势，而且垃圾组成具有厨余垃圾含量高、可回收物质较少、四季变化较大等特点，并表现出水分偏高、发热量偏低等特性。

考虑到郊县农村居民的生活垃圾产生量并未统计在内，因此，实际数据可能会更高。上海目前每天日产生活垃圾超过一万吨，其中填埋占相当的比例。

---

① 丁晓珊：《上海城市垃圾处理》，《腾讯财经》2010 年 3 月。
② 上海市环保局：《上海市环境公报 2010》。

位于东海滩涂边的上海老港生活垃圾卫生填埋场四期工程，占地面积为361公顷。老港填埋场四期工程设计库容达8000万吨，预期可使用约50年。老港生活垃圾填埋场四期工程第一阶段于2006年6月全部建成。据有关部门介绍，目前老港垃圾填埋场四期工程日填埋量超过1.1万吨，老港垃圾填埋场始终处于超负荷运作状态，我们似乎能够看到在不远的未来，老港终究将达到饱和状态。

长达十年的经验表明，上海市垃圾的产生速度超过了垃圾处理能力的发展速度。这个问题不仅是上海才有，对其他许多快速发展的城市来说，如何减少和处置废弃物也将是必须面临的挑战。

世博园城市最佳实践区里，来自世界各大城市的案例馆展现了它们先进的城市垃圾处理方式和经验，为解决"垃圾围城"这一难题带来了不少突围之法。台北的零掩埋与不落地奇迹、蒙特利尔的垃圾场变公园戏法，抑或是马德里一系列精巧细致的垃圾处理程序、世博园区内配备的全球先进生活垃圾气力输送系统等，都为上海提供了进一步加强废弃物长远管理的先进经验。对于创建"零垃圾填埋"的社会，别具意义。

（四）"十二五"节能指标硬约束的挑战

"十二五"期间节能环保标准可能成为一个重要的绿色壁垒，节能的难度也将越来越大。"十二五"时期，国家有可能把应对气候变化的目标进行分解，单位GDP能耗、碳排放强度、可再生能源比重以及森林碳汇都可能纳入"十二五"时期约束性考核指标当中，这对上海来说是个不小的挑战。"十一五"期间，通过结构调整、上大压小、十大重点节能工程等一系列政策措施，保障上海完成"十一五"规划的节能目标。在这一期间，产业结构调整的贡献率相对较高。

据有关部门披露，上海"十二五"减排目标应该比"十一五"低，即单位GDP能耗下降幅度在17%~18%。过去10年上海年平均GDP增速接近10%，但在未来10年GDP年增速可能逐步下降，预计维持在8%或以下，这将导致节能减排的难度加大。

节能减排难度加大的另一个原因是在过去的节能减排工作中实行"先易后

难"的策略。传统产业的转移、关停小火电等容易解决的问题在"十一五"已大体解决，到了"十二五"、"十三五"时期，节能减排更要靠深度调整结构等措施完成，难度将会更大。众所周知，"十一五"期间节能潜力大的项目都已经完成，随着节能工作的逐步推进，节能的成本也会越来越大，边际投入越来越大，边际效益却越来越低。

据麦肯锡公司的有关报告测算：在所要采取的减排和环保技术中，"十一五"期间附加投资约1.5万亿元人民币，"十二五"期间需1.9万亿元人民币到3.4万亿元人民币[①]。

在节能减排难度越来越大的背景下，节能减排指标在"十二五"规划中将得到进一步的强化。不可否认的是，这种带有强制作用的约束性指标也可能会对经济运行产生较大的影响。这从今年下半年以来波及多个省份的拉闸限电风暴可见一斑，限电风暴直接缘于要完成"十一五"单位GDP能耗降低20%的指标。

---

① 周丽娟：《"十二五"节能挑战》，中国节能服务网。

世博会环境效应专题

Environmental Effect of 2010 Expo

B.2

上海世博会环境效应的延续和扩散

汤 伟*

摘 要：上海世博会给城市系统带来全面深刻的变革，其中环境效应尤为突出。作为特大活动，世博会实施了一系列独特的组织创新，时代潮流和"城市，让生活更美好"主题使得上海世博会承载着环境战略责任，而这种战略责任又可分为直接和间接，间接远比直接更为重要。从价值规范、技术知识普及、制度创新激励到产业结构变迁，上海世博会以合力推进了环境效应的延续和扩散。安全化政治化的动力机制给"世博效应"带来强度，但也对可持续性提出了挑战。笔者建议可通过在上海世博园区建设环境技术和产品交易中心、编撰典籍、世博博物馆免费公开展出、鼓励公民参与等多种形式开展低碳环保工作。

关键词：上海世博会 环境效应 上海宣言 延续和扩散

---

* 汤伟，上海社会科学院生态经济与可持续发展研究中心博士。研究方向：气候环境变化政治经济学。

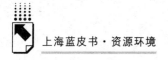
一 引言

2010年10月31日，成功、精彩、难忘的上海世博会落下帷幕。正如许多专家先后提及的，本届世博会给上海带来了全面、系统、深远的变革。说到这种全面性、系统性和深刻性有什么特色的话，那便是对低碳环保的全方位聚焦和展示。世博会不但云集了全球最为先进的低碳环保技术、实践案例和操作方法，还将众多新能源、新材料、新设施等投入使用，社会方方面面也被自上而下强力动员，对经济社会发展产生深远影响。世博会的谢幕标志着建立在注意力和聚焦点基础之上的特大活动（Mega-event）动力机制、工作方法不复存在，中央和地方为确保世博会成功、精彩、难忘而给予的种种支持、优惠和"绿色通道"即时关闭。温家宝总理在世博高峰论坛上"让世博精神发扬光大"的主旨发言说明传承世博精神已成当前最为紧要的问题，延续和扩散世博环境效应无疑是传承世博精神的重要体现。世博环境效应有直接、间接之分，所谓直接效应即世博会举办本身带来了日常管理不可能具备的环境改善，只是这种改善相比较的对象是"通常模式"（Business as Usual）即世博会所没有的状态，至于这种效应多大应具体分析；所谓间接效应，即世博会申办、筹办、举办过程中出现诸多的科学技术、规范创新和治理机制对未来环境治理带来的影响，确实因上海世博会才引致或加速实现，一般说来这种影响更为经久有效。这里我们主要探讨后一种影响，目的在于创新各种机制升级城市日常管理，使环境效应能得以延续和传承。

二 上海世博会的特征

分析世博环境效应就必须对世博会本身做一番分析。上海世博会是由展览展示、文化活动和论坛研讨三部分构成的特大活动，大量参与性、环境影响性、文化推动性赋予其聚焦放大效应。然而聚焦放大只是形式，形式离不开内容，而内容无非是时间地点、目标人群、基础设施、媒体传播等方面（如图1所示）。

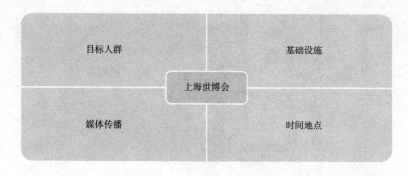

图1　上海世博会基本架构

首先是时间。世博会虽实际举办时间只从 2010 年 5 月 1 日持续到 10 月 31 日,但其申办、筹办的时间长达 10 年。其筹办、举办包括世博经济、世博文化、世博社会、世博管理、世博主题等诸多方面,牵一发而动全身,是一个系统、复杂和艰难的工程。

其次是地点。上海是中国最重要的直辖市和经济社会发展的领头羊,目前正致力于国际经济、金融、贸易、航运四大中心建设,是一座正处于崛起进程中的全球城市。上海的这一性质决定了世博会影响力不会局限于以上海为核心的长三角区域,而必然扩展至全国乃至全球。上海世博会的目标人群是全球意愿参观者,其中主流为上海、长三角居民。

再次是基础设施和产业结构效应。园区规划、住房配套、交通运输、展馆筹备、餐饮服务和大规模人口流动等对宏观经济的拉动,新兴技术应用而带来的物流、安保、票务、娱乐等现代服务业和产业结构升级,国内外先进技术展示和思想观念对公民素质的提升,国际多元文化和价值理念对城市性格的塑造等,推动了经济增长、增加了就业岗位。同时,随着配套硬件设施的完善和轨道交通、房屋以及现代服务业的发展,城市更新加速、生活愈加便捷。如果说时间、地点和基础设施呈现的只是一种结果、一种静态的话,那么确保这种结果的动态便是使世博会正常运作的组织创新和工作机制。

图2是上海世博会运作机制的圈层特性。最里层是包括活动、展示、论坛在内的各种具体活动和事件,外一层是使这些事件得以实现的组织创新和运行机制,更外层是组织这些机制和规章的城市管理框架和国家制度,最外层便是

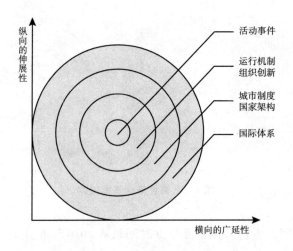

图2 上海世博会运作机制

国际体系（包括主办国在国际体系结构中的位置和世界整体舆论环境等）。世博会运作机制的圈层特性说明世博会可从横向、纵向两个方向发挥出巨大影响力。横向上，通过主办城市、城市间区域合作机制、论坛思想以及参观者等途径和方式将自身影响力辐射到周边、长三角、其他区域乃至全国、全球；纵向上，伴随媒介对游客和城市社区、农村持续渗透，影响力逐渐从城市精英、知识分子发散到普通居民，上海整个城市系统被强力动员，当然动员过程中媒体话语权发挥重要作用。基于这种系统性、全面性，为确保世博会的高效运营，从中央到地方都给予了充分支持，切实做到了"举全国之力，集世界智慧"。

三 环境效应是时代赋予上海世博会的战略责任

任何效应的持续和扩散都必须首先从价值上获得正当性，正当性和时代主题存在因果逻辑，而时代主题又是当前最需要回答的紧迫问题。如果说19世纪工业博览会追求的是钢铁般的科技力量，20世纪三四十年代追求的是和平信念，那么随着信息革命和风险社会的到来绿色转向便成为时代潮流。发展主义意识形态长期支配了人类头脑，构建了核心制度，塑造了国家和城市战略走向，这种战略思想结出了城市化、工业化的累累硕果，但也产生了不容忽视的甚至是不可逆转的后果，其中最为严重的便是无限制的发展对人类生命支撑系统的侵蚀。蕾切尔·卡逊女士《寂静的春天》的发表标志着生态环境已成为人们日常政治关注中不可忽视的组成部分,然而这种关注并没有挡住发展主义政治经济体系对环境的侵蚀,环境恶化进一步加速。直到生存主义呼声崛起,罗马俱乐部《增长的极限》发表,人们逐渐形成共识,"现行环境承载力已容不下如此规模人口的生存和发展需求,必须对增长予以限制"。对增长进行限制或者追求零增长的生存主义呼喊并不符合现行的政治经济框架,勃兰特夫人《我们共同的未来》提出一种新型的中间道路,即经济增长只要不对后代人满足其需要的能力构成危害,那么建立在资源环境基础上的增长在道德上是可以接受的,这种说法似乎打消了人类对未来的忧虑,以利润为基础的政治经济框架向全球开始势不可当地扩张。这种扩张对全球环境资源提出史无前例的要求,气候变化也逐渐从一个令人不大关注的问题演变为所有国家都必须予以严肃思考的战略问题。伴随这一全球性趋势,环境问题亦开始从隐性走向显性。思想认知上对环境的忽视,环境治理动力机制或缺使得无论是投入还是治理绩效最终依靠的只有政治意志,然而政治领导不可能将全部注意力投向环境,尤其在经济和就业日益困难的条件下。虽然中国已初步具备环境治理所必需的机构和基础技术,但随着城市化、工业化的全面推进,能源消耗大幅度上升,中国生态环境总体恶化趋势虽有所遏制,但仍无可挽回地进入了群体性环境与健康事件的爆发期,环境危机演化成社会危机的可能性大大提升[1]。面对环境相当程度的被忽视、环境治理机制的实质性缺位和环境责任的深刻体悟,以低碳生态为核心的绿色发展不折不扣地成为时代主题[2]。世博会是思想的驿站,对城市系统影响不可能局限于物质和工业,也不可能局限于科技和经济,而是将对经济、文化、社会、管理等诸方面都产生影响。"城市,让生活更美好"的主题说明 21 世纪世博会的关注点已从侧重物质、崇尚科技、重视经济、推广工业产品转变到教化人类、追求人文、倡导自然、实现精神、担当责任方面上来。由此,上海必须将自身融合进历史进程成为问题解决方案的一部分。

---

① 国务院发展研究中心"十二五"规划研究课题组:《中国生态环境现状及其"十二五"期间的战略取向》,《改革》2010 年第 7 期。

② 胡鞍钢:《全球气候变化与中国绿色发展》,《中共中央党校学报》2010 年第 4 期。

四 上海世博会环境效应的延续和扩散

上海世博会的特征属性和时代责任决定其环境效应不应局限于一时而应具备充分的扩展性和延展性。直接效应是筹办、举办世博会本身带来的,最突出的表现便是世博园区选址而带来的对诸多污染企业的改造、搬迁。这一改造、搬迁既优化了城市功能布局和产业结构,有效减少了该地区的污染排放,同时又通过建设大面积的滨江绿地,增加了"碳汇"。在"一减一增"中,世博园区成为未来市中心难得的"绿肺",从而在物理形态上对上海环境产生持续影响。相比于形式上的直接环境效应,间接环境效应重点在于如何将上海世博会承担的战略责任转换为可持续的实际成效。战略管理学认为从战略责任到可持续环境效应产生需要一系列中间过程,不可能一步到位也不可能一蹴而就,需要的不仅仅是经验和技术,更是价值、组织创新、运行机制多方面的协同和融合。

(一) 实现环境价值和规范对政治系统和全社会全方位输入,强化低碳环境社会共识

可持续的环境效应首先需要政治系统价值和意识的"绿化"。按照系统论观点,政治与社会意识对政治制度、全社会行为有明显相关关系,其中政治意识在相当程度上决定着价值构成,而价值构成又决定着制度架构,而制度架构又从根本上约束着社会和市场最终对个人选择和行为产生巨大影响。通常政治体系价值输入存在两种途径:一种是源自民众权利觉醒和创新,另外一种则是类似"西学东渐"的国际性输入。政治体制尚未完善、普通民众意愿表达受限、意见不集中,致使政府接受意愿和程度都极其有限,极端情况下,政府还可能采取种种措施反对民众的环境意愿[①],国际体系价值规范的重要性凸显。根据国际政治经济学,国际体系规范一般通过知识、利益

---

① 沈承诚:《生态政治化进程中的生存博弈》,《社会科学》2010 年第 5 期。

和制度对国内政策施加影响①，中国政府和领导人在多种场合提及"低碳发展"、"气候变化"、"资源节约型、环境友好型"，说明气候环境价值已成功进入中国政治体系中枢。然而政治中枢向整个政治系统自上而下的传导、政治系统向全社会传播仍需要适宜媒介，由此世博会获得了传播平台的重要性（见图3）。上海世博会事物协调局与不同行为主体举办了一系列绿色、低碳活动，其中最引人瞩目的便是和上海市环保局、美国环保协会联合发起的世博绿色出行活动。自2009年5月活动启动以来，"绿色出行"已成功穿越"长三角"16个城市并扩展至全国，78家行业协会和企业承诺员工绿色出行上下班，172所学校近两万学生和家长填写了"绿色出行承诺书"，124个社区开展了各具特色的绿色出行倡导活动，认建"世博绿色出行林"5000平方米。运营期间，世博局还采取各项措施鼓励参观者感受低碳环保意识，比如购买世博会门票时即收到"低碳世博小贴士"；到达上海后，短信再一次提醒要"绿色出行游世博"；参观者购买和使用的交通卡是"世博绿色出行交通卡"；看到的是"低碳世博，绿色出行"的宣传广告；进入世博园区后，使用的是由短信或彩信发来免除纸张的"世博参观指南手册"；参观的是各个具有特色的"低碳展区"和"绿色科技"，体验未来低碳生活方式。除了世博会主管单位的官方行为，一些环保领域重要行为主体还配合世博会积极宣传环保理念，比如世界自然基金会（WWF）发起熄灯一小时活动让人们关注地球。世博会不但贡献了低碳话语，使环境价值和意识从上到下、从政治到社会全方位传递，还提供了一个更高层次的"绿色实践"。参观者可使用手机或者网上的"绿色出行碳计算器"直接计算自己参观世博园产生碳排放在网上购买"碳指标"予以抵消，也可购买"含碳指标绿色出行交通卡"及其他"含碳指标世博纪念品"，还能直接参与种树等降碳活动，直接或间接降低碳足迹。通过系列实践活动的开展，低碳、减碳话语和实践正式融入政治系统和日常百姓生活②，从而对整个社会产生了显著而深刻影响。

---

① 于宏源：《国际机制中的利益驱动与公共政策协调》，《复旦学报》2006年第3期。
② 在与相关专家学者座谈中，他们普遍认为，上海世博会的举办使得全国地方政府主管经济的官员开始把气候变化当成一个关系到发展的严肃议题，并采取积极措施予以应对。

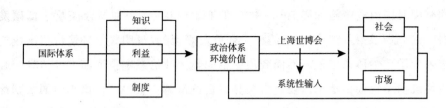

图 3　国际体系价值传播

（二）不仅需要环境价值和意识对政治体系和全社会的输入，更需要促使低碳环境知识从知识共同体迅速走向社会，成为社会性的融合知识

汗牛充栋的文献显示实现可持续的环境效应不仅需要价值，还需要知识和制度①，如果说实现环境价值和规范对政治体系和全社会的传递是上海世博会战略重要性的初步体现，那么在"应该什么样"基础上实现"怎么办"的扩散和传播更具重要性，而"怎么办"的基础莫过于技术知识。世博园区是科学技术的汇聚地，天然气利用技术、节能与提高能效技术、江水源循环降温、提高空调系统效率、太阳光伏发电、先进能源动力技术与系统、钢铁制造新工艺技术、水净化及循环利用技术、城市重大突发性人为灾害防范和快速处置技术、城市自然灾害监测与预警技术无不得到细致而生动的展示。阿诺尔·勃兰特指出大型活动可从三个层面引发生态环境效应：第一，工匠、建筑公司克服了对能源标准和被动式房屋技术方面等新建筑技术的偏见并且学会了实际运用这些技术，获取附加知识从而提高环境标准愈益严格趋势下的竞争能力，即市场行为主体通过"干中学"获取新的市场机会并通过市场机会产生了通常情景没有的环境效应。世博会有许多技术开发项目和配套工程，而这些技术项目和配套工程都要求相应的环境标准，迫使承建公司和团队通过"干中学"来实现从技术高端到日常应用的转变。比如上海隧道股份有限公司通过自主开发、设计、研制的 11.22 米大直径泥水平衡

---

① 默罕·穆那辛何：《直面可持续发展与气候变化的挑战：可持续经济增长模式的应用》，《北京大学学报》（哲学社会科学版）2009 年第 1 期。

盾构顺利完成世博会配套工程——打浦路越江隧道复线，成功掌握了如何实现有利于环境的设计和管理。第二，实际应用能源节约和气候保护技术，并通过展示克服所谓"闭目塞听"态度唤醒需求方对新技术的认识，即大型活动技术可行性展示使市场需求信息全息传播。世博会是技术展示平台，不同行为主体均基于自身知识和需求对相关技术成熟度和可行性做出判断。正是基于这种判断，科技部和上海市科委在工业、交通、资源循环利用、低碳实践区等领域启动了 200 多项重大科技项目。上海还计划在新建建筑中大力推广世博会成功应用的绿色建筑技术，如雨水回收、草坪式或花园式屋顶绿化、多层玻璃、强化自然通风与节能空调技术等。上海的示范效应必定推动全国各地城市结合自身功能布局、能源利用、产业发展和交通、建筑、废弃物处置利用将"低碳世博"环保理念有机融入"十二五"城市发展规划编制，切实推进低碳城市、低碳社会建设。第三，负责市政项目规划和实施的管理机构在项目工程中实现了新的生态标准，如果将这些标准成功应用到其他生产部门，生态环境效应则实现了此领域到那领域、此时到彼时的判断。世博会出现大量低碳示范和案例，如果对这些案例进行解剖分析不难提炼出一整套可复制、可推广的标准和模式，如果行政管理部门和机构能将此标准予以推广将产生异常广阔的效应。特别需要指出的是，具备系统知识的专家在政策制定和技术知识扩散过程中扮演着特殊的"经纪人"角色[1]，然而环境效应可持续的关键在于社会大众，如何将知识经纪人的专业隐性知识转化为社会大众的显性知识非常关键，世博会以其特殊性将最复杂、最深奥的专家知识直接转化成了最形象、最直观的知识从而实现了由点向线、由线向面扩散，并逐渐演变为社会性融合知识。由此我们认为世博会是推动知识普及的催化剂和最佳战略工具。

（三）不仅实现输入价值、传递知识，更在某种程度上激发了制度创新

使环境效应得以延续和扩散的最有效的方式是制度，然而制度构建成本

---

① Hass, Peter. "Epistemic Communities and International Policy Coordination". *International Organization.* Vol. 46，1992（6）.

异常昂贵，非一朝一夕所能完成。中国环境治理总体上仍局限于为数较少的总量核查、目标责任状、政绩考核、环境规划评估、区域限批等几项，而这些制度又都仅限于"防止环境恶化消极的意义上"而非"寻求环境改善积极的意义"。世博会具有政治安全属性，而这种政治安全属性促使不同的行为主体尤其不同地域、不同隶属的政府部门为确保世博妥善安全运营不得不凝聚目标，形成制度化的沟通渠道，使协调成本大为降低；这种政治安全属性还将政府环境责任提高至史无前例的高度，改进政府环境执法的氛围和舆论条件，推动了区域环境治理一体化。这方面最突出的案例是2010年4月8日由环境保护部应急办组织指导，上海市环保局、松江区人民政府主办，华东环保督查中心、江苏省环保厅、浙江省环保厅协办的上海世博会环境安全保障应急演练。该演练通过模拟企业发生爆炸泄漏事故，大量有毒污染物扩散至大气中，另有大量未知污染物随消防废水进入周边河道，全面检验上海市环保部门世博会开幕前夕的环境应急工作准备情况，以及长三角区域环境应急联动工作机制，有效提升了各参演单位的应急响应能力，协同作战能力和高效处置能力。如果上海市、浙江省、江苏省三省市环保部门在此基础上构建协同一致、经久有效的区域环境治理机制，那么，世博会在促进制度创新方面就得以部分落实。同样令人关注的是，上海市人民政府为迎接世博会特意开展了"加强市容环境建设和管理600天行动计划"。通过该计划，政府各部门进一步健全和完善责任机制、保障机制和动员机制，进一步梳理、整合部门分工、接点范围，明确和发挥牵头部门的协调沟通作用，将有关整改措施长效化、制度化，为未来类似行动奠定组织基础。

在国际机制构建方面，上海世博会同样不逊色，2008年8月由上海环保局与联合国开发计划署、联合国环境规划署以及中国国际经济技术交流中心合作开展"上海环境友好型城市动议"项目，该项目充分利用各方资源和专长，并以2010年上海世博会为平台向世界展示上海建设环境友好型城市的努力和取得的进展，如果此项目在后世博机构基础上不断滚动那么就成为不断推动环境治理的一大机制。正如联合国环境规划署发布的《中国2010年上海世博会环境评估报告》在汇总空气质量、交通、能源、固体废物、水、绿化和保护区、气候碳中和、世博园区、公众参与九大环保核心领域工作后指出的中国在上海世博会筹办、举办过程中的环保努力不仅将惠及7000万人次参观者，还为2000万市民留下绿色资产。绿色资产不仅包括环保基础设施，还包括筹办、举办过程中出现的各项制度措施和一整套显著提升的环保管理经验。

（四）最大限度改变城市"生态足迹"的发展路径依赖轨迹，促使整个城市产业结构向资源节约型、环境友好型改变

任何城市发展都离不开经济职能，而经济职能的核心便是产业结构和布局，产业结构不仅从根本上决定了城市经济功能也决定了城市可以成为什么样的城市。上海是一座迅速发展的全球城市，然而与这种趋势不相符合的是以钢铁、石化、船舶、汽车等传统工业为支柱的产业体系。这种传统工业体系会给生态构成沉重负荷，任何数量上的扩展都会引致生态环境恶化，上海要建设资源节约型和环境友好型社会就必须进行产业结构调整。目前上海已将自身定位为要率先转变经济发展方式，通过长三角城市群一体化建设，率先成为中国经济"领头雁"、世界经济增长极，而要实现这一目标就必须加快调整产业结构、优化空间布局、大力发展服务经济，推进高新技术产业化和郊区城镇化建设。上海在"十二五"期间将由"快速增长"步入"平稳增长"阶段，将更加着力于产业发展的质量、效益、结构和水平，产业发展主线将从"战略性调整"转向"调整中加快提升发展"，并已制定以高端制造、创新驱动、品牌引领、低碳发展为特征的新型产业体系，将新能源、民用航空制造业、先进重大装备、生物医药、电子信息制造业、新能源汽车、海洋工程装备、新材料、软件和信息服务业等作为九大重点投资领域。幸运的是，上海发展阶段、发展态势和发展目标与世博会宗旨、目标和手段天然契合，上海世博会新技术列表包括了上海欲以突破的几乎所有方面，技术展示为未来产业化提供了第一手技术参数和运营情况，从而为后世博上海整个战略性新兴产业崛起准备了条件。上海世博会对产业结构贡献不仅限于高新技术产业本身，还包括建立在创意和科技基础之上的现代服务业。根据丝奇雅·沙森的《全球城市》，从20世纪80年代开始全球产业结构就开始由"工业型"向"服务型"转型。发达国家将加工业及物资生产领域逐步向外转移，而对国际高端产业链中的产业研发服务及营销服务则积极抢占，

建立在知识基础上的服务业和金融业重要性迅速增加，正是在这个过程中一些城市才逐步进入全球网络体系，崛起为全球城市。[①] 上海世博会需要门票、安保、审计、会务、生产等方面完善的专业服务体系，也需要有满足大量资金和信贷需求的现代金融业，更需要建立现代科技基础之上的现代文化创意产业和高附加值休闲娱乐产业。有研究指出世博无论筹办初期、运营阶段还是后续阶段都能创造出日常时期不可能产生的使服务业能级提升的特殊机会。筹办阶段基础设施投入虽对某些餐饮、旅游等服务性行业影响不大，但对金融保险、租赁、企业服务等方面产生间接影响，带来继发效应；运营阶段对餐饮、宾馆构成直接经济影响，运营过程也催生出了大量专业化企业服务；后续阶段，伴随着基础设施、世博会场地后续有效利用等硬环境和服务人员素质软环境的提升，世博会在推动现代服务业发展方面将发挥巨大优势[②]。建立在品牌知识基础上的现代服务业、娱乐休闲业与生产建筑等重化领域相比，对生态足迹的占有显然是较低的。通过对高新技术战略性新兴产业的推动、通过促进现代服务业的发展，上海世博会环境效应得以延续和扩大。通过正确处理好国家战略和上海目标、产业转移和向外扩张、高新技术产业和先进服务业、传统产业和新兴产业的关系，上海世博会将成为撬动"率先转型"、实现"经济增长与环境污染"脱钩的支点和新的起点。

五　上海世博会实现环境效应延续和 扩散的机制及相应优化

上海世博会要通过价值输入、知识传递、制度创新激励、产业结构变迁来延续和扩散环境效应。然而经过分析我们不难发现上述都是时代主题演绎下的历史必然，是一种趋势，世博会在这种趋势中扮演了加速和催化的作用。然而历史趋势代替不了动力机制的分析，宏观层面的变革也离不开微观

① 丝奇雅·沙森：《全球城市　纽约、伦敦、东京》，周振华译，上海社会科学院出版社，2001，第57页。

② 白澎、陈羽：《2010年世博会对上海现代服务业的影响——基于历届世博会的经验》，《上海经济研究》2010年第6期。

层面的演化，世博实现环境效应的动力机制和微观层面的演化又是怎样的呢？人类社会动力机制一般存在两种：市场和权力。市场机制核心在于竞争，谁更好地迎接了潮流，在潮流中脱颖而出，谁就具备竞争力；而权力机制核心是权力，谁掌握权力谁就掌握了相关资源的支配权。无论市场还是权力都想获取一种特殊的资源——话语权。话语权为市场掌握，那么企业就赢得先机；话语权为权力掌握，并且通过使用"生存性威胁"，产生了一种特殊动力机制"安全化"。安全化要求权力主体（通常是国家）面对"生存性威胁"而不得不摆脱日常规则以紧急措施来维护自身生存①。世博会具有聚焦放大效应，为保持妥善运行，从中央到地方都给予了巨大的财经技术支持，从政府到社会全力予以配合，不但超越了日常管理，而且政府资源、社会资源、国际资源也被有效动员，从而成就了弱式意义上的"安全化"。以安全化、政治化动力机制看待世博会就不难发现环境效应延续和扩散的强度和力度。直接效应方面，对污染工厂的搬迁和改造、以行政手段关闭重型污染企业呈现了坚决的政治意志和行政主导；间接效应方面，环境价值对政治体系和全社会的全面渗透、从知识专家到社会大众的技术知识传递、围绕制度创新开展的大量卓有成效工作均说明以安全化机制落实世博会环境效应有其成功之处，也有其必要之处。这也从根本上说明世博会环境效应实质是政府主导下对低碳环境科技的大规模示范应用而衍生出来的政治经济态势。

正如任何安全化机制持续时间都是短暂的一样，安全化、政治化对世博会环境效应的延续和扩展也会产生某种限度。环境效应本质上属于日常管理，然而世博会安全化、政治化随着世博会的闭幕戛然而止便和环境效应的可持续性产生矛盾。这种矛盾使得如果没有将这种力度和强度转化为制度，那么环境效应的延续和扩展就受到影响。比如诸多科技短期应急向长效治理转变、如何加强各国中长期政策协调使得世博会展示展览过程中的新科技、新观点成功应用于经济社会生活尤其是中国上海②、如何通过世博会构建完

---

① 马建英、蒋云磊：《试析全球气候变化问题的安全化》，《国际论坛》2010年第2期。

② 笔者就世博会科技正式落地情况咨询了相关专家，专家普遍反映当初期望值较高，没有达到预期效果，这也充分说明虽然世博会科技能反映时代潮流，但时代潮流向实际成果转化仍需诸多机制和配套设施建设。

善节能准入、落后产能退出机制等。任何长效机制建设都离不开人的参与，如果没有居民环境价值觉醒和环境需求，如果不能在环境价值和技术知识普及基础上实现公民对环境事物的参与管理，那么任何机制生命力都是有限的。公民参与不但能充分表达多样化的利益需求，充分发挥社会事务决策的能动性，还有利于广泛调动社会资源、确立社会政策合法性，加强民众对政府信心，还能极大降低政策执行难题、提高整体环境治理绩效。公民参与的形式既可包括各种活动、社会中间组织，也包括专门的制度化渠道。世博局开展大量活动，取得异常良好成效；然而对社会中间组织的培养、制度化参与水平的总体水平仍然很低，尤其在吸引高学历、高收入的社会精英层公民参与方面仍然有着制度性缺陷。虽然此次世博在突破民意表达、吸收民智方面出现若干创举，举办了"我为世博献一策"、"活动方案征集"、"志愿者"等活动，但基于环境领域制度化参与仍然局限于顾问、专家、学者和咨询机构，反映普通群众心声的环境信访、环境治理机制等在世博会期间基本没有出现。这充分说明此次世博会安全化机制可能会暂时性抑制制度化参与空间的创新。

世博会的安全化、政治化动力机制使得承载着环境价值和规范的世博效应得以最大限度的发挥，但安全化的缺陷便是无法实现对日常的经济社会事务进行管理，因此如何实现这一转换或者说软着陆便成为重中之重，而这一转换或者软着陆的基础便是价值、知识和制度构建。价值方面，无论中央和地方都明确表示绿色发展将是下个五年核心主题，低碳环境纳入十二五整个规划，并决定将能源强度和碳强度作为约束性政绩考核指标，这充分说明环境价值已彻底为政治系统所接纳，而社会对此也表示热烈欢迎。虽然这并不全部属于世博会的贡献，但世博会在价值扩散过程中确实扮演了某种作用，显著提升了城市居民对气候环境的关心。知识尤其技术知识方面，世博会科技展示充分说明世界低碳环境科技的历史趋势，但仅仅展示的作用极其有限，关键是如何积极推动这些科技的商业化和国产化，尽快以可承受的代价应用到经济社会发展中。笔者以为最好的办法便是将后世博的园区建设成为全球技术交易中心和环境产品集散地，建设这样一个中心和集散地不但可以直接获取相关市场信息，尽快予以应用，还可以实现从市场中心这个位置本身获得诸多先机。要建成这样一个全球中心不可能一蹴而就，需要持续不断的政策激励和法律、基础设施的配套，但我们相信在建设这个中心过程中就能使全球低碳环境技术持续不断地汇聚到上海，将最新的技术产品信息（包括技术信息和技术产品的价格信息）得以反馈从而最大限度地利用全球市场，这不仅对世博环境效应的延续和扩大，更是对中国经济如何发展一个新范式的思考。环境效应延续和扩散需要制度创新，制度创新需要成本，上海市政府以世博名义通过行政措施淘汰了落后产能关闭了若干重型污染企业，这是世博一大贡献，然而并不是所有的地方政府都摆脱发展主义的经济激励，由此逐步构建落后产能和环境有害产品的自然退出机制才最为关键。世博观点认为，构建这种机制并不仅仅是上海世博会或者上海市政府能做到的，需要中央政府在财政税收体制上做出一系列的创新安排，对后世博来说如果未来世博园区或者世博继承机构能够收集最为前沿的环境产品价格信息并与相对应的环境有害产品进行对比，那么这就不但能给人环境有益技术和产品以市场信心而且还给那些污染性企业制造出了市场和道德双重压力。目前中央已明确将在未来几年征收环境税和碳税，这对环境友好型技术和产品来说是利好消息，如果后世博机构能跟进中央政策逐步落实相关举措，那么世博园区环境效应无疑会得到经久延续。无论价值、技术还是制度都需要知识，无论是政府、企业还是非政府组织都需要通过"干中学"或者政府通过相关案例、技术提炼从而实现专家隐性知识向社会性融合性知识的转变。其实知识传播最直接有效的方式是书籍，如果世博会能将所有低碳环境知识包括技术列表、城市最佳实践区、论坛展示展览活动所取得的思想成果、经验总结和人类探索城市发展的共同智慧进行全方位的编辑整理，通过书籍在全球范围内进行推广，那么，不但能实现与广大民众共同交流的目标，而且也可以为城市管理者提供非常必要的教科书和参考书。实践证明，如果"世博遗产"真正实现了与民众持续不断地交流而且也确实推动城市管理者更加注重环境、更加知道如何保护培育环境，那么我们认为世博会就使城市慢慢具备了某种生命特质，世博会环境效应也就不会局限于上海一地、一域而逐步跨出国门成为全球共同的知识财富。

六　结束语

正如《中国 2010 年上海世博会注册报告》指出的那样，"中国 2010 年上海世博会将成为人类文明的一次精彩对话"。目前，我们有理由认为上海世博会也是对人类未来命运思考的总结，而在这段总结中，环境无疑是最为突出和最具亮点的特色。上海世博会从价值规范、技术知识普及、制度创新激励、产业结构变迁诸多方面推动环境效应的延续和扩展，因而是不折不扣的城市环境治理的重要战略工具。"上海宣言"指出，"城市应尊重自然，优化生态环境，加强综合治理，促进发展方式转变；推广可再生能源利用，建设低碳的生态城市；大力倡导资源节约、环境友好的生产和生活方式，共同创造人与环境和谐相处的生态文明"。城市有责任追求环境问题的解决方案，因而应该成为技术引领与规范创新的主要行动者和发生地。然而任何创新、引领和扩散都不能没有方向，任何系统解决方案都不能没有目标，这就提出了"理想城市"的概念。上海世博会认为城市的根本目的是让生活更美好，生活形态最终决定着人类未来，因此理想城市绝不仅仅是具体实践、制度构建，还应包括内在的形而上思考，这一形而上思考的结果便是和谐城市。和谐城市不仅包括建筑、生产与自然形成的环境和谐，城市居民、政府、商业等人与人的社会和谐，而且包括了全球挑战、城市未来、道路路径等发展和谐以及人自身幸福、满足感体现出来的心灵和谐，正是在和谐的基础上，城市慢慢从物质聚合体演变为城市有机体，最终进化为城市生命。

理论和实践都证明环境治理如果只加大环保投入和执法力度，那只是治标，只有转变经济发展方式、调整环境保护工作重点，将结构保护、工程保护和制度保护结合起来，并在全社会形成保护合力才能治本。回顾本文不难发现，安全化和特大活动自然模式驱动是世博效应的主要驱动机制，然而上海世博会的独特之处就在于将价值指引、规范创新、技术领导和治理机制合到了一点，所以世博会成为推进环境治理的重要战略工具。环境治理现状和累积特性决定环境保护工作必须尽快取得成效，而为达到目标只能重点突破，抓住有利机遇、解决比较突出的问题，由此环境安全化成为一条很重要的路径。上海世博会提升了全社会的环境关注，使得群众环境需要指数急剧提升，扩散了技术可行性，推进了政府、企业和社会三部门的协调，从而为安全化奠定了基础、形成了某种可能性。学术界对环境安全广泛讨论说明，环境安全化可以使环境在面对经济增长这一矛盾时获取某种优势，赋予环境保护单位更为优良的执法环境和权限，才可能产生某种动员效果使全国、全社会予以关注。上海是正在崛起中的全球城市，世博在这个崛起中扮演了重要角色，相信随着后世博机构的逐步建立和关于世博档案、研究、信息的陆续发布，上海将再一次感受到世博精神的魅力，而环境治理也会因为这种精神而踏上一个新的台阶。

B.3
发挥"低碳世博"效应，促进低碳发展

在沪全国人大代表专题调研组*

摘　要：中国 2010 年上海世博会在世博会历史上首次提出了"低碳世博"的理念，在筹备、举办过程中会聚了世界各地低碳发展的智慧和实践，成为全球倾力打造的低碳发展的典范。"低碳世博"对我国推进低碳发展具有重要启示。"低碳世博"的示范效应主要体现在：世博园规划、建设、运营中全面落实低碳措施；集中展示全球最新低碳成果；创新体制机制搭建世博自愿减排平台。从国际国内形势看，低碳发展已成为引领新一轮经济发展和变革的助推器。在分析我国低碳发展面临严峻的形势和挑战的基础上，本文对我国低碳发展工作提出若干建议：根据基本国情和发展阶段确定低碳发展的战略定位；加快产业、能源结构和布局的调整优化；加快构建高效、清洁的低碳交通运输体系；全面提高建筑能效水平；加强技术攻关和关键技术的研发储备，推进低碳产业发展；积极探索低碳发展实践区新模式；营造全社会共同参与的氛围，努力构建低碳绿色的消费模式。

关键词：低碳世博　效应　低碳发展

根据全国人大常委会办公厅《关于 2010 年全国人大代表专题调研有关事项的通知》要求，22 位上海市全国人大代表组成了"发挥'低碳世博'效应，促进低碳发展"专题调研小组，在市人大各级领导的支持参与以及

---

* 在沪全国人大代表"发挥'低碳世博'效应，促进低碳发展"专题调研组。召集人：张全、褚君浩；代表：马兰、王荣华、王战、王恩多、叶惠贤、朱国萍、朱雪芹、刘云耕、刘洪凯、吴齐、应名洪、陈戌源、陈旭、陈虹、陈振楼、姚明宝、姚莉、徐征、郭广昌、樊芸。

工作班子和相关部门的配合下，于 2010 年 7 月至 9 月开展了广泛深入的调研。调研小组听取了专家有关低碳发展的专题讲座和上海世博局、上海市发展改革委、上海市建设交通委、上海市环保局等职能部门关于推进低碳发展情况的汇报，参观了世博会低碳实践展馆，实地视察了花园坊节能环保园，走访了宝钢集团，考察了虹桥交通枢纽光伏发电示范项目。代表们在充分了解情况、掌握第一手资料的基础上，认真分析和研究上海世博会的后续效应，着重思考我国现阶段低碳发展的定位和当前重要任务，提出推进低碳发展的相关建议，形成了本调研报告。

一 "低碳世博"对我国推进低碳发展的启示

（一）"低碳世博"的示范效应

中国 2010 年上海世博会在世博会历史上首次提出了"低碳世博"的理念，通过组织者、参展者、参观者的共同努力，在筹备、举办过程中会聚了世界各地低碳发展的智慧和实践，成为全球倾力打造的低碳发展的典范。

1. 世博园规划、建设、运营中全面落实低碳措施

一是可持续发展的园区规划。世博园区全面落实世博会规划区总体规划环境影响评价的环保低碳要求，在策划之初就将可持续发展理念落实到园区选址、场馆空间布局、交通组织、新能源示范、绿地系统和景观设计、场馆后续利用以及周边地区环境整治等各个方面。园区变旧城为公园，绿化覆盖率达到50%以上；老建筑的保护和利用占园区总建筑面积的1/5；通过综合整治，恢复了园区白莲泾河生物多样性。二是大力推行低碳交通。构建城市公共交通体系，轨道交通网络总长达420多公里，建设了60个综合交通换乘枢纽，部分配套 P＋R（停车＋换乘）功能，建成300公里公交专用道，开展社区到达公交枢纽的免费自行车租赁试点，在世博园区周边设置交通管制区，严格控制除公交车和出租车以外的机动车进入，专设旅游大巴停靠区域，全面投入使用道路交通智能化管理信息系统。据统计，90%左右的游客通过公共交通到达园区，较好解决了观博大客流可能造成的交通拥堵和污染排放问题。三是集中应用环保低碳技术。清洁能源和可再生能源使用比例达到50%以上，太阳能光伏发电总装机容量超过4.68兆瓦，大规模采用LED照明技术，园区内公共交通基本实现"零排放"。广泛应用节水及雨水回用技术，以及自然通风、自然采光、生态绿墙等控温降温技术，并大量使用环保建材，推广绿色生态建筑，园区内还示范性地应用江水源热泵、地源热泵、冰蓄冷、燃气空调技术。四是全面参与的绿色环保行动。组织者与联合国环境规划署联合编制了《世博绿色指南》，倡导在世博会的筹备、运行和参观过程中，做到绿色观展、绿色交通、绿色办公、绿色服务。

2. 集中展示全球最新低碳成果

国内外各参展方通过场馆设计、建设和服务管理，以及组织各类展览展示、交流研讨及相关演艺活动，从不同角度充分体现低碳环保的理念和实践。本届世博会专设的城市最佳实践区，以案例馆的形式汇聚展示了全球最具代表性、对未来城市发展和生活最具示范价值的成功实践，传递了科学的城市规划、环保低碳的生产和生活方式等绿色理念。还专门以"环境变化下的城市责任"为题举办主题论坛，邀请全球有关的专家学者抒发观点，交流思想，为本届世博会留下精神财富。

3. 创新体制机制搭建世博自愿减排平台

组织者通过世博官方网站、传统媒体、文艺演出等方式，广泛传播世博绿色、环保、低碳理念，并首次推出"低碳世博自愿减排行动"，按照"政府倡导、自愿参与、民间运作、社会监督"的原则，搭建公众参与低碳世博的平台，引导全社会共同参与低碳世博实践。鼓励世博会参展方自行抵消展馆建设及运行过程中产生的额外碳排放；组织者和民间环保社团一起组织"绿色出行"活动，在长三角区域发动企业、社区、学校参与，开发"世博绿色出行网上碳计算器"，让参观者根据不同出行方式计算碳足迹，并选择低碳出行方式观博；发行"低碳交通卡"，该卡除具备普通交通卡所有功能外，每使用1张卡相当于抵消1吨二氧化碳排放，购买者自愿支付20元用于支持碳减排项目，同时，在世博会参展方的支持下，有几十家展馆先后参与开辟"低碳之旅"活动，为持有"低碳交通卡"的参观者提供绿色通道，以宣传低碳实践，倡导低碳行为；组织"低碳世博林"项目，广泛发动社会各界参与植树造林活动；在环境能源交易所建立自愿减排交易平台，鼓励企业、个人自愿捐赠或认购减排指标，推动节能减排项目在我国西部地区的实施。这些活动均得到了社会的积极响应。

"低碳世博"的成功推出既是组织方的精心策划，也是所有参与方的共同打造。本届世博会在筹办和展示中充分体现了全球对未来城市发展的共同价值取向，以低消耗、低排放、低污染为特征的低碳发展模式，其核心是发展观念的转变、技术创新和制度创新。

"低碳世博"的启示是多方面的，但最核心的有以下几个方面。一是低碳的城市发展规划。无论从世博园区规划本身，还是众多城市最佳实践案例或展馆展示的内容，降低能源消耗的紧凑型城市发展规划模式和城市低碳交通规划组织等已成为城市未来发展的核心理念。二是低碳的技术和产业。主要聚焦在能源、建筑、材料、环保技术，包括为降低碳排放水平、实现低碳化生产而进行的技术改造和服务创新等领域。这些技术、产品或已得到推广应用，或作为战略性技术储备，预示了未来产业制高点和新一轮经济增长点。三是低碳的生活。本届世博会上集中展示了在家居生活和社区建设中的低碳生活方式，并在自愿减排机制构建方面作出了有益尝试，为可持续的低碳生活理念和模式的普及和实践打下了基础。

（二）我国低碳发展面临的形势和挑战

从国际形势看，低碳发展已成为引领新一轮经济发展和变革的助推器，并且日益成为国际政治、经济、外交、环境和发展问题的焦点，中国面临树立负责任大国形象和在新一轮发展中争取主动权的政治经济双重压力。

应当看到，低碳发展首先是由西方发达国家提出，一方面是改变传统发展模式、寻找新的经济增长点和推动全球可持续发展的客观需要，另一方面也携带着西方发达国家凭借自身在环保和低碳技术及经济方面的优势，进一步重构世界经济、贸易格局的企图。因此，西方发达国家提出的低碳发展更多从政治、经济、外交方面强调碳责任、碳技术、碳关税、碳交易。

从国内形势看，构建低碳发展模式不仅是应对气候变化挑战和破解资源环境约束的客观需要，也是把握新一轮产业革命机遇、培育新的经济增长点、加快产业结构调整、推进发展方式转变和城市发展转型的内在需要。同时，资源禀赋和发展阶段特点决定了我国必须寻求符合我国发展实际的低碳发展策略和途径。

"十一五"以来，我国加大节能减排政策支持和投入力度，在推进产业结构调整、建筑和交通等重点领域节能、重点节能工程实施和节能技术研发推广以及节能减排体制机制建设等方面取得了重大进展。但我国仍是一个发展中国家，资源禀赋和发展阶段特点呈现的矛盾与发达国家有着本质的区别。从环境问题看，我国情况更为复杂。既面临气候变化等全球环境问题，也面临着突出的城市环境污染和公众健康问题；既要控制二氧化碳排放，更要控制二氧化硫、氮氧化物、颗粒物等排放。从低碳途径看，必须考虑相关的制约因素和节能减排潜力。一是产业结构偏重和布局不合理的现状没有根本改变。调结构、转方式是我国面临的长期而艰巨的任务。二是能源结构调整方面存在的困难不容忽视。从自然资源特征来看，我国以煤为主的能源结构特点在可预见的未来难以改变。三是重点用能领域能效偏低。特别是工业、建筑、交通、生活等领域既有发展的需求，但仍有较大减排潜力。四是低碳技术尚不具备竞争优势。节能低碳技术、产品和专业服务的支撑作用较弱。五是全社会节能减排的意识和责任有待进一步强化。由于观念和认识上的差距，能源资源价格、财税等经济手段的作用没有得到有效发挥。

因此，如何适应全球减排大势、定位现阶段的发展模式，需要我们在国民经济和社会发展全局中通盘考虑。

二 对我国低碳发展工作的若干建议

（一）根据基本国情和发展阶段确定低碳发展的战略定位

应对气候变化既是环境问题，更是发展问题。"低碳世博"之所以取得成功，一是积极回应全球低碳发展的呼声，争取主动；二是注重实践，从实际出发组织实施可行的方案和措施；三是搭建平台，各方参与。我国低碳发展必须立足基本国情和现阶段发展特点，寻找一条切合当前实际、符合未来方向的可持续发展路径。

指导思想上，应当在坚持共同但有区别的责任原则下牢固树立负责任的大国形象，以促进经济社会可持续发展为出发点，坚持污染问题与气候变化协同解决、地区环境问题与全球环境问题协同解决、资源能源问题与环境问题协同解决、资源环境问题与发展问题协同解决的思路。

实施重点上，要围绕"调结构、转方式、促转型"这一主线，通过行政、法律、经济、宣传等综合手段，加快产业结构调整和发展方式转变，优化能源结构，提高能源效率，加大技术和制度创新力度，加快形成低碳生活方式和消费模式。

实施途径上，要坚定不移深化完善节能减排工作，坚持政府、企业和社会各方共同参与，因地制宜，重点突破，分步实施。

（二）现阶段推进低碳发展的相关具体建议

1. 以控制能源消费总量和煤炭消费增长为目标，以淘汰劣势产业、限制高耗能行业发展为主线，加快产业、能源结构和布局的调整优化

随着城市化、工业化进程加快，近年来，我国能源消费总量以年均 9%以上的速度增长，能源消费结构中煤炭所占比重长时间维持在 70% 左右（上海约 50%），工业特别是重工业能耗比重居高不下。以长三角地区为例，2009 年钢铁产量为 28283.58 万吨，水泥产量为 26052.12 万吨，发电量为5952.98 亿千瓦时，分别为 2000 年钢铁、水泥和发电量的 3.68 倍、2.8 倍和2.85 倍[①]；人均能耗水平已接近或超过中等发达国家；上海工业用能占终端能源消费总量的 55%（发达国家一般为 1/3 左右），其中钢铁和化工行业能耗就占总能耗的 36%。因此，进一步优化产业结构和能源结构是我国实现低碳发展的重要着力点。

一是限制能源消费总量和煤炭消费的增长。"十一五"规划将单位 GDP能耗五年降低 20% 左右作为约束性指标，促使我国节能减排工作取得了明显效果。但是实践证明只控制单位 GDP 能耗，而不控制能源消费总量和煤

---

① 国家统计局，http：//www.stats.gov.cn。

炭消费，难以约束地方的超高速增长追求和高能耗行业的无限制扩张，难以从根本上改善和缓解能源资源和环境对未来发展的约束。建议国家从战略上研究能耗总量和煤炭消费总量的双控目标以及实施步骤，完善相关配套政策和评估、考核激励机制，并可在东部等发达地区先行先试。

二是严格限制高耗能行业发展。加快推进产业结构调整和发展方式转变是我国面临的重要任务，在加快发展服务业、提升新兴产业规模和能级的同时，当前必须严格限制高耗能、高污染行业的发展规模和布局，特别是对钢铁、化工、水泥等行业，建议制定约束性能耗和排放总量指标，并根据资源状况在区域布局上明确相关限制条件。

三是加快淘汰劣势产业。为进一步提升产业发展能级，降低经济发展对资源能源的依赖和局部污染的影响，要根据产业发展导向，进一步扩大调整和淘汰资源消耗强度高、环境污染排放高、经济产出效益低的产业目录，明确指导性意见，取消对高耗能企业的优惠电价措施，扩大高耗能行业差别电价实施范围和力度，对高耗能企业的关停并转，在土地指标、人员分流等方面给予更大的政策支持。

2. 以实施城市公交优先战略为核心，以推广应用智能交通信息技术与低碳交通工具为手段，加快构建高效、清洁的低碳交通运输体系

本届世博会中，公共交通和清洁能源汽车在应对大客流和减少交通碳排放中发挥了重要的作用，不少展馆也从不同侧面展示了交通规划、组织、汽车租赁共享、新能源汽车等，充分体现和证实了城市可持续交通发展的模式。

一是在城市建设过程中坚持"公交优先"的理念。特别是在城市化中，必须牢固树立"公交优先"的理念，在规划用地、设施建设、路权通行和政策扶持等方面强化公共交通体系建设，引导市民选择低碳的交通出行方式。

二是提高城市交通智能信息化管理水平。采用先进信息、通信、传感、控制与人工智能技术，建立交通信息采集、分析处理系统与信息发布服务平台，引导交通行为，最大限度地发挥城市交通运输的潜力。

三是逐步推广应用新能源汽车。本次世博会共投放1538辆新能源汽车，经过半年超负荷运行证明，这些新能源汽车在技术上已经基本成熟，具备了产业化推广应用的条件，尤其是在城市公交等短途交通中具备应用的条件。

建议加强政策扶持，逐步从公交、出租为主，扩大到物流、环卫、公务、通勤、邮政和私人等领域。

3. 以严格建筑规范标准、完善建筑能耗检测管理体系为手段，加强规范和引导，全面提高建筑能效水平

随着经济社会高速发展，城市建筑能耗占比将呈明显增长趋势。以上海为例，建筑能耗约占全社会总能耗的18%左右，且呈逐年上升趋势。但从发展水平来看，发达国家建筑能耗占全社会总能耗的比例为1/3左右。我国建筑节能工作尚处于起步阶段，建筑能耗需求增长快，单体建筑能效偏低，是一个节能潜力较大需要未雨绸缪的领域。本届世博会在建筑的设计、自然通风和采光技术的应用、隔热环保技术和材料的应用、屋顶和垂直绿化以及建筑节能认证等方面进行了全面的展示，提供了可资借鉴的宝贵经验。

一是严格实施建筑节能强制性准入设计标准。目前我国实行的建筑节能设计标准以控制建筑外围护结构的隔热保温为主，可操作性及节能效果均不甚理想。建议结合本地实际情况，从建筑物实际能源需求量出发，细化建筑节能的量化指标，制定针对性、操作性强的建筑节能标准，以保障建筑节能工作的深入推进与实际效果。

二是鼓励引导更高要求低碳建筑推广。特别是借鉴国外建筑能效证书的成功经验，引入建筑物能效标准与标识制度，在单体中高档建筑及大型公共建筑中优先推行。

三是完善建筑用能监测体系。目前我国尚没有完善的建筑用能监测体系，建筑用能监测以少量抽样调查为主，缺乏翔实可靠的建筑能源消费数据。可参考思科馆、国家电网馆等参展内容，充分利用物联网、智能电网等先进技术搭建在线建筑用能监测体系，更好地跟踪监测和评估建筑节能的运行效果。

4. 以世博低碳技术的应用和示范为先导，加强技术攻关和关键技术的研发储备，推进低碳产业发展

本届世博会，各国家、城市、组织和企业把当代最前沿的低碳技术多角度、多渠道、多层面地融入世博会的展示和应用中。这些技术有的已可进入大规模应用，有的是长远发展的战略技术储备。

一是加快成熟实用技术的推广应用。世博会应用和展示的技术很多并不深奥，关键是政策引导和积极实践。如LED光源技术、雨水收集回用技术、直饮水系统、废物减量和资源化技术、智能电网技术、超超临界发电技术等，应当下决心制订推广计划，辅以相关政策，在重点区域和行业大规模推进。

二是研究推进重点行业的调整升级和低碳化改造。在加快产业结构调整同时，传统产业低碳化发展也是其中的重要任务。本届世博会对传统电力、钢铁、化工等工业如何在技术、产品、管理上走向低碳提供了不少启示，而且均从产业自身如何适应低碳发展进行展示。我国这些行业发展规模大，能耗和污染排放占比高，必须从战略上重视，把技术和产品的调整升级作为主攻方向。三是着眼未来发展关键技术的储备。特别是对可再生能源技术、清洁煤技术、低碳环保材料和产品等，虽然由于技术或成本问题目前还难以大规模推广，但代表了新技术革命发展方向，应当不失时机组织关键技术攻关和应用示范，取得具有自主知识产权的低碳技术和产品成果，并按国际惯例加强相关技术规范和标准的研究制定，为抢占未来产业制高点作准备。

5. 以现代新城、商务区和社区开发建设试点为抓手，全面贯彻低碳理念，积极探索低碳发展实践区新模式

本届世博会"城市，让生活更美好"的主题充分体现了未来城市低碳化发展的趋势，世博会城市最佳实践区也展示了相关低碳发展的案例，可将国外先进理念和经验与自身实际情况相结合，在有条件的新城和开发区建设中探索低碳城市建设路径、发展模式、管理制度等，成为低碳发展的突破口和亮点。

一是将低碳理念贯彻于区域发展规划、建设、运行全过程。明确可行的低碳发展目标，按紧凑型城市的理念对区域功能和空间布局作出合理的规划设计，科学设计高效的区域能源系统，科学组织区域交通和市政体系。

二是系统集成应用低碳技术。可借鉴弗莱堡、巴塞罗那等地区的成功经验，结合地区特点在示范城区招商时设置约束性指标，如新建建筑必须达到一定的绿色建筑标准、公共设施可再生能源示范使用、雨水收集回用、垃圾分类收集处置等有相应要求。

三是注重广泛参与和碳足迹管理。倡导绿色生产、绿色办公、绿色生活，对区域能源消耗和碳排放进行跟踪监测以科学评估其低碳水平。

6. 以提高低碳环保责任和意识为重点，加强政策引导，营造全社会共同参与的氛围，努力构建低碳绿色的消费模式

我国目前的人均能源消费水平相对较低，但人口多、总量大且消费呈现出快速的增长趋势，只有坚决杜绝浪费，积极倡导低碳的消费模式，才能在提高生活质量的同时减缓资源消耗和污染排放增长的压力，这需要全社会作出努力。本届世博会展示的低碳消费理念和社会各界的参与值得普及推广。

一是树立低碳发展的社会责任意识。政府公共机构要率先垂范，实施公共机构能耗水平与能源费用定额管理制度并进一步贯彻落实公共机构节能绿色采购制度，推行绿色办公，加强空调、照明、电梯、热水器等公用设备的日常管理，加快推进公务车改革，减少电脑、复印机、打印机等设备的待机能耗，减少会议出差，推行计算机网络信息传输和电视电话会议。企业要发挥主体作用，强化节能减排的意识和责任，加大节能减排技术改造和管理力度，加强低碳技术和产品的研发，倡导绿色办公。社会团体组织要发挥宣传和纽带作用，借鉴世博会自愿减排行动组织实施经验，搭建公众参与平台，做好宣传推广。公众要自觉践行低碳的生活方式和消费模式，选择节能环保产品，减少浪费，厉行节约。

二是完善绩效考核和节能减排问责制。摒弃 GDP 主义的经济发展指导思想，制止通过低效率利用各类自然资源换取短期的经济增长，经济社会发展综合评价指标体系突出结构调整和经济增长质量，提高节能减排考核在各级政府、部门和国有企业领导班子考核中的权重。把行业主管部门对国有企业节能减排考核的结果直接纳入到对国有企业的绩效考核中。

三是完善节能减排法律法规体系。从发达国家看，在促进低碳经济的立法过程中，没有采取制定专项法典的方式，而是将相关规范制度融入节能、环保方面的专项法律，从而获得更直接的效果和可靠的保障。结合我国的立法实践，新世纪以来，全国人大常委会先后制定或者修订了《中华人民共和国清洁生产促进法》、《中华人民共和国固体废物污染环境防治法》、《中华人民共和国节约能源法》、《中华人民共和国循环经济促进法》，这些法律与促进低碳经济工作都有一定的关联。因此，在下一步的修法过程中，应当对现行有关节能减排法律法规按照低碳发展的新要求进行全面梳理，对执行效果作出客观评价，加强现有法律的执行力，并将发展低碳经济的内容和要求融入这些法律之中，为发展低碳经济提供法制保障。四是加快资源环境价格和政策改革。取消对高耗能企业的优惠电价措施，扩大高耗能行业差别电价实施范围和力度。根据电力供应状况、产业结构调整和改善生态环境需要，执行阶梯式电价标准，对能源消耗超过国家和本地单位产品能耗（电耗）限额标准或超过核定用能定额的单位，实行惩罚性价格政策。理顺天然气发电价格，增加燃气电厂发电小时数。提供可再生能源利用的政策，对可回收利用废物赋予价值，推动循环经济发展。五是加强节能环保理念的宣传推广。研究建立低碳标准体系，实施低碳产品标识制度，在社区居民中推广节能家电、节能照明灯具、节水节气设备等节能产品，对市民购买节能低碳产品适当给予财政补贴。以街道、社区为单位，结合节能减排和环境保护工作，建立和命名一批贴近公众生活、便于经验推广的低碳生活示范点。鼓励政府机关、社会团体、企业和个人自愿承担碳减排义务，营造全社会共同参与的良好局面。

低碳发展专题

Low Carbon Development

B.4

上海电子信息制造业全氟化物减排设想

周冯琦　刘婧*

摘　要：目前国内大多数研究机构所估算的城市碳排放是指化石燃料燃烧和使用过程中的二氧化碳（CO_2）排放量，而并没有考虑比 CO_2 温室效应大上万倍的特定行业的全氟化物（PFCs）排放。虽然全球温室效应大部分是由 CO_2 造成的，但是由于 PFCs 的温室气体效应高，而且在空气中不易分解，如果不对 PFCs 进行减排则将对全球温室效应造成显著的影响，联合国政府间气候变化专门委员会（IPCC）已经将 PFCs 列入温室气体减排对象。PFCs 主要产生于电子信息产品制造过程，因此，电子信息产业中的 PFCs 排放减量一直以来都是全球所关注的议题。世界半导体理事会的各个国家和地区成员都提出了 PFCs 的具

* 周冯琦，上海社会科学院生态经济与可持续发展研究中心主任，部门经济研究所研究员，博士。研究方向：资源环境经济学低碳经济、产业规制。刘婧，上海社会科学院生态经济与可持续发展研究中心博士。研究方向：环境经济学、公共政策分析。

体减排标准和减排目标，随着部分发达国家半导体行业 PFCs 减排的推进，有出现全球电子信息产品行业减排贸易壁垒的趋势。电子信息制造业是上海的支柱产业之一，而且该行业产品出口占相当的比重，因此 PFCs 的排放不容忽视。尤其在"十二五"期间，上海提出了建设智慧城市的战略目标，上海世博会上展示的信息智能化技术将得到广泛地推广运用，电子信息制造业也将快速发展，因此上海必须把减少 PFCs 气体排放作为一项重要的战略任务，及早采取相应措施降低 PFCs 气体排放，通过 PFCs 气体的减排推进上海低碳经济的发展和低碳城市的建设。

关键词：全氟化物　电子信息制造业　气候变化　减排

一　全氟化物的来源和温室效应

全氟化碳即 PFCs，是由氟和碳元素组成的化合物。PFCs 由于具有很强的红外线吸收力，是二氧化碳（以下简称 CO_2）的几千倍甚至上万倍，因此被认为是最强的温室气体，已经被联合国政府间气候变化专门委员会（IPCC）列入减排对象。PFCs 被用于半导体制造上化学蒸气沈积（CVD）反应腔体的电浆清洁和电浆蚀刻。使用气体包括四氟甲烷（CF_4）、六氟乙烷（C_2F_6）、八氟丙烷（C_3F_8）、八氟环丁烷（c-C_4F_8）、三氟化氮（NF_3）、六氟化硫（SF_6）和氟氢碳化物（HFCs）如三氟甲烷（CHF_3）。上述的 PFCs 和 HFC 在工业界被统称为"PFCs"[1]。

从 20 世纪 80 年代后期，PFCs 被广泛使用于电子信息产业生产过程中，即半导体制造领域，并表现非常优秀。在具体的生产过程中，PFCs 主要是在化学蒸汽沉积（CVD）工序中作为清洁气体使用和在干法刻蚀工序中作为工艺气体使用，尤以 CVD 反应腔室的清洗为主，作为该用途使用的 PFCs

---

① 吕庆慧：《全球半导体产业 PFCs 排放减量技术报道》，《半导体技术天地》，2007 年 1 月。

比重占全部半导体制程所使用的 PFCs 的 70% ~ 90%①。IPCC 对于 PFCs 的最新排放要求，除了过去的半导体产业以外，同时增加了 TFT – LCD 产业及其热传导液体 PFCs 的排放。PFC_s 的应用范围对气候的影响如表 1 所示。

表 1   PFCs 的应用范围及其对气候的影响

化合物	应用		在大气中的 存在时间(年)	全球变暖潜势* (100 年)
	CVD 室的清洗	蚀刻		
CO_2	√	√	可变的	1
C_2F_6		√	10000	12200
CF_4		√	50000	7390
SF_6		√	3200	22800
NF_3	√	√	740	17200
CHF_3		√	270	11700
C_3F_8	√		2600	8830
C_4F_8	√	√	3200	10300

* 为了评价各种温室气体对气候变化影响的相对能力，人们采用了一个被称为"全球变暖潜势"（Global Warming Potential，GWP）的参数。全球变暖潜势是指某一给定物质在一定时间积累范围内与 CO_2 相比而得到的相对辐射影响值。

资料来源：联合国气候变化公约组织（IPCC），评估报告（2007）第六章。

二   国内外 PFCs 减排目标和政策

虽然全球温室效应大部分是由 CO_2 造成的，但是由于 PFCs 的温室气体效应高，而且在空气中不易分解，如果不对 PFCs 进行减排则将对全球温室效应造成显著的影响。因此，电子信息产业中的 PFCs 排放减量一直以来都是全球所关注的议题。

随着近年来电子信息产业的快速发展，其 PFCs 的使用量及排放量也日益增加。为减少 PFCs 气体的排放，国际社会纷纷对 PFCs 减排制定了具体

① 参见 http：//www. semi. org. cn/news/news_ show. aspx？ ID = 13710&classid = 131。

的排放标准和减排目标。

1999 年，世界半导体理事会（WSC，World Semiconductor Council）的各国家和地区的成员（包括美国、日本、欧洲、韩国等）都提出了 PFCs 的自愿减排目标。半导体产业委员会（SIA，Semiconductor Industry Association）、欧洲半导体产业委员会（ESIA，European Semiconductor Industry Association）、日本半导体产业委员会（EIAJ，Electronic Industries Association of Japan）提出了到 2010 年将半导体设备制造的 PFCs 排放在 1995 年的基础上减少 10%；韩国半导体产业委员会（KSIA，Korean Semiconductor Industry Association）提出了到 2010 年 PFCs 排放在 1997 年的基础上减少 10%；台湾半导体产业协会（TSIA，Taiwan Semiconductor Industry Association）提出了到 2010 年 PFCs 排放在 1997 年与 1999 年 PFCs 排放平均值的基础上减少10%[1]。同时，台湾半导体产业协会还要求晶圆厂签署 PFCs 排放减量协议书，签署者同意审查目前公司内的 PFCs 使用效率；寻求符合经济、科技与环境三方面需求的 PFCs 回收或排放处理设备；寻求温室效应不显著，或对人类、环境以及其他方面较不具危害性的 PFCs 替代品。签署者也同意彼此交换 PFCs 排放资料，共同分享非机密性、具有成效的减量制程与技术。并同意定期将排放估计量汇报给 TSIA，并定期召开制程减量相关技术研讨会。TSIA 于 1998 年 5 月成立 PFCs 减量小组后，不断采用世界上最新可行的减量技术，以使得 PFCs 在制程的用量得以节制使用。自 1999 年 5 月底，TSIA 也相继邀请应用材料（Applied Materials）、3M、日立（Hitachi）等公司，介绍最新制程或排放减量技术，并积极鼓励制程减量活动。在减量的成效方面，单位产出晶圆面积所耗 PFCs 百万公吨碳当量（Million Metric Tons of Equivalent，MMTE）值显著下降。TSIA 的 PFCs 排放减量工作，自排放基准年承诺后，已进入落实的阶段[2]。

值得注意的是，半导体产业是第一个经由 WSC 自愿设立全球温室气体

---

① 吕庆慧：《全球半导体产业 PFCs 排放减量技术报道》，《半导体技术天地》2007 年 1 月。
② 余荣彬：《台湾半导体产业温室气体全氟化物排放减量》，化合物半导体·光电技术网。

排放减量目标的工业。并且，WSC 提出的 10% 的减排目标超过了《京都议定书》附录 I 国家中任何一国的温室气体排放减量目标。

中国半导体行业协会（CSIA）作为我国半导体制造企业的行业协会，于 2006 年加入 WSC，成为 WSC 的正式成员。这将促进中国与 WSC 成员和全球产业界的交流，推动发展互利共赢的合作关系，促进全球半导体产业界的繁荣发展。为落实国家节能减排的目标和任务，减少我国半导体制造企业在半导体制造过程中的 PFCs 气体的排放，推动中国半导体行业的可持续发展，CSIA 拟与环境保护部或国家发展与改革等相关政府部门签订《中国半导体行业 PFCs 气体自愿减排协议书》[1]，促进 PFCs 气体减排。

三　PFCs 减排的技术路径

影响 PFCs 排放的因素很多。在没有采取任何减排措施的情况下，工业生产过程中 10% 到 80% 的 PFCs 排放是由 PFCs 在制造工具腔室没有化学反应直接排入空气中而造成的[2]。另外，运用了哪种 PFCs 气体、设备类型、公司特定的工艺参数、产品的使用 PFCs 工艺的数量、PFCs 副产品的生成、是否安装了合适的减排设备等均会影响 PFCs 的排放量。因此，在生产设备与材料供应商的强有力的支持下，如果电子工业的制造商识别、评估与应用新的 PFCs 减排技术，将不仅会保护环境更能提高生产效率。因此，PFCs 减排的技术路径可以从对 PFCs 气体的统计和监测，减少、取代、再利用/回收和去除 PFCs 气体等几个方面进行。

（一）建立并加强对 PFCs 排放的统计和监测工作

减排 PFCs 气体首先要对其排放情况进行有效的统计和监测。在统计方面，需要对企业 PFCs 使用过程、使用量、排放量等数据进行精确统计。通过对企业生产过程中的 PFCs 排放进行定量的统计和定性的分析，详细掌握

---

①　中国节能协会，《中国能效协议简报》2008 年第 16 期。

②　参见 http://www.epa.gov/semiconductor-pfc/basic.html。

企业的环境指标，为制定政策提供依据；在监测方面，通过采用完善的监测和分析技术，对 PFCs 排放进行严格的监控。为此，与 SO_2、COD 等环境指标一样，企业需要建立一套完备的 PFCs 排放监测系统，提供精确的排放数据和进一步改善企业的系统评价，进而达到改进生产工艺的目的。比如在台湾地区的 TFT—LCD 工业主要采用 FTIR（傅里叶变换红外光谱仪）作为分析仪器，并用 GS（气相色谱仪）作为二次测试设备，然后由这两种仪器提供 PFCs 排放量数据[1]，取得了一定的进展。

（二）改进生产工艺和替代加工，减少 PFCs 的使用和排放

在削减 PFCs 方面所采用的策略首先是优化生产工艺过程，做到在生产过程中的合理化减量。改进生产工艺主要是针对 CVD 反应腔室的清洁。通过新清洁程序和化学品的开发和应用、增加电浆蚀刻的使用和新酸蚀气体的采用、新材料和程序的开发、较大晶圆的使用等，以先进的半导体设备和工艺来减少 PFCs 的使用和排放。在改进生产工艺上，使用管末侦测或取样测量来侦测排放和提供清洁程序的时间，以用来调整程序变量，如反应腔室的压力、温度、电浆电力、清洁气体流量和混合物内的气体比率，进而减少 PFCs 的消耗，也减少了企业生产成本。据统计，改进生产工艺可以减少 10% ~ 56% 的 PFCs 排放，而且是属于低成本效益的减排方法[2]。

替代加工是指以新的、PFCs 较少排放的程序来取代原有程序。如 Remote 清洗机制取代 C_2F_6 反应腔室的清洗，可以减少 95% 的 PFCs 排放。

一般来说，工艺优化和进行替代加工获得的 PFCs 削减量也会随着生产工艺的不同而变化，大概可使 PFCs 的排放量降低 30% ~ 70%[3]。

（三）使用替换化学品，取代高 PFCs 气体排放

PFCs 气体有多种，每一种的温室效应不同，一般用全球变暖潜势值

① 毛宗雄、张亚萍：《TFT—LCD 行业降低全氟化碳（PFC）排放的研究》，《洗净技术》2004 年第 9 期。

② 吕庆慧：《全球半导体产业 PFCs 排放减量技术报道》，《半导体技术天地》2007 年 1 月。

③ 吕庆慧、罗慧玮、郑如琇：《含氟温室气体减量管理策略》，《可持续工业发展双月刊》（温室气体减量专辑）。

（GWP）来表示。那么，如果在生产过程中采用低 GWP 值的 PFCs 来替代高 GWP 值的 PFCs 品种，即选择危害最小的 PFCs 气体，将大大降低 PFCs 气体的碳排放，从而大大降低对环境的影响程度。因此，替代化学品是使用全球变暖潜势值较低的化学品来取代 PFCs，另外，也包括电浆程序内所用的生产效率更高的高 GWP 气体，这会使得温室气体的排放减少。当评估替代化学品时，其标准需包括程序性能、环境安全与健康 ESH（Environment and Safety &Health）风险审查、材料来源和成本以及程序排放物和副产物的特性。同时也应特别注意替代化学品转化为 PFCs 的副产品的量，以精确计算 PFCs 的排放量[①]。

（四）PFCs 气体的回收和再利用

PFCs 的回收和再利用符合低碳经济的物质减量与循环的原则，可以有效地减少 PFCs 的排放。即采用循环经济的理念，对已经排放的 PFCs 气体进行回收，并经处理后，重新运用到电子信息产业的生产过程中。这就需要捕集 PFCs 气体的技术、需要对已回收的 PFCs 气体进行处理的技术。通过 PFCs 气体的回收和再利用，减少 PFCs 气体的使用量和排放量，从而达到环境改善的目的。如半导体企业可以安装中央和全厂式 PFCs 排放处理的 PFCs 收集/回收系统。但是目前，集中式收集/回收系统在 PFCs 减排上不是经济有效的方法，而较小的收集/回收系统对于小型、单一 PFCs 处理单元更可行。

（五）采用终端 PFCs 排放量的消减技术

终端 PFCs 排放量的消减技术是指通过技术手段破坏 PFCs 的结构，去除 PFCs 气体。

在 PFCs 气体排放到大气中之前，运用工艺生产线终端排放量处理技术，破坏 PFCs 气体的结构，从而通过这种处理去除 PFCs 气体。一般来讲，这种处理技术包括焚毁、催化焚毁和等离子销毁等方法。其中，焚毁 PFCs 是一种最常用的处理技术，一般说来，PFCs 的焚毁温度在 1200°C 以上，工

---

① 吕庆慧：《全球半导体产业 PFCs 排放减量技术报道》，《半导体技术天地》2007 年 1 月。

艺中使用的燃料为氢气与甲烷。通过终端 PFCs 排放量的消减技术来彻底改变 PFCs 气体的结构，使最终排放的气体对环境的影响最小[①]。

四 企业 PFCs 减排实践

（一）NEC 电子

日电有限公司 NEC 总部 1899 年成立于日本东京，其业务领域包括 IT 服务、IT 产品、网络解决方案、社会基础设施、个人解决方案、半导体及电子器件等。据日经 BP 社报道，NEC 电子 2007 年的碳氟化物（PFCs）排放量比上年减少了 21%。2010 年之前的 PFCs 排放量减少到 1995 年的 90% 以下的预定目标，预计可提前实现。

以 C_2F_6（六氟乙烷）和 C_3F_8（八氟丙烷）为主要成分的 PFCs 温室效应为 CO_2 的 5700~11900 倍。因此，该公司把 2007 年排放的温室气体全部换算为 CO_2 的话，相当于 76 万吨 CO_2，约占公司全部污染物排放量的 60%。

该公司在生产大规模集成电路（Large-Scale Integration，LSI）时，主要在基于 CVD 法的成膜工序和之后的蚀刻工序中使用了 PFCs。前者是成膜之后，将 PFCs 作为分解并排出腔体内剩余原材料残渣的清洁气体。后者则是作为蚀刻气体在电路板图案的成型过程中使用。

其中，NEC 电子通过改进 CVD 成膜工序，减少了 21% 的 PFCs 排放量。具体来说，就是改进了气体流量和清洗时间，使用比原来少 40% 的气体就能实现腔内残渣的清除。另外，把原来使用的 C_2F_6（GWP，1:11900）改换为温室化系数更低的 C_3F_8（GWP，1:8600）。从 CO_2 削减效果来看，使用量减少 40% 的做法"具有绝对优势"。

2008 年之后，在上述削减努力的基础上，NEC 电子导入 PFCs 清除装置的效果也将体现出来。NEC 电子于 2007 年度，在其生产子公司 NEC 半导体九州·山口的山口工厂和 NEC 关西（现 NEC 半导体关西）的滋贺工厂的

---

① 吕庆慧：《全球半导体产业 PFCs 排放减量技术报道》，《半导体技术天地》2007 年 1 月。

150 毫米生产线上分别导入了燃烧式去除设备。另外，还在 2008 年度在 NEC 半导体九州·山口的熊本工厂的 200 毫米生产线上导入相同的设备。通过这些措施，2009 年 PFCs 排放量继续降低到 2007 年的一半以下。①

（二）东芝

"环保是日本半导体行业所面临的最重要课题之一"。日本电子信息技术产业协会（JEITA）半导体小组会议组长东芝执行专务室町正志在"绿色 IT 国际论坛"（2008 年 5 月 29 日）表示，室町以东芝大分工厂和索尼半导体九州的鹿儿岛工厂构建"环保型工厂"计划为中心，介绍了日本半导体行业在环境保护方面所作的努力。

室町指出，日本构建环保工厂的目的是要达到三个目标。第一，在 1990 ~ 2010 年的 20 年内使 CO_2 排量削减 35%。第二，在 1995 ~ 2010 年的 15 年内使导致温室效应的全氟化物减排 10%。第三，实现废弃资源的 100% 再利用。

东芝宣布，计划在 2012 年度伴随业务展开排放的温室气体排放量达到最高值之后，在 2025 年度将绝对量降低 10%。该计划是在 2008 年 10 月 3 日发布的《东芝集团环境报告 2008》中公布的，目标是即使在最高值时也要将温室气体排放量削减到 1990 年度的 70% 以下，争取 CO_2 的排放量在 2012 年度达到最高值以后开始减少。

削减对象范围是东芝集团的日本国内和海外的生产及非生产基地的制造以及销售过程。除 CO_2 外，温室气体还包括甲烷、一氧化碳、含氢氟烃（HFC）类、全氟化物（PFCs）类及六氟化硫（SF_6）。

该公司计划今后在温室气体排放量较大的电子元器件领域，以半导体业务为中心扩大业务。为此，将通过建设完全实现节能化的洁净室、设置半导体及液晶面板制造工序用温室气体的代替和去除设备，以及积极导入高效设备等，争取实现公司所制定的目标值②。

---

① 技术在线网：http：//china. nikkeibp. com. cn/。
② 技术在线网：http：//china. nikkeibp. com. cn/。

（三）三星电子

韩国三星电子成立于1969年，1992年正式进入中国市场。业务涉及电子、金融、机械、化学等众多领域。三星电子业务涉及多个领域，主要包括半导体、移动电话、显示器、笔记本、电视机、电冰箱、空调、数码摄像机以及IT产品等。近年来，三星把降低温室气体排放作为企业使命以及韩国政府对抗气候变化的承诺。尽管当前半导体制造业仅占韩国温室气体排放量的3%，但这一行业正在快速成长。三星的PFCs减排战略主要包括：使用替代气体、废气处理计划（PFCs转换或降解）以及工艺优化。根据世界半导体委员会（World Semiconductor Council）在2010年前将PFCs排放量降低至其1995年基准线的90%的水平的承诺，三星自2007年起已成功替换其80%的PFCs气体，并改进消除效率至90%以上。

目前，三星正在实施一项"绿色设计"计划，该计划旨在通过废弃热能回收、设施改进和采用高能效设备，使公司新的晶圆厂能源使用量降低30%。这就需要供应链的合作机制，敦促设备制造商在提高能效和减低PFCs排放方面作出更多努力。①

（四）超微半导体公司（AMD）

2008年AMD荣获美国国家环保局环境保护奖，以表彰其通过高能效产品创新、厂房设计、管理和行业教育在全球环境保护方面所作的持续努力。

AMD长期把努力减小对全球气候的影响视为己任，十多年来，一如既往地采取各种措施，从各个方面降低对环境的影响——从技术的设计与生产，到AMD在全球各个工厂所用能量的数量和来源。AMD践行了它在环境保护方面的承诺，在全公司范围内将温室气体排放量减少50%以上。实现从2002年始至2007年减排40%的美国环境署（EPA）"气候领袖"减排目标。另外，作为1996年第一批参与美国环境署"PFCs半导体行业减排合作伙伴"志愿项目的企业之一，AMD在与晶片制造相关的PFCs减排方面一直处于领导者地

---

① 参见 http://www.086ic.cn/bbs/dispbbs.asp? boardID=22&ID=3661&page=11。

位。与 1995 年相比，AMD 已经将绝对 PFCs 排放量降低了 98%。这些努力对世界半导体协会（World Semiconductor Council）制定的全球半导体行业 PFC_s 减排目标的实现起到了推动作用。

作为首批参加"全球气候保护计划"的技术企业之一，AMD 强调执行这一计划的透明度。自 2001 年以来，AMD 每年发表报告，阐述公司在降低对全球变暖的影响方面的承诺、目标和策略。AMD 继续践行着这一承诺：它已制定第二个"气候领袖"目标，即在 2010 年以前，将单位制造指数全球标准排放量再度削减 33%[1]。

（五）应用材料（Applied Materials）公司

应用材料（Applied Materials）公司是全球最大的半导体生产设备和高科技技术服务企业，1967 年成立至今一直都是领导信息时代的先驱，为全球信息产业的迅猛发展和高速增长提供了技术的可能。业务涉及 TFT—LCD 显示器和集成电路（IC）的生产和制造过程。薄膜晶体管液晶制造过程使用光刻、化学和物理气相沉积和检测技术。

Applied Materials 公司广泛开展的可持续发展项目，重视高科技在全球气候变化方面所扮演的重要角色。公司在光伏、燃料电池、固态照明等可再生能源领域的业务获得了快速成长，此外还创立了一套自我发展方法——Design for Environment（DFE），并将其应用于公司所有产品的整个产品生命周期。DFE 包括在筹划、设计和预算方面为新产品和已有产品进行能效设计和应用、资源保护、回收等考虑。

在减少 PFCs 排放方面，Applied Materials 公司执行了"优化—替代—废弃（Optimize-Substitute-Abate）"的战略。该公司采用了包括远程清洁、反应腔诊断、高效冷却与热交换设备和新化学物质合成在内的诸多新技术，以降低 PFCs 的消耗量。该公司提供一系列废弃物处理系统并深信作为一家全系列设备供应商，公司能够通过整合工艺设计改进能源使用效率。[2]

---

① 参见硅谷动力网 http：//www.enet.com.cn。

② 参见 http：//www.086ic.cn/bbs/dispbbs.asp？boardID=22&ID=3661&page=11。

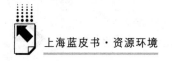

（六）联电集团

台湾联电集团（UMC）总部设在台湾，集团旗下有 5 家晶圆代工厂，包括联电、联诚、联瑞、联嘉以及最新投资的合泰半导体，是全球半导体投资第四大企业，仅次于英代尔、摩托罗拉及西门子。业务领域主要为 LED 照明和薄膜太阳能电池生产设备及相关技术支持。

联电于 1999 年成立全氟化物减量小组，开始对全球暖化进行回应，并已提前达成台湾半导体协会的 2010 年自愿性减量目标。2010 年 4 月 22 日，联电正式发表联电气候变迁政策及减碳"333"计划，包含以碳中和为目标进行碳管理、成为全方位低碳解决方案提供者，以及通过企业力量促进低碳经济发展。其目标为 2012 年减少全氟化物（PFCs）单位排放量 33% 及减少用电量 3%。

在此计划完成后，联电预计每年可在现有减排量的基础上再减少 CO_2 排放量 17 万吨，达到该公司所采取的减碳措施每年合计减少 43%，约 110 万吨 CO_2 排放。其中 PFCs 的减碳幅度甚至达到 75%。

联电为促进低碳经济发展，于内部成立新事业发展中心，进行再生能源、太阳能及新世代 LED 节能照明等绿能产业，从原料到终端产品完整布局产业链，包括提供 LED 照明器材的宝霖科技，以及从事太阳能机电工程设计与整合服务的永盛能源等投资案，均锁定在绿能领域。可以说，联电通过绿能技术的突破与应用，对节能减碳作出了贡献[①]。

五　上海电子信息产业 PFCs 减排设想

上海作为国家信产部首批 9 个信息产业基地之一，电子信息产业是上海重要的支柱产业之一。2009 年，电子信息制造业作为上海六个重点发展工业行业之首，共有 1846 家企业，工业总产值达 5598.16 亿元，占全市工业总产值的 23.28%[②]。电子信息产品生产加工制造过程中无法避免地会排放

---

① 参见 http：//www.c－cnc.com/dz/news/news.asp？id＝40235。
② 《上海统计年鉴 2010》，上海统计局。

一定量的 PFCs，具有高温室效应的特点。因此上海要做到低碳发展，在国内外减排 PFCs 气体的大背景下，应重视 PFCs 气体的减排工作。

我们建议，上海可以从以下几个方面着手进行 PFCs 气体的减排。

（一）摸清排放家底，制定具体的 PFCs 气体的减排目标

PFCs 气体的减排关系到上海低碳经济的发展目标能否实现。因此，需要在摸清行业排放家底的基础上，逐步建立电子信息产业 PFCs 监测统计方法和相关标准。

在统计监测基础上，制定具体的上海电子信息制造业 PFCs 气体的减排目标和排放标准。通过明确的减排目标设定，分阶段逐步减少 PFCs 气体排放。

由于上海多数电子信息龙头企业有很多为台资企业，因此，我们可以参照台湾半导体产业协会（TSIA）的减排目标进行目标的设定。设定目标为：部分大企业先行试点，到 2015 年逐步建立 PFCs 统计监测方法和监测体系；到 2020 年上海电子信息产业单位产值 PFCs 排放在 2005 年基础上减少 10% ~ 15%。

（二）确定 PFCs 排放的环境标准，提高准入门槛

电子信息产业基地（园区）是电子信息产业的集中区域，在电子产品生产加工制造过程中 PFCs 的排放较多。因此，上海可尝试在电子信息产业基地（园区）内确定 PFCs 排放的环境标准，在招商引资方面提高准入门槛。即对于即将进入电子信息产业园的电子信息企业，要在招商引资中以 PFCs 排放的环境标准为依据，对其 PFCs 排放指标是否达到产业园的排放标准进行审核，逐步提高行业的准入门槛。

（三）选取行业内大企业率先开展 PFCs 减排

上海 PFCs 气体的减排需要选取行业内的龙头企业率先开展。由于大企业的行业集中度较高，产业发展较成熟，技术水平较先进，管理手段较完备，监测体系较健全，在资源、人才、产业发展和配套政策上都具有良好的

集聚效应，因此比较适合作为 PFCs 减排的"领头羊"。通过选取行业内的大企业开展 PFCs 减排，为其他中小型企业提供参照，从而可以起到减排 PFCs 的带动和示范作用，促进行业内所有企业参与到 PFCs 减排当中来。

（四）建立 PFCs 减排的配套政策和制度体系

上海 PFCs 气体的减排需要进一步建立 PFCs 减排的配套政策和制度体系。建议参照上海节能的各项制度体系，来建立和完善 PFCs 减排的各项配套政策。

一是推行清洁生产审核。引导电子信息企业通过改进产品设计、优化生产工艺、提高管理水平等环节推进清洁生产，从源头上减少和控制 PFCs 气体的排放。

二是制定促进企业节能技改的政策。通过制定相关的配套政策，支持和鼓励电子信息企业加大节能技改的力度，增加 PFCs 技术创新的投入。

三是建立 PFCs 减排的专项资金。在节能减排专项基金中，专门设立 PFCs 的减排资金，通过建立专项资金，既可以对 PFCs 减排企业的清洁生产进行相应的补贴，也可以奖励在 PFCs 减排方面有突出贡献的企业，从而更好地促进电子信息制造业行业整体 PFCs 减排的进行。

四是实施 PFCs 审计政策。要建立 PFCs 减排的审计、考核、鼓励和支持体系。通过对电子信息企业 PFCs 减排实施审计工作，对 PFCs 减排量和生产过程中的能源环境指标进行核算和审计，建立环境报告制度，规范企业的 PFCs 减排工作。

五是推广 ISO14000 管理认证体系。在已启动的 ISO14000 环境管理认证工作的基础上，对电子信息企业 PFCs 减排开展相应的管理认证工作，促进 PFCs 减排的有效实施。

六是成立长三角电子信息制造业联盟，建立联合减排机制。电子信息制造业在整个长三角地区产业中占有重要的地位，上海形成了以集成电路产业、通信产业为龙头的专业化优势产业；江苏省形成了以苏州工业园区、昆山经济技术开发区以及新崛起的无锡感知中国中心微电子产业园等以园区经济为依托的现代加工制造业基地；浙江形成了以中小企业为主体，以光电子、微电子、通信与网络、基础材料和新兴配套元器件、数字信息家电、计算机及配套产业等为主导的电子信息制造产业群①。上海的电子信息制造业在长三角地区处于龙头地位，为应对国际电子信息产业减排有可能带来的贸易壁垒，由上海牵头成立长三角电子信息制造业联盟，制定相应的 PFCs 减排标准，建立长三角区域内电子信息产业联合减排机制，并逐步建立长三角区域内的可交易减排制度体系和交易平台。

<hr />

① 李燕、曹永峰：《长三角地区电子信息产业发展的问题与对策研究》，《中国科技论坛》2007年第 7 期。

B.5
碳捕获与封存技术的发展前景展望

刘召峰 *

摘　要：作为解决全球变暖问题最重要的技术手段之一的碳捕获与封存技术（CCS），一直受到人们的广泛关注，并有一些商业化的应用。在 2009 年底，全球最大的燃煤电厂 CCS 项目——华能上海石洞口第二电厂 CO_2 捕获项目已经开始投入运行。该项目虽然在运行中面临着技术、资金、市场、公众观念、气候政策等方面的瓶颈，但也为今后的 CCS 商业化应用积累了许多经验。2009 年上海市发电厂共消耗 2560 万吨标准煤，其碳排放约占全市能源相关碳排放的 28.5%。如果上海所有发电厂都应用 CCS 技术，单单碳捕获环节就有上千亿的市场规模。如果再考虑运输与碳封存环节、其他大型排放点源应用 CCS 以及与 CCS 相关的生产、服务领域，CCS 在上海大有可为。本文从法规建设、融资机制、提高公共参与度与建设"低碳技术银行"方面阐述了如何促进 CCS 商业化应用。

关键词：CCS　发展瓶颈　市场展望　配套法规　融资机制

2010 年上海世博会以"低碳世博"为主题，成功演绎了城市可持续发展之路。无论是各国家馆、主题馆、城市馆、企业馆都大量采用了低碳技术，如太阳能光伏发电系统、双层节能幕墙、江水源/地源热泵、LED 灯等。这些低碳技术主要以提高能效，开发可再生能源的方式降低碳排放。提高能效、发展替代能源与 CCS（碳捕获与封存）是最主要的三大碳减排措

---

* 刘召峰，上海社会科学院生态经济与可持续发展研究中心研究助理。

施。虽然提高能效、发展替代能源能够大幅度地实现碳减排，但是随着时间的推移，提高能效技术的"天花板效应"逐渐显现、替代能源资源开发难度加大，这两种措施的减排贡献份额将不断下降[1]。与此同时，随着 CCS 技术的日趋成熟、成本下降，减排贡献将持续上升。据国际能源署（International Energy Agency，IEA）预测，到 2050 年 CCS 的减排贡献份额将上升到 19%，成为减排份额最大的单个技术[2]。

一 CCS 技术及其环境效益

碳捕获与封存技术（Carbon Capture and Storage，CCS）是指 CO_2 从工业或相关能源使用的排放源中分离出来，输送到一个封闭地点，并且长期与大气隔绝的一个过程[3]。CCS 作为一种减缓由化石燃料燃烧而大量排放的温室气体导致的全球变暖的技术，主要是针对大型点源排放出来的 CO_2，如发电厂、钢铁厂、水泥厂、石化企业等。

（一）CCS 的主要技术环节

CCS 技术主要有三部分组成，分别为碳捕获、碳封存与运输。各技术环节发展程度不同，各有特点。而通过 CCS 技术减少 CO_2 的净排放量取决于由于捕获、运输和封存的额外能源需求使电厂或工业流程的整体效率降低而导致的 CO_2 增产、运输过程中的任何渗漏以及长期封存 CO_2 的留存比例[4]。

1. 碳捕获

碳捕获可以用在大型排放点源的 CO_2 收集上。目前来讲，碳捕获有三种类型，即燃烧前捕获、燃烧后捕获和富氧燃烧捕获（见表 1）。

① 气候组织：《CCS 在中国：现状、挑战与机遇》，2010，第 1 页，http://www.the china group.org.cn/publications/2010 - 07 - Carbon - Cupture - and - stotage.

② IEA, *Energy Technology Perspectives* 2010, Paris：France, 2010, p. 121.

③ 政府间气候变化专门委员会：《IPCC 特别报告：二氧化碳捕获和封存——决策者摘要和技术摘要》，剑桥大学出版社，2005，第 2 页。

④ 政府间气候变化专门委员会：《IPCC 特别报告：二氧化碳捕获和封存——决策者摘要和技术摘要》，剑桥大学出版社，2005，第 2 页。

表1 适合于电厂的碳捕获

类型	内 容	效率损失	优 点	缺 点	适合电厂
燃烧前捕获	利用煤气化或天然气重整可以将化石燃料转化为 CO_2 与 H_2，然后将 CO_2 从清洁燃气中分离，进行补给。也叫燃料脱碳	能量利用效率高于化学吸收，捕集的动力发电系统热转功效率通常下降7%~10%	CO_2 分离起来较容易，运行成本最廉价，市场前景好	无法将该项技术运用到传统电厂。IGCC电站建设成本高	整体煤气化联合循环发电系统（Integrated Gasification Combined Cycle，IGCC）与天然气联合循环发电（Natural Gas Combined Cycle，NGCC）
燃烧后捕获	在燃烧后的烟气中捕集 CO_2。常用化学吸收法等	系统热转功效率通常下降8%~13%	可用于传统电厂 CO_2 的收集；成本投入比燃烧前捕获技术要少	CO_2 浓度低，压力低，致使 CO_2 分离困难，设备运营成本高	煤粉电厂
富氧燃烧捕获	利用高纯度的氧气助燃，并对锅炉加压，以提高 CO_2 的浓度与压力，最后利用燃烧后捕获技术收集	比具有相同技术水平的常规 IGCC 系统效率要低7%	既可以做到在传统电厂中的应用，也使得 CO_2 比较容易的捕获；前期投入和捕集成本较低	由于制氧成本太高，使得富氧燃烧捕集技术在经济性上并不具备优势	煤粉电厂

资料来源：T. Andersen, H. M. Kvamsdal, O. Bolland, "Gas Turbine Combined Cycle with CO_2-Capture Using Auto-Thermal Reforming of Natural Gas". ASME, 2000, 2000 – GT – 162; P. Chiesa, S. Consonni, "Shift Reactors and Physical Absorption for Low-CO_2 Emission IGCCs". ASME Trans. , *Journal of Engineering for Gas Turbines and Power*, 121, 1999, pp. 295 – 305; G. Lozza, P. Chiesa, "Natural Gas Decarbonization to Reduce CO_2 Emission from Combined Cycles-part I: Partial Oxidation", *Journal of Engineering for gas Turbines and Power*, 124, 2002, pp. 82 – 88; G. Giittlicher, L. Pruschek, "Comparison of CO_2 Removal Systems for Fossil-fuelled Power Plant Processes". *Energy Conversion and Management*, 1997, pp. s173 – s178; P. Chiesa, G. Lozza, "CO_2 Emission Abatement in IGCC Power Plants by Semi-closed Cycles, Part A: with Oxygen-blown Combustion". *ASME*, 1998, 98 – GT – 384。

由于将 CO_2 分离出来需要额外消耗大量的能源，并使能耗系统效率降低，因此这也是碳捕获技术推广过程中无法回避的缺陷。

2. 碳封存

CO_2 的地质封存指的是将捕集的 CO_2 安全封存在地质结构中，封存地主要包括已废弃或无商业开采价值的石油和天然气田、沉积盆地的盐水层①（见表2）。此外，还有海洋中的液体存储以及与其他元素进行化学反应生成稳定碳化合物的固体存储等。

表 2 碳封存的种类

种　类	内　容	优　点	缺　点
盐水层封　存	指将 CO_2 封存于距地表800 米以下的盐水层当中	盐水层空气体积大，可封存相当多的 CO_2	地质资料缺乏，不能证实盐水层封存 CO_2 的有效性，投资较大
油气层封　存	油气层封存分为废弃油气层封存和现有油气层封存	提高油气田的采油率，并实现了碳封存；油气田封存 CO_2 被认为是未来的主流方向	尚不存在真正意义上的废气油气田
煤层气封　存	指将 CO_2 注入比较深的煤层当中	一定的经济性；可以置换出含有甲烷的煤层气	存在因开采煤而使 CO_2 泄漏的危险；CO_2 注入越来越困难

资料来源：《白话 CCS 技术》，2009 年 6 月 9 日，http://www.chinapower.com.cn/newsarticle/1095/new1095022.asp。

值得注意的是，碳封存与强化采油（Enhance Oil Recovery，EOR）与提高煤气层采收率（Enhanced Coalbed Methane Recovery，ECMR）联合石油与天然气开采增加额外的收入，在一定程度上降低了 CCS 的成本。

3. 运输

CO_2 被捕获后，就需要通过运输通道将其运输到封存地点进行碳封存。由于 CO_2 运输具有运输方向明确、运输量大、技术含量高等特点，因此必须选择稳定、高效、安全的运输工具。目前，主要的运输工具有公路罐车运输、铁路罐车运输、船舶运输以及管道运输。各种运输方式的特点不同，应用范围也不同②。按照规模效益从大到小排序，分别是管道运输、轮船运输、铁路罐车运输与公路罐车运输。对于长距离、大规模的 CO_2 运输，以管道运输最为适宜。2008 年，美国共有约 5800 公里的 CO_2 输送管道。

---

① 气候组织：《CCS 在中国：现状、挑战与机遇》，2010，第 19 页。
② 国际能源署：《技术路线图：CO_2 捕集和封存》，巴黎，2010，第 32 页。

4. CO₂ 泄漏问题

封存 CO_2 的留存比例是 CCS 项目成功与否的重要标志。因此，CO_2 的泄漏问题必须得到足够的重视。虽然 IPCC 认为在 CCS 技术可以将 CO_2 封存上百万年，每千年的 CO_2 泄漏率仅为 1%。但是，CO_2 的泄漏可能会对生态环境造成一定的危害。1986 年，喀麦隆的尼奥斯湖喷发出大量的 CO_2 与有毒气体使得周围 1700 多人窒息身亡。因此，我们需要制定 CO_2 泄漏的应急措施，一旦发现 CO_2 泄漏，就要停止 CO_2 注入，并采取有效措施阻止其危害生态环境。此外，由于在管道运输中，突发的 CO_2 泄漏会使周边空气中的 CO_2 浓度超过 7%～10%，对人类的生命和健康造成直接威胁[1]。通过加强对管道运输的监管，无论从设计还是到运行过程中，将大大降低发生这种突发事件的概率。

（二） 国内外 CCS 技术发展与应用现状

CCS 技术的发展水平、经济性等因素决定了 CCS 的应用程度。1996 年，世界上第一个 CCS 示范项目在挪威建成，并向北海斯莱帕油田封存 CO_2，到目前为止已有超过 1000 万吨的 CO_2 被封存。迄今为止，世界上现有四个工业级的 CCS 项目在运行。

1. CCS 技术现状

CCS 系统是各个环节技术方案的组合。那么每个环节技术方案的成熟程度将直接影响整个系统的成熟度。目前，世界上还没有一套各环节都成熟的 CCS 系统，只能采用成熟的或在特定条件下可行的技术来组成工业级的 CCS 系统。CCS 系统构成部分的技术发展现状见表 3。

由于 CCS 具有良好的减排潜力，世界各国纷纷将 CCS 技术作为战略储备技术，加大科研投入，CCS 方面专利申请数量也呈不断上升趋势。目前，欧洲、美国、日本、中国等国在 CCS 技术方面，处于世界先进行列。根据世界知识产权组织于 2009 年发布的《基于专利的技术分析报告——替代能

---

① 政府间气候变化专门委员会：《IPCC 特别报告：二氧化碳捕获和封存——决策者摘要和技术摘要》，剑桥大学出版社，2005，第 18 页。

源技术》报告中，对世界知识产权局（WIPO）、美国专利商标局（USPTO）、日本专利局（JPO）、欧洲专利局（EPO）、韩国知识产权局（KIPO）和中国国家知识产权局（SIPO）收录的 1978～2005 年之间专利文献进行了分析[1]，这 27 年中，这些专利局共收录了 6858 份 CCS 方面的专利申请。其中，日本、美国与欧洲的知识产权局收录最多（见表 4）。

表3 CCS 系统构成部分的技术发展现状

CCS 组成	CCS 技术	研究阶段	示范阶段	在一定条件下可行	成熟化市场
捕　获	燃烧后			X	
	燃烧前			X	
	富氧燃烧		X		
	工业分离(天然气加工、氨水生产)				X
运　输	管道				X
	航运			X	
地质封存	强化采油（EOR）				X[a]
	天然气或石油层			X	
	盐沼池构造			X	
	提高煤气采收率（ECBM）		X		
海洋封存	直接注入（溶解型）	X			
	直接注入（湖泊型）	X			
碳酸盐矿石	天然硅酸盐矿石	X			
	废弃物料		X		
CO$_2$ 的工业利用					X

注：X 标出了每个构成部分当前最高的成熟度。a 对于 EOR 的 CO$_2$ 注入是一项成熟的市场技术，但是当这项技术用于 CO$_2$ 封存时，其仅是在"特定条件下可行"。

资料来源：政府间气候变化专门委员（IPCC）：《IPCC 特别报告：CO$_2$ 捕获和封存——决策者摘要和技术摘要》，剑桥大学出版社，2005，第 7 页。

表4 各地专利局 CCS 专利申请数量

单位：个

专利局	欧洲专利局	美国专利高标局	日本专利局	韩国知识产权局	中国国家知识产权局	世界知识产权局	合计
数　量	855	541	1344	3671	214	233	6858

---

① 王雪梅：《WIPO：碳捕获封存专利技术分析》，www. llas. ac. cn/dqviewfile2010qh. aspx？index = 4。

从申请专利的公司看，日本三菱重工、美国空气化工产品有限公司、英国氧气公司、日本东芝公司和日立公司的 CCS 方面的申请数量最多。

2. 国内外 CCS 系统的应用

CCS 系统可以使传统电厂减少 80% ~ 90% 的 CO_2 排放量。这对于全球减缓温室气体排放具有相当大的诱惑力。为了在全球推广 CCS 技术的应用，国际能源署制定了一项宏大的目标，呼吁全球在 2020 年前完成 100 个 CCS 工程，2050 年前完成 3000 个。但是，由于 CCS 系统的不成熟与缺乏经济性，目前世界上运行的 CCS 项目处在示范阶段。

1996 年，世界上第一个 CCS 示范项目在挪威建成，并向北海斯莱帕油田封存 CO_2，到目前为止已有超过 1000 万吨的 CO_2 被封存。随着人类社会发展面临的环境与资源因素的制约越来越大，世界掀起了绿色新政的潮流。许多国家与企业纷纷加大对清洁能源、环保等领域的投入。许多 CCS 示范项目也大量上马。目前，世界上现有四个工业级的 CCS 项目。除了挪威北海斯莱帕油田 CO_2 封存项目外，还有加拿大的威伯恩—米代尔 CO_2 项目、美国的北达科他州的达科他气化公司的 CCS 项目与阿尔及利亚的 CCS 项目。这四个项目每年封存的 CO_2 达到四五百万吨，每年为公司节省数以百万的碳税。这四个项目无疑例外的都是向油气层与煤气层封存 CO_2，提高石油与天然气等的采集率，并在一定程度上降低了 CCS 的成本。根据国际能源署统计，截至 2009 年底，全世界共有碳捕获商业项目 131 个，捕获研发项目 42 个，地质埋存示范项目 20 个，地质埋存研发项目 61 个[1]。

与国外 CCS 发展不同，我国 CCS 主要是碳捕获领域。2008 年，我国第一个 CCS 示范项目——高碑店热电厂 CO_2 捕获项目，年捕获 CO_2 为 3000 吨。值得指出的是，2009 年 7 月，全球最大的燃煤发电厂 CO_2 捕获项目——华能石洞口第二电厂 CO_2 捕获项目，落户上海，年设计捕获 10 万吨 CO_2。

---

[1] 《碳捕捉与封存技术的发展现状》，2009 年 12 月 10 日，http: //in - en. com/article/html/energy_ 1626162610526696. html。

二 上海在 CCS 商业化应用方面的发展现状及展望

目前，由于上海市的第二产业比重仍然很高，2009 年，第二产业增加值占全市生产总值的 39.9%，而且工业中重化工业比重较高，能耗较大，碳排放也较多。全市碳排放另一个特点是大型点源较多，除了大型燃煤电厂以外，还有钢铁、化工、石化等碳排放集中的企业。因此，CCS 在上海的发展具有广阔的潜力，在这里我们只讨论 CCS 在发电厂的应用。

（一）电力企业的碳排放

上海的电力供应主要由本地发电与外来电组成。其中，本地发电量占总用电量的 2/3 左右。2009 年，上海市本地发电量为 773.04 亿千瓦时，占本地用电量的 67%。上海的本地电力生产主要有申能（集团）有限公司、上海电力股份有限公司、中国华能集团公司等公司供应。截至 2009 年末，上海市的发电企业装机容量为 1654.94 万千瓦，主要发电企业如表 5 所示。

表 5　上海市主要发电企业名录

单位：万千瓦

编号	企 业 名 称	装机容量
1	上海吴泾发电有限责任公司	60
2	上海吴泾第二发电有限责任公司	120
3	上海外高桥发电有限责任公司	120
4	上海外高桥第二发电有限责任公司	180
5	上海外高桥第三发电有限责任公司	200
6	上海漕泾热电有限责任公司	60
7	上海上电漕泾发电有限公司	200
8	吴泾热电厂	60
9	上海闸电燃气轮机发电有限责任公司	40
10	华能上海燃机发电有限责任公司	120

编号	企 业 名 称	装机容量
11	华能上海石洞口第一电厂	124
12	华能上海石洞口第二电厂	120
13	上海奉贤燃机发电有限责任公司	72
14	宝山钢铁股份有限公司宝钢分公司电厂	120
15	中国石化上海石油化工股份有限公司热电总厂	60
16	中国石化上海高桥石化公司自备电厂	19.5
	合　　计	1675.5

* 表示企业自备电厂。

　　说明：这里主要列举的是装机容量大于10万千瓦的企业；数据截止到2010年5月31日；发电厂的装机容量根据发电企业官方网站等整理而得；由于"上大压小"的政策影响，发电企业的装机容量有所调整，各电厂的装机容量总和与统计部门的统计有所出入。

　　2009年，上海市用于发电的能源消耗为2560万吨标准煤，比2005年增加了3.53%，占全市总能耗的24.7%。而上海发电企业的能源供应以煤炭为主。2009年，上海用于发电的煤炭共2043万吨标准煤，占总发电用能的79.8%（见图1）。CCS技术在发电厂的应用主要针对燃煤电厂、IGCC，这些都是以煤炭为燃料。此外，上海的电厂绝大多数以燃煤电厂为主，这种以煤炭为主要能源结构的燃料供应，决定了CCS技术应用的适宜性与良好的发展前景。

　　2009年，上海火力发电行业的CO_2排放为6737万吨[1]，比2005年增长了4.17%，占与能源相关碳排放总量的28.5%（见图2）。因此，上海在CCS领域具有广阔的市场空间。

（二）华能上海石洞口电厂CCS项目

　　2009年底，上海的华能石洞口第二电厂在CO_2捕获项目建成之后开始正式运行。

---

[1] 碳排放系数来源于IPCC《2006年IPCC国家温室气体清单指南》，2006，日本全球环境战略研究所。

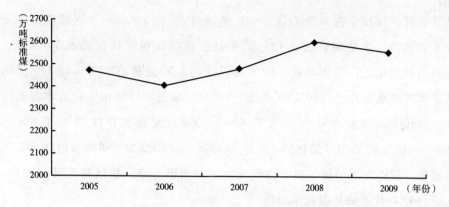

图 1　上海市主要年份发电能耗总量

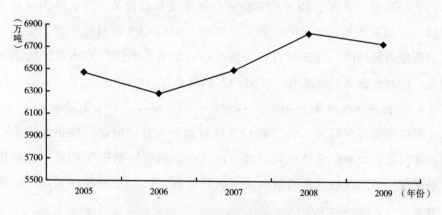

图 2　上海市火力发电厂碳排放情况

数据来源:《上海工业能源交通统计年鉴》。

1. 项目基本情况及效益

华能上海石洞口第二电厂位于上海市郊宝山区月浦镇。该厂规划装机总容量为 240 万千瓦,一期工程建设规模为 120 万千瓦,工程于 1998 年 6 月 29 日破土动工。华能石洞口第二电厂 CO_2 捕获项目是继北京高碑店热电厂 CO_2 捕获项目之后,华能的第二个 CO_2 捕获项目。该项目是华能上海石洞口第二电厂二期建设 2 台 660 兆瓦国产超超临界机组的配套工程,总投资 1.5 亿,年捕获能力达 10 万吨 CO_2,只捕获不封存。石洞口 CO_2 捕获项目采用燃烧后 CO_2 捕获,对于原来的电厂没有改变任何部分,仅仅是增加了一个捕获装置，捕获率在 80% 以上，CO_2 的纯度在 99.6% 以上。而捕获后主要为工业利用，如精制食品级 CO_2 用于制造碳酸饮料（售价约 800 元/吨），以及出售给化工厂作为原料。该项目设计的 CO_2 捕获成本为每吨 376 元[①]，低于世界的通常水平（50～80 美元）。CO_2 的捕集项目使得发电成本提高了 20%～30%，且发电效率降低了 8%～10%，能耗也相应增加了 8%～11%[②]。这反映了 CCS 的缺陷之一，即 CCS 的应用增加了单位发电量的 CO_2 排放量。值得注意的是，由于拥有完全自主知识产权，目前在全球范围内，华能的 CCS 技术能量损耗率最低[③]。

由于北京高碑店热电厂 CCS 项目，年捕获 CO_2 为 3000 吨，且已经平稳运行了一年多，完成了 CCS 从实验室走向工业示范的第一步，并为今后大规模 CO_2 捕获积累了丰富的经验。而华能石洞口 CCS 项目是将在大幅提升碳捕获能力的同时，保证项目良好地运行，显示了华能在 CCS 技术方面的领先，同时也提高了燃煤电厂应用 CCS 的技术可行性。

2. 项目面临的问题

虽然华能石洞口第二电厂的 CCS 项目运行良好，但是同样也面临着一些发展问题，如单位电量能耗增加、项目投资回收周期长与 CO_2 工业利用市场规模小等。这些问题的解决关系到华能石洞口 CCS 项目能否健康持续的发展。

（1）单位电量能耗增加。CCS 技术的主要缺陷之一是在实现 CO_2 减排的同时会增加电厂的能耗。虽然华能石洞口 CCS 项目的能量损耗世界最低，但是仍使单位电量生产耗能增加。据测算，由于 CCS 装置的运行，使得发电系统的能效下降 8%～10%，能耗也相应增加了 8%～11%，发电成本也上升了 20%～30%。因此，如何提高发电系统的能效，降低单位电量的能耗，寻求能耗与碳减排的平衡点，是促进 CCS 大规模推广的重要命题之一。

---

① 龙智慧：《CCS 商业化应用"暗香浮动"》，参见 http：//energy. people. com. cn/GB/ 11764818. html。

② 《CCS 技术将成为最终选择——燃煤电厂 CO_2 捕捉项目落户上海》，参见 http：// www. process. vogel. com. cn/ShowArticle. asp? ArticleID = 31443&Page = 4。

③ 《传统煤电突围"碳排放"》，参见 http：//air. chinaep - tech. com/special - topic/80464. htm。

（2）项目投资回收周期长。虽然华能石洞口 CCS 项目投入资金为 1.5 亿元，年捕获 CO_2 能力为 10 万吨，虽比之前北京高碑店电厂的 CCS 项目的单位 CO_2 捕获投入低了许多，但是项目投入仍然很大。由于华能的 CCS 项目是示范工程，主要侧重于社会效益与 CCS 技术的研究，对资本投入产出的敏感度相对不高，因此项目投资的回收周期较长。但是，该示范项目是上海 CCS 在示范阶段的重要标志，为今后市场化推广 CCS 项目打下了良好的基础。

（3）CO_2 工业利用市场规模小。华能石洞口 CCS 项目捕获的 CO_2 主要用于工业利用。但是，上海市每年对 CO_2 的需求约为 15 万~18 万吨，而华能石洞口 CCS 项目一年就捕获 CO_2 10 万吨，占整个市场需求量的 2/3[1]。再加上省内外 CO_2 回收企业众多，特别是江苏泰兴黄桥 CO_2 气田的开发，市场竞争激烈，使得华能石洞口 CCS 项目的赢利能力下降，甚至会出现亏损的现象。因此，从长远看，捕获后的 CO_2 最终归宿是封存。

（三）上海 CCS 商业化应用的发展前景

虽然 CCS 技术仍然饱受争议，但它将是未来减排份额最大的单个技术，其减排贡献将在 2050 年达到 19%[2]，被人们寄予厚望。世界发达国家纷纷加大对 CCS 技术的投入。欧洲零排放俱乐部 ZEP 推出了一项计划，准备自 2012 年开始，投入 100 亿欧元，在欧洲选择 12 个试点地方进行 CO_2 捕获和埋存，实现火力发电的真正零排放[3]。德国莱茵集团（RWE）、法国道达尔集团、雪佛龙集团、意大利国家电力公司（Enel）、英国石油公司（BP）、英荷壳牌石油公司等著名跨国企业都已经宣布了 CCS 技术研发计划，这些公司都期待在不久的将来在 CCS 技术上进入商业化运作[4]。

上海具有良好的低碳发展基础。2009 年，上海的单位 GDP 能耗 0.727 吨标准煤/万元，位居全国前三。2010 年上海世博会是以城市可持续发展为

---

① 龙智慧：《CCS 商业化应用"暗香浮动"》，http：//energy. people. com. cn/GB/11764818. html。
② 气候组织：《CCS 在中国：现状、挑战与机遇》，2010，第 1 页。
③ 《意大利参与欧洲 CCS 计划》，http：//www. china5e. com/show. php？ contentid = 55085。
④ 张聪：《欧洲各国能源巨头争抢 CCS 蛋糕》，2009 年 6 月 9 日《中国能源报》。

主题，向世人展示了最先进的绿色、环保、低碳技术。世博会为上海发展低碳城市带来了前所未有的契机，低碳发展理念深入人心，发展前景广阔。此外，由于上海本地电力供应主要来源于燃煤电厂，碳排放总量约占全市能源相关碳排放的1/3，而且在相当长的时间内碳排放量不会下降。值得一提的是，华能石洞口CCS项目是世界上最大的燃煤电厂碳捕获项目。自建成以来，已经平稳运行近一年，为CCS技术的工业级应用积累了丰富的经验与坚实的基础。因此，上海有发展CCS的迫切需求、夯实的技术基础和良好的外部环境。

1. 上海在CCS商业化应用中面临的主要瓶颈

从世界范围看，CCS商业化应用还不成熟，大多数CCS项目为示范型项目，只有少数的工业级CCS项目可以勉强维持运行。据估算，当碳交易价格高于60美元/吨的时候，CCS技术具有相当的竞争力[1]。但是，目前这种情况还不存在。当前，技术的不成熟、巨额的资金投入、较低的公众信任度以及尚不明朗的气候政策，是CCS在示范阶段面临的主要问题。而上海的CCS商业化应用同样也面临这些问题。

（1）资金瓶颈。据IEA预测，为完成2020年建成100个CCS示范项目的规划，经合组织国家每年需要投入35亿到40亿美元，而非经合组织国家每年需要投入15亿到25亿美元[2]。项目计划总投资为1300亿美元[3]。目前，各国承诺对CCS的资金投入总额约为400亿美元，距1300亿美元的计划投资总额还有很大的差距。而且，目前承诺投资CCS的国家主要是OECD国家，发展中国家投入较少。中国的CCS项目也面临着巨额资金不足的问题。而上海的燃煤电厂如果全部进行CCS改造，按照华能石洞口CCS项目的单位碳捕获量1500元/吨的投资，仅在碳捕获环节就需要1000多亿元[4]的投入。如果再加上CO_2的运输、封存，还需要更多的资金投入。这样巨大

① Dan Charles, "Stimulus Gives DOE Billions for Carbon-Capture Project". *Science*. 2009 (2): p.1158.

② IEA, "Carbon Capture and Storage Roadmap", 2010.

③ Peta Ashworth, "An overview of public perceptions to CCS". *View* 2009 (12). http://www.co2captureandstorage.info/SummerSchool /SS09%20presentations/19_ Ashworth. pdf.

④ 2009年上海火力发电行业碳排放为6737万吨，碳排放系数来源于IPCC《2006年IPCC国家温室气体清单指南》，2006，日本全球环境战略研究所。

的资金缺口,单靠政府财政支持或者企业出于社会责任而对 CCS 投入是远远不够的。发达国家及地区政府对 CCS 的资金投入见表 6。

表 6　发达国家及地区政府对 CCS 的资金投入

国家或地区	资金	说　明
加拿大	85 亿加元(合 83.6 亿美元)	联邦政府提供 65 亿加元(合 64 亿美元); 埃尔伯塔省提供 20 亿加元(合 19.6 亿美元)
欧　盟	10.5 亿欧元(合 15 亿美元) 3 亿 EU-ETS 单位的拍卖额	其中 10.5 亿欧元属于欧盟经济复苏计划,支持欧盟 7 个 CCS 项目;3 亿 EU-ETS 单位的拍卖额为 CCS 与新能源共有
澳大利亚	40 亿澳元(34.9 亿美元)	其中,政府提供 25 亿澳元(合 22 亿美元);各省政府承诺提供 5 亿澳元(合 4.3 亿美元);煤矿企业提供 10 亿澳元(合 8.6 亿美元)
美　国	34 亿美元	2009 年经济复苏政策
英　国	约 95 亿英镑(合 143.5 亿美元)	2010 年能源法案,承诺资助 2~4 个完整的 CCS 示范项目
挪　威	9.05 亿美元投资;Mongstad CCS 项目的建设投资和运营费用;3000 万美元/年的研发费用	为欧盟新成员提供 1.4 亿欧元(约合 2.05 亿美元)的资助;为欧洲 CO_2 技术中心 Mongstad 提供 43 亿挪威克朗(合 7 亿美元);承担 Mongstad CCS 项目的建设投资和运营费用,并且每年为 CCS 的研发提供 1.8 亿挪威克朗(合 3000 万美元)
日　本	1080 亿日元(合 11.6 亿美元)	自 2008 年起,用于 CCS 的研发和示范

资料来源:气候组织:《CCS 在中国:现状、挑战与机遇》,2010,第 38 页。

（2）技术瓶颈。CCS 面临的另一个发展瓶颈是本身的技术问题。由于 CCS 处在研究与小规模示范阶段,许多技术问题没有被解决。主要表现在两个方面:一是 CCS 的应用使单位电量生产能耗上升;从现阶段看,无论哪种碳捕获技术都会使发电系统的效率下降,增加能源消耗,提高发电成本,使发电企业难以为继。二是碳封存的可靠性。虽然有的研究报告称,CO_2 可以被封存上千年,但是这些都是在理想状态下的短期研究,并未得到现实的检验。

（3）市场瓶颈。虽然 CO_2 的工业用途的种类很多,但是应用规模却很小。而上海的 CO_2 工业利用的市场规模仅为 15 万~18 万吨,而华能石洞口 CCS 项目捕获的 CO_2 就占 2/3,再加上其他 CO_2 供应商,上海的 CO_2 市场明显供远大于求。此外，上海目前并没有实施强制碳减排，企业之间只有自愿碳交易，而且这种缺乏约束力的交易规模并不大。

（4）观念瓶颈。相比于社会对可再生能源与新能源汽车的关注，人们似乎对 CCS 不是太感兴趣。造成这一现实的原因主要有以下几个方面。首先，CCS 技术本身的不成熟，再加上原型系统的减排效果无法验证，使得人们对其持有怀疑态度。其次，社会对 CCS 技术的宣传与知识普及不够，而且比较片面，针对碳捕获环节的宣传较多，而运输环节与碳封存环节较少。此外，由于国外在 CCS 方面的应用还没有脱离示范阶段，在一定程度上影响了人们对 CCS 的重视程度。

（5）气候政策瓶颈。我国承诺到 2020 年单位 GDP 的能耗在 2005 年的基础上下降 40% ~ 45%，表明我国发展低碳经济已经成为国家战略，这有利于促进 CCS 技术的发展。但是，目前中国实现节能减排主要依靠行政手段，由政府来监管与鼓励企业减排，然而这种手段具有很大的局限性。为此，节能减排工作必须辅之以市场机制。碳排放交易作为市场机制的一种，将促进节能减排工作。作为国内影响较大的三个环境交易所，天津、北京与上海，都开展了碳排放交易的业务。其中，北京环境交易所还制定了专为中国市场设立的自愿减排标准——"熊猫标准"。但是这些碳交易是自愿性的，缺乏约束力，而且规模也相对较小。此外，核定减排量（CER）价格也对 CCS 的发展起到关键作用。如果价格过低，则 CCS 照样发展不起来。因此有必要使核定减排量价格处在合理的水平，以提高 CCS 的商业竞争力。

2. 上海 CCS 商业化应用方面的市场展望

上海具有比较完备的金融市场体系、金融机构体系和金融业务体系，并有雄厚的制造业基础和技术创新能力，具有发达的现代服务业体系，并积极打造国际金融中心与国际航运中心，因此上海发展 CCS 具有良好的基础与优势。上海可以作为 CCS 的设备制造业基地、服务基地以及金融服务中心。

从上海本身的 CCS 应用来看，上海的市场前景广阔。2009 年，上海发电企业的碳排放为 6737 万吨[①]。在现有发电企业的装机容量保持不变的情况

---

① 碳排放系数根据《2006 年 IPCC 国家温室气体清单指南》。

下，按照华能石洞口 CCS 的每吨 CO_2 的投资强度 1500 元/吨，仅在碳捕获环节就有 1000 多亿元的市场，再加上运输环节与碳封存环节，上海的 CCS 应用市场规模将达到数千亿元规模。同时，上海可以适时地将 CCS 扩大到其他排放点源，如化工、石化等。这对于上海的设备制造业无疑是个好消息。

上海作为中国经济的服务中心看，上海在金融服务等生产性服务业有着得天独厚的资源。因此，上海的金融服务业为 CCS 发展提供巨额的资金支持，并可以发展碳金融市场抢占未来金融制高点。同时，上海可以发展 CCS 保险市场，分摊企业风险，提高企业发展 CCS 的积极性。此外，CCS 项目的培训服务产业也是上海未来可以发展的产业之一。

上海作为中国先进技术的扩散源，将有效地促进长三角乃至全国 CCS 的发展。上海具有良好的 CCS 中试基地。企业可以在大型碳排放点源上应用 CCS，积累经验，并向其他企业传播经验。

三　如何促进上海 CCS 商业化应用持续发展

由于上海发展 CCS 具有广阔的前景，因此除了提高 CCS 技术本身的可靠性与经济性以外，还有必要采取一系列的措施促进上海 CCS 商业化应用。CCS 从研发到商业化应用需经过四个阶段，分别是示范阶段、高成本差距阶段、低成本差距阶段与成熟技术阶段[①]（见图 3）。而且针对每一个阶段需要不同的措施组合来促进其发展。在示范阶段，需要进行开发与基础设施规划，为 CCS 的研发与示范进行融资，使其迅速发展。在高成本差距阶段，也就是当 CCS 与其他碳减排技术之间的成本差距较大时，需要对 CCS 技术实施稳定的技术奖励措施，如税收减免、贴息贷款与贷款担保等，以减少这种成本差距，促使其在利基市场内站稳脚跟。当 CCS 与其他碳减排技术之间成本差距较小时，就进入了低成本差距阶段，在 CCS 具备技术中立的条件下，CCS 已具备相当的竞争力，需要采取减弱 CCS 支持，如绿色证书与碳排放交易等。因为这时 CCS 将具备自主知识产权，能够独立完成技术不断创新，并为进入

---

① IEA. *Energy Technology Perspectives 2010*, Paris: France, 2010, p. 50.

市场做好准备。最后进入成熟技术阶段，需要通过解决市场障碍促进 CCS 的商业化应用，采取的措施包括加大宣传以及建立行业标准，等等。

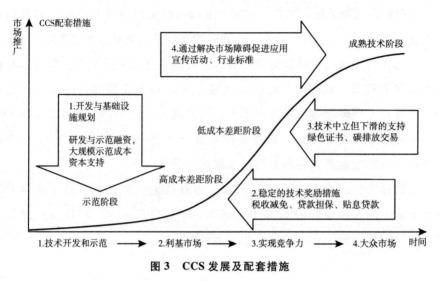

图 3　CCS 发展及配套措施

注：仿照 IEA 出版的《国际能源展望 2010》中低碳技术配套措施。

（一）出台 CCS 配套的法规政策

CCS 的各个发展阶段都离不开政策的支持，因此为了促进 CCS 健康发展，我们可以从环境风险管理、碳排放交易、标准建设等方面制定法规。

1. 出台环境风险管理法律法规

公众很难接受 CCS 的原因之一是其可能引起的环境风险，包括可增加大气中 CO_2 浓度的全球风险以及对局部环境甚至人体健康产生不利影响的局部风险。具体表现在：捕集环节中额外的能耗增加导致的大气污染；在运输环节中可能发生的 CO_2 泄漏以及安全问题；在封存环节中 CO_2 的泄漏。

针对 CCS 存在的环境风险，世界发达国家制定了法律法规以规避环境风险。如欧盟的《碳捕获与封存指令（2009）》[1]、美国的《CO_2 捕获、运

---

[1]　"Commission of the European Communities"，http：//ec. europa. eu/environment/climat/ccs/ecp/_en. htm.

输和封存指南（2008）》①、澳大利亚的《CO_2 捕获与封存指南（2009）》②以及国际能源署的《CCS 技术发展路线图》③。

表7　发达国家 CCS 法规比较

	澳大利亚《CO_2 捕获与封存指南—2009》	欧盟《碳捕集与封存指令》	美国《CO_2 捕集、运输和封存指南》	国际能源署《CCS 技术路线图》
与其他法律的关系	所有 CCS 项目必须符合已存在的法律法规	和欧盟的相关法律保持一致	必须满足清洁空气法和清洁水法的要求	修订相关的现行法律
环境风险评价	所有的 CCS 项目的相关法律制度下必须进行环境评价和核准。环境风险评价项目将贯穿于整个生命周期	强调封存过程的环境风险评价，包括危险识别、暴露评价、影响评价、风险识别	对于所有的封存项目，必须进行风险评价	建立综合的 CO_2 运输和封存框架，框架包括环境影响评价、风险管理和补救措施。
封存场地选择	封存地点必须接受连续风险评价，必须提供封存地址详细的地质特征（封存容量、孔隙率等）和储备模型以支持满足核准条件的评价和认定	修订相关指南，完善封存场地选择管理	形成一套准则以最小化泄漏风险；早期项目应该优先选择风险很低的场地；应该远离新鲜水或者饮用水源地区	到 2012 年形成关于封存场地选择的最佳实践指南。
准证核准和颁发	核准必须包括风险评价和检测，核准过程必须对公众是公开、透明的	修订相关指南，明确准证申请和颁发程序	必须提交包括期望成本，注入率、储存能力等参数的准证申请	尚未明确
监测	对注入的 CO_2 进行监测并提供证明。监测范围至少包括封存地址的安全性、环境保护、公众健康和资源管理等	建立监测与报告指导方针予以解决	实施"可测量、监测、核实"（MMV）的监测方法	指出有必要建立一套国际通用的监测方法
安全	CCS 项目符合《职业健康与安全准则》	强调封存地点的永久封存评价，对运行、监测和场地关闭和后关闭管理	强调制定管道和封存 CO_2 的安全标准	制定了到 2012 年的封存安全管理条例和核准

① World Resource Institute, 2008. "Guide Lines for Carbon Dioxide Capture, Transport and Storage". http：//www. wri. org.
② Environment Profection and Heritage Council（CEPHC）, 2009, "Environmental Grideline Guideline for Carbon Dioxide Capture and Geological Storage". http：//www. ephc. gor. au/ taxonomy/term/25.
③ IEA：*Technology Roadmap：Carbon Capture and Storage*, paris：France, 2009.

续表7

	澳大利亚《CO₂捕集与封存指南—2009》	欧盟《碳捕集与封存指令》	美国《CO₂捕集、运输和封存指南》	国际能源署《CCS技术路线图》
注入和关闭前	与伦敦协定的规定一致，注入海洋的必须是CO_2。仅有的额外的物质必须是自然存在的，或者是捕集/分离出来的类似蒸汽物质，或者添加剂，如用于检测的指示剂	CO_2注入地下面临着一些法律层面的障碍	项目运营商应该制定透明的运行和执行计划；进行水注入实验；注入并及其设备应该符合联邦和各州建筑和设计管理	尚未明确
场地关闭和后关闭条件	必须满足场地关闭标准	当允许的场地关闭工程状态达到或者运营商请求权力部门授权时可以进行场地关闭；还规定了场地关闭后运营商的责任，包括监测、报告、补救措施等	关闭期间执行连续的监测；运营商应该建立一套包括位置、关闭条件、完整性压力测试等的数据'经批准的关闭场地应该移交有资质的经营实体管理	尚未明确
事故处理	尚未明确	按照《环境责任指令》处理突发事故	风险评价应该提供不可预料事故的减缓或者补救计划，这些计划应该提高项目管理方以支持则建议的MMV计划	尚未明确

* 气候组织：《CCS在中国：现状、挑战与机遇》，2010，第31页。

从各国CCS法规的对比看，各国CCS法规的侧重点不同。澳大利亚CCS法规为CCS项目提出了具体可行的平均范围与措施；欧盟的CCS法规侧重于封存过程中的风险评价以及事故处理；美国侧重于技术细节，对环境影响评价规定较少。

因此，上海可以借鉴国外的CCS法规从CCS项目进行准证申请、核准和颁发，CCS项目进行监测和环境影响评估，CCS项目工程监督和检测、CCS的场地关闭和后关闭条件、CCS事故应急措施等方面做出规定。

2. 建立类似区域温室气体减排行动（RGGI）的自愿碳排放交易

据联合商业情报公司（Allied Business Intelligence Research，ABIR）发布的报告称，CCS和碳排放交易市场之间的关联性正在增大，CCS项目开发者将会因为来自 CCS 设施而产生的碳排放信用在碳交易所交易而获得更多的收益[1]。目前，国际上有三种碳排放交易制度，即国际排放贸易（IET）、联合履行机制（JI）以及清洁发展机制（CDM）。当前，我国影响较大的环境交易所分别是北京环境交易所、上海环境能源交易所和天津排放权交易所。由于我国对碳排放没有总量控制，但是为了完成到 2020 年单位 GDP 能耗在 2005 年的基础上下降 40% ~ 45% 的目标，三个环境交易所都推出了"自愿碳排放交易"，并建立了自愿碳减排交易标准——"熊猫标准"。如万科是"世博自愿减排"活动的首位买单者。由于"自愿碳减排"的不具约束性，许多企业仅仅是出于企业社会责任，来进行自愿碳排放交易，因此碳交易规模与交易价格都很小。

区域温室气体减排行动（Regional Greenhouse Gas Initiative，RGGI）是美国第一个强制性的、基于市场的旨在减少温室气体排放的区域性项目。该项目是针对发电部门的区域性 CO_2 总量控制与排放交易计划，于 2009 年 1 月 1 日实施。该计划的目标是到 2018 年，发电部门的碳排放量减少目前水平的 10%。CO_2 排放配额的分配，是该项计划的核心内容之一。首先是各州之间的分配。各州之间的配额分配是基于历史 CO_2 排放量，并根据用电量、人口、预测的新的排放源等因素进行调整。而发电厂之间的分配一般由各州单独进行，发电厂的配额分配计划的规则类似于（NOx 预算交易计划）。但是各州必须将 20% 的配额用于公益事业，另外预留 5% 的配额放到策略碳基金中，以取得额外的碳排放减量。值得一提的是所有的 CO_2 排放配额均是通过每三个月一次的区域拍卖来发放。发电厂使用 CO_2 排放配额的方式除自身使用以外，还有两种：第一，交易；RGGI 允许 CO_2 排放配额在无限制或政府批准下进行交易；第二，储存，企业可以将未使用完的配额储存起来供未来使用。发电企业除了通过竞拍的形式获得总量控制下的 CO_2 排放配额外，还可以通过碳补偿获得额外的碳信用。

RGGI 是一个针对大型碳排放点源的碳交易制度，它将有助于促进大型

---

① 钱伯章：《2014 年世界碳交易额将达到 3950 亿美元》，http://www.cma.gov.cn/qhbh/newsbobao/201001/t20100107_56217.html。

点源企业的减排，并促进 CCS 项目的发展。因此上海可以借鉴美国的 RGGI，在发电企业之间进行自愿的碳排放交易，促进企业低碳转型。

3. 全国统筹规划与规范 CO_2 市场，禁止 CO_2 气田开发

CO_2 气田开采将自然界中封存在地层中的 CO_2 开采出来用于工业利用，在一定程度上提高了温室气体在空气中的浓度，加剧了全球变暖。因此，CO_2 气田的开发阻碍了 CCS 的发展，是不可持续的行为。虽然当前 CO_2 气田开发为企业带来了一定收益，但是将来国家势必会投入更多的资金来治理开采出来的 CO_2。

中国目前的 CCS 项目只限于碳捕获环境，还没有涉及碳封存。捕获后的 CO_2 一般用于工业利用，如消防、医药、农业、食品、焊接、化工等领域。因此，许多 CO_2 回收企业迅速发展。然而 CO_2 气田开采出来的 CO_2 成本远小于通过回收技术捕获的 CO_2，使得 CO_2 回收企业丧失竞争力。再加上中国的 CO_2 工业利用市场很小，许多 CO_2 回收企业已到了岌岌可危的地步。因此，CO_2 气田的开发无疑为 CCS 项目商业化应用设立了障碍。此外，CO_2 气田的无序开发在某种程度上加深了这种障碍。

因此，国家需要制定法规来禁止 CO_2 气田开发，并淘汰高耗能、工艺落后的 CO_2 回收企业，以促进 CO_2 市场健康发展。同时，对由 CCS 捕获的 CO_2 产品进行绿色标识，鼓励企业使用由 CCS 捕获的 CO_2 产品。

4. 新建燃煤电厂必须采用 CCS 技术

美国的《清洁能源与安全法案》规定 2009～2015 年获准修建的电厂必须采用 CCS 技术。针对新建燃煤发电厂，上海可以借鉴美国的经验提高进入门槛，要求发电企业必须采用 CCS 技术，已建成的电厂，应加快 CCS 改造。

（二）CCS 的融资机制

CCS 的另一个发展瓶颈是巨额的资金缺口。在 CCS 示范阶段，一些国家出台了许多融资方面的激励措施，如政府投资、政府补贴、贴息贷款、减税等。

1. 现有的融资机制

我国目前的 CCS 项目的投资主要依靠大型国企的直接投资。由于 CCS 应用规模较小，且属于示范性质，企业对投资回报的关切度不是很敏感，因此，中国已建成 CCS 项目所需的资金可以保证。但是，如果在发电企业大规模应用 CCS 技术，面对巨额的资金投入且回报率不确定的情况，单单依靠大型企业的直接投资是远远不够的。

除了大型企业的直接投资之外，还有其他一些资金支持途径。①政府直接投资：如 2009 年挪威政府预算草案中有约 19 亿挪威克朗用于 CCS 示范工程；②政府补贴：2008 年，美国国会提出了《立伯曼—华纳气候安全法》，其中规定对 CCS 示范项目进行财政补贴；③税收减免：美国的《减碳科技桥法 2008》中规定对 CCS 项目进行最高到 30 美元/吨 CO_2 的税收减免；④上网电价补贴：对应用 CCS 技术的发电企业的上网电价给予补贴；⑤公私合营：由政府与私人共同出资，共同分摊风险；⑥CDM 机制：企业可以通过向发达国家出售 CCS 碳减排额度获得资金支持。

2. CCS 应用企业可享受高新技术产业优惠政策

上海市将新能源、民用航空制造业、先进重大装备、生物医药、电子信息制造业、新能源汽车、海洋工程装备、新材料、软件和信息服务业等九个重点领域和重大项目作为高新技术产业化的重点扶持对象，而没有将 CCS 列入。因此 CCS 虽然是高新技术，但没有享受高新技术企业的优惠条件。因此，为促进上海 CCS 的商业化应用，有必要将从事 CCS 研发和应用的企业列入上海市高新技术企业，享受税收优惠政策，即可按 15% 的税率征收企业所得税；经认定新建立的高科技企业，自投产年度起免征企业所得税两年；经认定的高科技企业出口产值达到当年总产值 50% 以上的，可按 10% 的税率征收企业所得税[①]。

（三）提高公众、企业参与程度

消除公众与企业对 CCS 的疑虑，使其积极参与到 CCS 发展中来，是促进

---

① 选自《上海市政府关于加快本市高科技产业发展的若干意见》。

CCS 商业化应用需要做的工作之一。我们可以采取两方面的措施：（1）借助"世博东风"与后世博效应，加大宣传力度，让公众认识到 CCS 将是未来减排贡献最大的低碳科技之一，是建设低碳城市的关键技术之一，让企业认识到发展 CCS 将会提高企业在未来的核心竞争力。（2）组织发电或其他大型排放点源的企业管理人员参观与学习华能石洞口电厂的 CCS 项目，让企业通过具体实例了解 CCS，并定期开展面向管理层的 CCS 培训课程。

（四）建设"低碳技术银行"促进 CCS 技术转让[①]

国际气候谈判中的焦点之一是发达国家与发展中国家之间技术转让机制。由于两大阵营在知识产权等环节分歧较大，致使低碳技术转让一直没有实质性的进展。当然，CCS 技术也在受影响之列。

"低碳技术银行"是借鉴世界银行的运作机制，解决发达国家向发展中国家转移低碳技术的机制。它采用买断机制和自愿存储机制。买断机制，是由全球气候基金（主要由发达国家出资以及世界银行部分援助资金共同构成）买断一些具有普适性的技术，而后在发展中国家和地区免费提供、推广普及。自愿存储机制，鼓励企业将低碳技术存储于低碳技术世界银行，由低碳技术世界银行以较低的"贷出利息"负责技术在发展中国家进行大规模推广和利用，拥有技术产权的企业可以分阶段获得低碳技术银行的"利息"，通过对相关技术在短期内的大规模推广和利用，发挥"存储技术"的快速溢出杠杆效应。

因此，上海可以建设"低碳技术银行"，促使发达国家将先进的 CCS 技术向发展中国家转移。

[①] 周冯琦：《建个"低碳技术银行"如何》，2009 年 12 月 12 日《解放日报》。

上海碳金融市场的推进路径

刘　婧[*]

摘　要： 在应对气候变化的大背景下，上海作为全国最大的金融中心，在建立碳金融市场方面已经起步，并取得了不错的成绩：建立了自愿减排的碳交易平台；碳减排交易和融资方面也取得了初步的进展。但是与全球碳金融的发展相比，上海碳金融市场的发展依然较为落后。上海在碳金融市场推进过程中主要存在四个方面的问题：碳金融发展水平滞后，发展速度缓慢；以清洁发展（CDM）机制为导向，金融创新不足；金融产品的品种较少，研发不足；碳金融的相关金融服务产业发展落后。针对这些问题，究其原因，上海碳金融发展落后主要是由于碳金融发展的制度基础不健全；缺乏与我国国情相匹配的碳减排市场体系。据此，本文提出上海碳金融市场的推进路径可以从三个方面着手：建立碳金融的市场交易机制；创新市场交易品种和金融产品；提高以合同能源管理为核心的金融服务。希望通过以上三个路径的顺利实施，更好地推进上海碳金融市场的发展。

关键词： 碳金融　市场交易机制　交易品种　合同能源管理

一　引言

气候变化问题已成为当今科学界、各国政府和社会公众强烈关注的重大

---

* 刘婧，上海社会科学院生态经济与可持续发展研究中心助理研究员，博士。研究方向：环境经济学、公共政策分析。

环境问题。为此，以减少二氧化碳为主的温室气体排放的碳减排活动在全球范围内日益升温。从《联合国气候变化框架公约》（以下简称《公约》）到《京都议定书》，再到《哥本哈根协议》等一系列国际气候谈判，将世界多数国家纳入碳减排的行列中。中国已成为世界上二氧化碳排放最多的国家之一，在后京都时代碳减排的压力越来越大，在应对气候变化问题上面临着巨大的挑战。

在《公约》尤其是《京都议定书》的推动下，全球催生出一个以二氧化碳排放权为对象的"碳排放权交易市场"。通过三种交易机制——排放交易、联合履行和清洁发展机制，完成其有关限制和削减排放的承诺。这样，一种基于市场机制的碳减排途径应运而生，成为一种全新的将碳减排与金融结合起来的新领域。

上海作为全国经济最发达的城市之一，存在能源消费量高、碳排放量大的问题，在碳减排方面具有巨大的压力。上海虽然在经济结构转型升级方面已经取得了一定的成效，但是工业仍然占据上海经济发展的较大比重。由于工业发展主要依靠能源消耗，这就造成碳排放居高不下，人均碳排放量也不容忽视。面对这种现实情况，以及在全球低碳经济发展的大背景下，上海必须探索低碳经济的发展路径。目前，我国及地方的现行节能减排的环境管理机制具有高成本和低效率的特点。一方面，由政府主导的碳减排过程中，政府通过采取"一刀切"的行政命令方式，对各地区、各企业的减排指标进行初始分配和层层分解。这种推进模式无法对产业、地区、重点企业的资源进行优化配置，也无法充分调动企业的积极性和创造性；另一方面，由政府主导的碳减排缺少市场和配套服务的支持。碳减排的主体应该是企业而不是政府。这种模式下，政府不仅是碳减排工作的监管部门，还是碳减排资金与技术的提供者，巨大的碳减排压力主要由政府承担。企业缺乏经济激励，中小企业还缺乏先进的节能技术，因此，碳减排的动力严重不足。

因此，上海应该发挥自身优势，积极寻找一种更有效率的碳减排模式。发达国家的经验表明，运用碳金融市场工具可以充分调动全社会各类利益主体的积极性。碳金融市场通过跨行业、跨行政区划的合作，在更大范围内交流减排技术、提供减排资金、协调减排额度等，以实现低成本和高效率的碳减排。

上海作为全国最大的金融中心，一直在不断探索发展碳金融的路径。近年来上海在建立碳金融市场方面已经起步，并取得了不错的成绩。上海世博会期间，上海环境能源交易所建立的世博会自愿减排交易机制，为上海碳金融的发展提供了先行试点。根据上海世博会园区客流统计，2010 年 5 月 1 日至 10 月 31 日上海世博会会展期间，上海共接待参会游客 7308 万人次[①]。这跟世博会之前上海世博局估计的 7000 万人次相当。根据估计，此次世博会大约产生 900 万吨的碳排放。其中，世博会将通过节能减排技术自行承担 150 万吨的碳排放，其余 750 万吨碳排放将通过上海环境能源交易所提供的自愿减排交易机制和交易平台，开放给全球公众，自行支付购买。该机制由上海环境能源交易所主导，以网站形式面向全球参与者，于 2010 年 5 月 1 日世博会开始时正式启动，公众通过登录该平台以电子支付方式购买。购买性质是自愿减排，以自愿的形式出价。上海环境能源交易所筹集的资金将用来购买碳排放权，平抑世博会期间的碳排放，达到全球范围内的碳排放数量的平衡[②]。

二 碳金融的提出和研究进展

（一）环境金融与碳金融的提出

六大英语词典之一《美国传统辞典》第四版（2000）[③] 对环境金融的定义为：环境金融是环境经济的一部分，研究如何使用多样化的金融工具来保护环境，保护生物多样性。Eric Cowan（1999）[④] 对环境金融的定义为：环

① 《开园 184 天运行平稳顺利有序逾 7308 万人次参观创历史新高》，世博网，2010 年 10 月 31 日。

② 王珏磊：《低碳世博：750 万吨碳排放公众自购》，2009 年 10 月 21 日《时代周报》。

③ Houghton Mifflin Company, *The American Heritage Dictionary of the English Language* (Fourth Edition), 2000.

④ Eric Cowan, "Topical Issues in Environmental Finance". Asia Branch of the Canadian International Development Agency (CIDA). 1999.

境金融是环境经济和金融学的交叉学科，探讨如何融通发展环境经济所需资金。作为环境经济的一部分，环境金融能够从发展环境经济中受益。Jose Salazar（1998）[1] 对环境金融的定义为：金融业和环境产业各自具有自己的体系、语言、方法、对于成功和失败的界定等。环境金融是金融业和环境产业的桥梁，通过分析金融业和环境产业的差异，寻求保护环境、保护生物多样性的金融创新。Labatt Sonia 和 White Rodney R.（2002）[2] 对环境金融的定义为：环境金融研究所有为提高环境质量、转移环境风险设计的、以市场为基础的金融产品。一个成功的环境金融产品必须满足两个截然不同的标准，首先，它必须建立在金融市场上的合适位置。其次，它必须满足环境风险转移和排放物减少等环境目标。从上面四种环境金融的定义可以看出，从不同角度对环境金融下的定义是有差别的，但这种差别不大。

国际上在 20 世纪 90 年代中后期提出了环境金融（Environmental Finance）这一新术语。把低碳经济和金融创新的互动放在一个有机的系统里，着眼于两者之间的内在联系，探讨所有能够提高环境质量、转移环境风险、发展低碳经济和循环经济，以市场为基础的金融创新（张芳等，2008）[3]。

从本质上来说，碳市场机制是与排污权市场机制一脉相承的。根据科斯定理，政府为了矫正市场主体的行为，可以通过强制性责任的方式，来实现社会在环境保护方面的目标。而所有的强制性责任或配额等机制，只要利益和责任的边界是清晰的，原则上都是可以交易的。如在风能的运用上，强制电力公司生产一定份额的绿色电力，同时创造一个市场，允许那些拥有技术优势的企业将富余的绿色电力证书出售，允许那些绿色电力生产成本较高的企业能够通过购买市场上的绿色电力证书来完成其强制性责任，交易因此形成。这样，从全社会看，绿色电力的生产就出现了一个成本相对均等化的过程。优势企业在利益的驱动下，会产生扩大生产和投入研发的动力，绿色产

① Jose S., "Environmental Finance: Linking Two World". *Financial Innovations for Biodiversity Bratislava*, Slovakia. 1998.

② Labatt Sonia, White Rodney R., "Environmental finance: a guide to environmental risk assessment and financial products", 2002.

③ 张芳、郭艳丽、丁海军：《低碳城市建设中的金融支撑体系研究初探》，《生态经济》2008 年第 8 期。

业因此进步。随着这一市场的扩大，相关金融工具就获得了发挥作用的空间，碳金融因此成长。

"碳金融"可以说是在《京都议定书》框架下应运而生的。笼统地说，"碳金融"就是与减少碳排放有关的所有金融交易活动，既包括碳排放权及其衍生产品的买卖交易、投资或投机活动，也包括发展低碳能源项目的投融资活动以及相关的担保、咨询服务等相关活动①。

（二）国际碳金融的发展

碳交易市场，又称碳排放权交易市场、温室气体排放权交易市场，或以碳排放权交易为实质的碳信用市场。国际碳交易市场的兴起来源于两个具有重大意义的国际公约——《联合国气候变化框架公约》和《京都议定书》。在《公约》尤其是《京都议定书》的约束下，工业化国家统一了温室气体排放限制，这样，每个国家的温室气体（碳）排放权开始成为一种稀缺的资源，因而也具有商品的价值和进行交易的可能性，并最终催生出一个以二氧化碳排放权为主的碳交易市场。

为了促进碳交易市场的顺利进行，《京都议定书》引入了三种基于市场机制的、旨在成功有效地实现减排目标的国际合作减排机制——排放贸易（Emission Trading，ET）、联合履行（Joint Implementation，JI）和清洁发展机制（Clean Development Mechanism，CDM），允许附件 I 国家通过相互之间及其同发展中国家之间的合作，完成其有关限制和削减排放的承诺（UNFCCC，1997）②。根据三种减排机制的特点，世界银行（World Bank，2004）③ 将碳市场的结构划分为两种类型：以项目为基础的减排量交易和以配额为基础的交易。欧盟排放交易体系（EUETS）、美国芝加哥气候交易所（CCE）的减排交易体系、澳大利亚新南威尔士州温室气体减排计划（NSW

---

① 袁鹰：《碳金融：不仅仅是机会》，《金融博览（银行客户）》2008 年第 8 期。

② UNFCCC, "Kyoto Protocol to the United Nations Framework Convention on Climate Change (UNFCCC)". FCCC/CP/1997/L. 7/Add. 1. Bonn. 1997.

③ World Bank, "State and Trends of the Carbon Market (2004)". Washington D、C、: World Bank, 2004.

GGAS）、英国的交易体系（UK ETS）是目前国际上几个主要的碳交易市场（IETA，2007）[1]。

很多知名金融机构活跃在这些市场上，包括荷兰银行（ABN AMRO）、巴克利（Barclays Capital）、高盛公司（Goldman Sachs）、摩根士丹利（Morgan Stanley）等。亚洲一些地区和国家目前也在着手建立碳交易市场，如香港交易所 2008 年初开始推动碳排放权的结构性商品交易。东京证券交易所与东京工业品交易所共同规划建立碳排放权交易所。

环境金融这一领域的开发已经成为风险投资或国际机构投资者的新领域。目前，国外投资银行和从事碳交易的风险投资基金已经进入中国，对具有碳交易潜力的节能减排项目进行投融资。如成立于 2007 年 3 月的沛雅霓资本（Peony Capital）公司。另外，瑞典碳资产管理公司、英国益可环境集团、高盛、花旗银行、汇丰银行等都已在中国开展节能减排投融资业务（Nathan，2003）[2]。

商业银行的环境金融创新是碳金融的另一重要领域。商业银行环境金融创新的一个常见途径是为碳交易提供中介服务，如英国标准银行（Nathan，2003）。此外，商业银行还可以有多种方式参与环境金融创新。如美国银行加入了芝加哥气候交易所（CCE）、芝加哥气候期货交易所（CCFE）和欧洲气候交易所（ECX），还出资 1000 万美元与气候交易公司（CLE）成立了一家合资机构，开发了与碳排放权相关的金融产品和服务。该银行不断扩展现有温室气体减排目标；向 CCE、CCFE 和 ECX 三家机构提供流动性支持；购买芝加哥气候交易所发行的 50 万吨二氧化碳当量的温室气体排放权。可以说，商业银行正逐渐瞄准世界碳交易市场，通过贷款、投资、慈善投入和创造新产品及新服务等手段，不断提高创新可持续环保产品和技术的积极性，促进了现有环保技术的应用和能源效益的提高，推动了绿色环保产业的发展[3]。

---

[1]　IETA，Report on Linking GHG Emissions Trading Systems 2007，http：//www.iea.org/.

[2]　Nathan E. H.“Carbon Financial Risk in the International Greenhouse Gas Market”．University of California：Berkeley，2003.

[3]　Michael Grubb et al. 1999，“The Kyoto Protocol – a Guide and Assessment”．UK：Royal Institute of International Affairs and Earth scan Publications Ltd，p.183.

综上所述，温室气体减排量全球交易逐渐形成了一个特殊的碳金融市场（包括直接投融资、碳指标交易、银行贷款）。在此碳排放权交易的金融市场中，低碳金融产品和服务水平得到了进一步提升①。

三 上海碳金融初步发展的现状和问题

近年来，上海加快金融业发展，全力推进上海国际金融中心建设，金融业发展水平在国内居于领先地位。在应对气候变化的大背景下，上海将低碳发展与金融业发展紧密地结合起来，在碳金融建设方面也取得了值得关注的进展，低碳金融已经起步②。但是与全球碳金融的发展相比，上海碳金融发展依然较为落后，还存在一些问题。

（一）上海碳金融的发展现状

1. 建立自愿碳减排交易平台

上海开始尝试用市场化手段解决环境问题，建立了自愿碳减排交易平台。2008 年 8 月 5 日，上海环境能源交易所正式成立，大力推进节能环保服务体系的建立和开拓相关业务。其目标是国际化综合性的环境能源权益交易市场平台。

上海环交所成立后积极推动节能减排和环保技术交易、节能减排环保资产交易和 CDM 项目。通过为环境能源领域各类权益人、节能减排集成商、科研机构、投资机构等企业、科研机构，提供节能减排咨询、项目设计、项目价值评价、经营策划、项目包装、基金运行、项目投融资以及技术支撑等各类资本、经营、信息与技术服务，环交所致力于形成以市场化方法推动节能减排运行的新机制，打造节能减排和环境保护领域各类技术、资本及权益交易的完整产业链。

目前，上海环境能源交易所在国内的污染物排放权交易领域已经取得了

---

① 任卫峰：《低碳经济与环境金融创新》，《上海经济研究》2008 年第 3 期。
② 陈露、张贻军：《发展碳金融市场推动上海国际金融中心建设》，《科学发展》2009 年第 10 期。

明显进展，正在努力为《京都议定书》下的 CDM 项目交易提供透明、公开的市场机制及场所，同时不断探索开展碳交易和碳金融的相关市场机制和发展途径，争取建立一个能够与国际碳交易市场接轨的具有良好市场机制的碳交易市场。

2. 碳减排交易和融资方面取得进展

在碳排放权交易方面，上海环境能源交易所已经开始尝试建立自愿减排规则。2009 年 8 月 4 日，上海环境能源交易所宣布正式启动"绿色世博"自愿减排交易机制和交易平台（VER）的构建。在世博会会展期间，参加世博会的各国参观者都可以通过上海环境能源交易所这个自愿减排交易平台来支付购买自己行程中的碳排放，实现自愿减排。2010 年 9 月 16 日，英国馆通过上海环境能源交易所平台实现碳补偿，成为参与 2010 年上海世博会自愿减排活动的首个国家馆[①]。10 月 21 日，上海世博会黑龙江馆启动自愿减排行动[②]；10 月 27 日，广东馆的自愿减排行动正式启动，成为世博中国省区市馆中主动承担自愿减排义务的场馆[③]。同时，利用世博自愿减排机制的机遇，上海不断加快在中国自愿减排机制方面的探索，正在创建能够引领中国碳市场的自愿减排机制的上海规则。

在融资方面，绿色信贷和低碳产业直接融资成为主要的融资手段。绿色信贷政策发布后，上海各大银行金融机构纷纷响应，实施有关绿色金融的方案。上海银行积极寻求国际合作，于 2002 年成为联合国环境署金融倡议的签署者。2008 年，上海浦东发展银行在全国商业银行中率先推出针对绿色产业的绿色信贷综合服务方案，包括：法国开发署（AFD）能效融资方案、国际金融公司（IFC）能效融资方案、清洁发展机制（CDM）财务顾问方案、绿色股权融资方案和专业支持方案。其中，与 IFC 合作签署的效率融资项目合作协议使得浦发银行成为国内首批推出"能效贷款"的商业银行。

---

① 《世博自愿减排活动迎来首个国家馆》，中国环境能源交易网，2010 年 9 月 16 日。
② 《黑龙江馆在中国省区市联合馆中首家启动自愿减排交易》，中国环境能源交易网，2010 年 10 月 21 日。
③ 《上海世博会广东馆参与自愿减排：争取成"零碳馆"》，中国环境能源交易网，2010 年 10 月 27 日。

2009年7月，浦发银行在国内银行界率先以独家财务顾问方式，成功为陕西两个装机容量合计近7万千瓦的水电项目引进CDM开发和交易专业机构，并为项目业主争取到了具有竞争力的交易价格，经核证的减排量（CER$_s$）买卖双方已成功签署减排量购买协议（ERPA）。

除了银行的绿色信贷之外，低碳产业直接融资也取得了一定进展。风险投资基金（VC）和私募股权基金（PE）对低碳产业的发展起到了很大的推动作用。目前VC/PE不断向节能减排和新能源等低碳产业倾斜，对新能源行业的投资呈上升趋势。

（二）上海碳金融发展存在的主要问题

1. 碳金融发展水平滞后，发展速度缓慢

当前，碳金融已经成为全球应对气候变化和金融业竞争的新领域。在推进碳减排的过程中，主要发达国家的碳减排实践均十分重视利用碳排放交易的市场手段不断降低减排成本，通过引入市场机制、倡导广泛参与、共同合作等，使碳减排的方式和路径多元化。在这种国际趋势的引导下，近年来上海在低碳金融的发展方面已经起步，并成立了专业的碳金融交易机构，在绿色信贷、碳减排交易和低碳产业直接融资等方面均有不同程度的推进。但是，上海碳金融发展水平较低，发展缓慢。碳市场的相关制度、规则等市场相关要素均未制定和完善，仍然停留在初步的、个别的交易中。可以说，碳市场未真正建立起来。

2. 以CDM机制为导向，金融创新不足

目前以CDM机制为导向的碳金融实践不能满足我国碳减排的需要。本质上，CDM是一种为附件I国家低成本履约设计的机制，这就决定了附件I国家的需求是CDM发展的根本动力。因此，对我国而言，CDM机制不可能是长期稳定可持续的，它的作用也不足以影响我国节能减排和碳减排的大局。况且，CDM机制程序复杂，壁垒众多，其市场效率如何也是值得怀疑的。

3. 金融产品的品种较少，研发不足

相关金融产品开发落后。发达国家经济的快速发展以及宽松的市场环境催生了金融产品的繁荣，反过来多种多样金融产品的开发又促进了经济的发

展。而上海在碳金融的发展才刚刚起步，金融产品的品种较少，金融产品的研发仍处于起步阶段。目前商业银行和金融机构在为新技术、新项目、新产品开发合适的金融产品方面还存在较大缺口。

4. 碳金融的相关金融服务产业发展落后

上海的金融机构在提供碳金融服务方面发展的不足，严重制约了碳金融的进程。目前上海关注"碳金融"的除交易所和少数商业银行外，其他金融机构鲜有涉及。商业银行的"绿色金融"依然停留在审查贷款企业和贷款项目的环境守法信息的初级阶段，在银行内部尚未形成系统的规范的环境风险管理流程和制度。商业银行的低碳服务还是空白。风险投资等非金融机构在低碳产业方面的投资也只侧重于企业和项目的直接收益，欠缺对碳信用管理等低碳产业链和价值链方面的考虑。另外，碳金融的相关咨询、担保、中介、经纪等相关的金融服务产业均未得到发展。

四 上海碳金融发展落后的原因剖析

虽然上海在碳金融市场发展中已经起步，但是发展中存在的种种问题引起了广泛的思考。因而，对上海碳金融发展落后的原因进行剖析有助于解决碳金融发展的深层次问题，更好地促进碳金融市场的发展。

（一）碳金融发展的制度基础不健全

目前，碳金融发展缓慢的根本原因在于尚未从法律上明确碳排放权的权力属性，监管和核查制度不完善，不具备碳金融发展的制度基础。

气候变化全球变暖问题的经济学实质是能源消耗过程中产生的二氧化碳排放带有"负外部性"效应，而目前没有人去承担由此产生的气候变化带来的成本。建立碳金融市场的核心便是一种使碳排放造成的外部性成本内部化的手段，它需要通过制度设计把一种外部性的不需要支出任何成本的资源变成一种"稀缺资源"。这就需要明确环境资源的所有权或财产权，通过以法定的形式明确某种有形或无形资源的所有权，以使该种资源稀缺化。

目前，碳排放权的产权界定不清晰，边际模糊，无法得到法律有效保障的权利，因此必然遭到社会的滥用，"公地悲剧"不可避免。同时，对碳金融的监管和核查制度也没有建立起来，在制度层面上具有很多政策不配套性。只有通过碳金融市场相关法律制度的建立，才能清晰界定碳排放的稀缺性、排他性和可交易性，才能使碳金融市场制度有其制度基础和保障。

（二）缺乏与我国国情相匹配的碳减排市场体系

我国以 CDM 机制为导向的碳金融实践程序烦琐，市场效率较低。因此，上海需要建设一个适合我国国情的、能够为国家节能减排和碳减排提供强大支持的碳交易和碳金融体系。上海建立的碳金融体系，应该具有服务国家战略体系的功能，应该具有两个目标：一是通过市场交易实现减排成本的均等化；二是调动社会资本进入节能减排和碳减排领域。这就需要从国家利益的高度，总体上设计上海碳市场交易体系和碳金融发展机制。如果这个目标发生偏差，碳金融市场是发展不起来的。目前上海的碳金融缺乏一个与我国国情相匹配的碳减排市场体系，缺乏一个既能够服务国家战略体系，又能够充分调动各种利益投资主体参与到碳减排中的市场体系。

五 上海碳金融市场的推进路径

上海作为我国建立碳金融市场的领头羊，需要通过相关政策措施的实施，有序地推进上海碳金融市场的发展。

（一）建立碳金融的市场交易机制

1. 通过立法，建立政府节能减排和碳减排的制度体系

碳市场的建立需要从法律上明确碳排放权的权利属性，将节能减排和碳减排的指标进行权益化。通过立法的形式清晰界定碳排放这种环境资源的所有权或财产权，可以使碳排放权成为一种稀缺的资源，具有商品的价

值。这就使得碳排放权具有进行交易的可能性，为碳交易市场的建立奠定了基础。

同时，需要通过立法的形式建立碳金融市场的相关配套政策和制度，包括制定碳金融市场的相关交易规则和交易制度，建立对碳金融市场的监管和核查制度等。通过完善碳金融市场的相关配套政策和制度体系，为碳市场的建立提供制度基础和保障。

2. 建立自愿碳减排交易平台

建立碳市场的交易平台是上海碳金融建设的重要硬件支撑，碳市场交易平台应该为碳市场的发展提供标准化的碳排放权的交易服务。

目前我国还没有建立统一的碳交易市场，交易平台的建立和交易机制的设计也刚刚起步。上海应该依托其国际金融中心的定位，建设多元化、多层次的碳交易平台，并且加快构建碳排放交易市场。碳排放权交易平台的建立应该在借鉴国际市场经验的基础上，建立碳排放权交易所、交易中心和网络体系，并应该积极研究国际碳交易和定价的规律，研究和探索碳交易制度和碳交易机制。市场交易平台应具有一定的官方权威性，以保证其能够在结合芝加哥气候交易所和欧洲排放交易体系的优点的基础上进行运作，用市场导向来指导中国的温室气体减排项目实施。

碳市场交易平台可以为碳排放权的供需双方搭建沟通和议价的场所，从而为减排主体提供规范有序的市场服务。这有利于市场的整合和价格的最终发现，有利于形成碳金融发展的良好的外部环境。通过交易平台的市场化运作，使温室气体减排成本最小化，并有效地降低交易费用。市场交易平台可以成为温室气体（碳）排放权交易市场信息传播的最有效渠道，通过金融市场发现价格的功能，调整不同经济主体的利益。从而达到鼓励和引导产业结构优化升级和转变经济增长方式，有效分配和使用国家环境资源，落实节能减排和环境保护的目的。

（二）创新市场交易品种和金融产品

1. 相关金融衍生品的研发和交易

目前我国大型的节能改造项目大多是采用国家补助和企业投资相结合的

方式来融资，融资渠道狭窄，无法满足节能改造项目的资金需求。为此，如何拓宽融资渠道成为碳减排需要解决的重点问题。在碳交易市场机制下，拓宽融资渠道可以通过相关金融衍生品的研发和交易来实现。为此，上海碳金融的发展应该加快开发各类支持低碳经济发展的碳金融衍生工具①。借鉴国际经验，上海可以集中开展碳现货、碳期货、碳期权等各种碳金融衍生品的金融创新。针对节能减排项目，上海可以通过推行碳证券、碳信用抵押、推进大型骨干节能服务企业上市等方式，拓宽项目融资渠道，更好地推动节能改造的进行。这样，碳排放权就可以与债券、股票一样自由在市场中进行挂牌和转让，并可以在银行抵押贷款，成为项目运行的资本，最终通过节能改造促进碳减排。我国碳金融市场建立后，也应该积极设计与国际碳交易市场接轨的金融工具和产品，如设计经核证的减排量（CERs）、欧洲排放单位（EUAs）以及减排单位（ERUs）之间套利的交易产品及基金产品等，实现国内外碳交易市场的协同发展。

2. 绿色信贷的发展

赤道原则已经成为国际项目融资的新标准，它确立了项目融资的环境与社会最低行业标准并将其应用于国际融资实践中，在国际金融发展史上具有里程碑的意义，成为各国银行可持续金融运作的行动指南。国内已经有少数商业银行加入了赤道原则的谈判步伐。据此，2007 年 7 月中旬，国家环保总局、中国人民银行和中国银行业监督管理委员会联合出台了《关于落实环境保护政策法规防范信贷风险的意见》，"绿色信贷"政策正式出台。绿色信贷要求金融机构严格贷款审批、发放和监督管理，对未通过环评审批或者环保设施验收的新项目以及已经实施的非环保项目，应严格控制贷款。因此，绿色信贷可以引导企业的发展方向，从资金源头上控制高耗能企业、污染企业的发展，支持绿色环保、清洁能源和循环经济等行业、企业的发展。绿色信贷成为碳金融市场中间接融资的重要渠道，是遵循赤道原则的一项有效的环境金融产品。上海作为金融业高度发达的城市，在其碳金融的发展中应该以

---

① 马卫锋、赵福昌：《发展衍生品市场助推国际金融中心建设——伦敦、纽约双城之争的分析与启示》，《财政研究》2008 年第 6 期。

国际金融中心建设为依托，鼓励银行遵循赤道原则，将构建支持碳市场的金融支持体系、鼓励并扶持银行进行绿色信贷等碳金融业务创新作为重点。

3. 碳基金的引入和创新

碳基金可以为企业、机构和个人自愿参加环境保护等活动以及更好地应对气候变化搭建一个平台。目前世界银行已经设立了总额达 10 亿美元的 8 个碳基金。此外，挪威碳点公司、欧洲碳基金也非常活跃。2006 年中国碳基金成立，旨在购买各种不同类型的 CDM 项目产生的减排量，尤其是各类可再生能源项目。因此，借鉴国内外经验，上海可以在碳基金方面有所作为，应该设计出适合节能减排项目运作的碳基金制度和发展模式。一方面，上海应该通过引入国外碳基金，完善碳金融发展的良好投资平台。尤其是商业银行等金融机构应该发挥托管各种国外基金的经验优势，参与托管正在快速成长并大规模进入我国的碳基金等业务；另一方面，上海应该建立自己的碳基金，完善政府的财政支出和补贴政策。目前上海市政府对节能减排项目的支出主要是以财政补贴的形式进行，即政府直接将节能改造的资金下发给企业，企业运用此财政补贴进行节能改造。但是这种直接补贴的政策难以获得有效监督，节能减排的效果不得而知，往往存在企业节能改造效率低下，无法达到预期节能效果等问题。当前，上海可以通过建立节能减排的专项碳基金制度，将政府对节能减排的财政补贴转变为相关的基金。由政府对企业的减排项目进行立项，通过项目招标的形式，将节能服务公司吸引到减排项目中。这样，节能减排转为由专业化的节能服务公司来管理。节能服务公司具有专业化的节能技术，可以为推进企业节能改造提供必要的技术支撑；而且由于节能服务公司的节能改造必须经过第三方的验证、审核和监督，因此其可以达到预期的节能效果。通过节能改造，节能服务公司和企业均可以获得相应的减排收益，并且在利润的驱使下，也可以吸引诸如商业银行和投资公司等商业资本的进入。这样，碳基金的规模可以得到进一步的扩大，并形成良性循环。更进一步地，政府可以利用碳基金的收益，将其推广到尚未成熟的减排前沿技术等领域，以此来拉动技术进步，提高能源利用效率，更好地引导整个国家碳减排的方向。因此，碳基金的设立既解决了节能服务公司的融资问题，也大大提高了节能减排的效率，增加了节能的效果。

4. 节能量交易等相关交易模式

在国际碳交易受金融危机的影响而行情直落时，国内排放权交易市场正在酝酿一种新的金融产品——节能量交易。节能量与碳排放之间具有一定的相关性。通过对节能量的交易，促进企业能源的节约和成本的下降。能源消费的减少必然带来碳排放量的减少，因此节能量交易可以看作是一种间接的碳交易[①]。

上海应该在节能量交易上，围绕产品设计、交易主体、交易流程和制度安排等方面进行有益的探索和尝试。节能量交易是一种新的碳交易产品，其以企业对能源的节约量为交易对象。节能量交易的主体应该是政府可以直接监管的重点用能单位，其应该具有规模大、高耗能的特点。交易进行的前提是必须在市场中形成节能量交易的价格，这就需要将能源消费总量作为减排的约束和控制目标，对企业的能源消耗量进行限制。在此总量控制的基础上，需要对节能量进行交易制度的设计。企业是节能减排的主体，应该引导企业积极进行节能减排。政府可以引导节能技术较高的企业通过在碳市场中出售节能量获得相应收益；反之，节能技术较低的企业如果在扩大产能的过程中需要突破政府的限制额度，就会面临政府对其采取关闸、罚款或实行梯度电价等措施。在政府的这三种强制措施中，梯度电价制度较为优越。超过限制额度的企业可以在购买节余的电和梯度电价之间选择，从而达到最优的经济收益和减排效果。碳市场和梯度电价的运用还应该有相应的制度配套才能有效运行。

总之，上海应该积极开展碳现货、碳证券、碳期货、碳基金等各种碳金融衍生品的金融创新，加快开发各类支持低碳经济发展的碳金融衍生工具。同时，碳金融产品的创新需要加强监管。如制定配套的管制策略，谨防出现监管漏洞和监管套利；建立健全统计监测体系和交易平台，以便监管部门能够及时准确地了解低碳金融产品的交易信息和盈亏状态，以实现准确及时的风险提示，维护市场稳定；还需要提高产品的定价和风险控制能力。

---

① 《中国"节能量交易"有望年内推出》，2009 年 3 月 26 日《21 世纪经济报道》。

（三） 提高以合同能源管理为核心的金融服务

1. 上海节能服务行业现状

上海节能服务行业受到重视，积极推行合同能源管理工作。2002 年 9 月，上海市成立了"合同能源管理指导委员会"，标志着合同能源管理正式进入上海。2006 年 12 月，成立了"上海市节能协会合同能源管理专业委员会"。2008 年出台了《上海市合同能源管理项目专项扶持实施办法》，按照节约每吨标准煤 300 元的标准对合同能源公司进行专项奖励，最高奖励额度可达 200 万元，并根据合同金额给予 2 万元至 5 万元的诊断费用补贴。2009 年 6 月，上海市共有 80～90 家登记在册的合同能源公司，代表性公司主要有上海节能技术服务有限公司、上海特灵空调系统有限公司、上海东智屏科贸有限公司、霍尼韦尔（Honeywell）公司、阿西布朗勃法瑞（ABB）集团上海分公司等。从 2002 年至 2008 年，上海市共实施项目 600 余个，总投资 9.5 亿元，规模以上节能服务产业营业收入约 7 亿元，节约 32 万吨标煤，减少用电负荷 10.2 万千瓦、年减排二氧化碳 20.5 万吨、减排二氧化硫 1968 吨、减排粉尘 94.3 吨[①]。

2. 推进过程中的难点和问题

尽管国家和上海对合同能源管理的发展均大力扶持，也采取了很多促进其发展的政策措施。但目前，上海合同能源管理在推进过程中，仍存在很多亟待解决的难点和问题，缺乏行之有效的体制和制度保障。主要包括企业自身的原因以及节能服务公司融资难的问题。

（1）规模小、抵押品缺乏、信用等级低等企业自身的原因。现有节能服务公司普遍存在规模小、抵押品缺乏、信用等级低等问题，部分企业还存在缺乏诚信、专业人才难寻、融资难、现行企业财务管理制度滞后等问题[②]。目前，约八成的合同能源服务企业注册资本在 400 万元以下。这些企业的普遍特点是拥有技术、管理等无形资产，而没有厂房、设备、土地等实

[①] 谢仲华：《上海市开展合同能源管理的现状、障碍和展望》，《上海节能》2008 年第 6 期。

[②] 戚伟、刘壮：《合同能源管理推广应用中的主要问题及对策》，《经济视角》2009 年第 7 期。

物资产，即使部分企业拥有专业设备，但由于设备通用性不强，银行对其的认可程度不高，另外，由于合同能源管理专业技术性较强，加之发展时间不长，因此企业信用等级不高，造成银行贷款较难。而贷款的缺乏又反过来遏制了企业进一步提高其信用等级。

（2）融资问题是上海节能服务产业发展所面临的最大问题。首先，商业银行贷款门槛高；目前，一般性的商业银行贷款在贷款抵押（质押）上，一般要求有抵押物（质押物），或者要求有担保；而在贷款性质和期限上，一般仅能提供流动资金贷款，如果办理项目贷款则条件较严，与节能服务企业的项目性质不太吻合，且期限不长，一般为1年，最长2年，难以缓解企业资金周转难题；在贷款利率上，一般无法提供按优惠利率或基准利率计算的贷款。其次，小额贷款公司能够提供的贷款与节能服务企业的融资需求存在偏差。尽管小额贷款公司的目标客户就是中小企业，但其只能在所在行政区域内提供融资服务，不能实现跨区贷款；贷款利率方面，年利率平均达到15%[①]，企业无法承受；贷款额度方面，一般最高在50万元以下；贷款性质和期限方面，一般为流动资金贷款，一年期以下。其次，对节能服务企业的融资担保费率较高。融资担保对节能服务企业能否顺利融资起着非常关键的作用，但目前这方面存在着一些问题。商业性贷款担保公司一般收取的担保费率较高（2%~3%，甚至更高），企业难以接受。政策性贷款担保公司目前有两类担保，一类是外国政府、国际组织、外国基金等与我国政府合作推出的融资担保，尽管担保费率、担保金额等条件较优，但审核要求严格、耗时较长；另一类是国家或地方政府设立的融资担保，尽管担保费率较低（0.8%~1.2%），但要求提供反担保，多数中小企业无法做到。

（3）缺乏第三方的认证和结算机制等配套服务和政策体系的支持。目前，合同能源管理的制度体系尚不健全，相关配套政策和服务尚未建立，因此合同能源管理在发展过程中会产生很多问题。节能服务公司通过与用户签订能源管理合同，为用户提供节能诊断、融资、改造等服务，并以节能效益

---

① 高改芳：《上海小额贷款公司钱好贷账难管》，2010年8月27日《中国证券报》。

分享方式回收投资和获得合理利润。这一过程中，必然涉及节能效果的认证以及利润的结算等环节。在节能效果认证方面，目前，对节能服务公司节能服务的效果缺乏认证制度，对改造后的企业能源利用效率、消耗水平、能源经济与环境效果等缺乏标准的审计、监测、诊断和评价机制，没有建立起包含认证标准、认证程序、认证监督等在内的认证体系。在结算方面，目前合同能源管理中收益分享的结算没有统一模式，没有相关制度予以约束，也没有相关的监督机制，很容易引起纷争，节能服务公司可能会由于企业的诚信问题而造成投资亏损。因此，应该构建第三方的认证和结算机制等配套服务和政策体系，以规范合同能源管理的推进和发展。

3. 提升金融服务水平的对策措施

合同能源管理可以通过为企业提供一系列相关的节能服务，为企业碳减排的进行和参与到碳金融机制中提供帮助，因此，合同能源管理在碳减排领域应该具有非常巨大的作用空间，政府应该大力促进以合同能源管理为核心的金融服务的发展。

（1）积极吸引大企业进入节能服务领域。现在的节能服务公司以中小型居多，其服务对象大多是中小企业以及商业办公楼宇、居住领域等较小的单位和领域。因此大多具有规模小、融资难、技术创新不足和人才缺乏等问题，这样就大大影响了合同能源管理的实施效果。因此，上海合同能源管理的发展应该积极吸引大型企业进入节能服务领域，如大型的电力、化工、钢铁、冶金集团等。这些大型公司专业性很强，不仅具有节能改造的先进设备，还具有先进的节能技术和专业的技术人员，可以为企业提供更多更好的节能服务奠定坚实的基础。同时，这些大型企业融资能力强，不仅较容易获得商业银行贷款，也可以通过股票上市在证券市场中进行融资，更可以吸引投资银行等商业投资的进入，其融资能力大大提高。因此，如果能够将大型企业作为节能服务公司引入节能服务领域，可以充分利用大企业的资金、技术、人才等诸要素，更好地发挥合同能源管理对金融服务的促进作用。可以说，大企业本身就是能够将技术、资金、服务三者高效集成的专业化的节能服务公司。同时，大企业进入节能服务领域也可以拉动和带动原有节能服务公司发展壮大为综合性、大型的节能服务公司，通过建立比较完善的节能服务体系，使合同能源管理成为用能单位实施节能改造的主要方式之一。

（2）构建第三方结算、担保和认证平台，完善金融服务的制度体系。合同能源管理的推进需要构建第三方的结算、担保、融资和认证平台，使其成为碳金融服务发展的硬件支撑，以此来完善金融服务的制度体系。由于碳金融交易机制是一个基于市场手段的系统工程，需要从交易量的核算和审定，交易的规划和程序，交易行为的监督与核查等各个方面进行推进。因此，合同能源管理要为碳金融提供相关金融服务，就需要建立健全相关的公共服务平台，为节能服务业的发展提供物质基础和制度保障，保证碳金融机制的有序进行。为了保证公平性，服务平台的构建必须是通过第三方来进行。即应该建立第三方的结算、担保和认证平台。通过结算平台的建立，规范节能服务公司与用能企业的结算机制；通过担保机制的完善，扩大担保品的范围，规范担保程序；通过认证平台的设立，规范认证标准和认证程序，对改造后的企业效果进行评价。构建第三方的平台可以对合同能源管理的结算、担保和认证提供必要的监督，并完善合同能源管理的相关配套政策和制度体系，以规范合同能源管理的推进和发展。

（3）政府对合同能源管理的政策引导和支撑。为了使合同能源管理更好地为碳金融市场提供相关服务，促进我国节能服务产业的发展，合同能源管理这一市场工具的作用需要良好的政策引导和支撑。针对当前节能服务行业发展中的融资困难、规模偏小、发展不规范等弊病，政府应该从资金支持、税收扶持等方面推进合同能源管理和节能服务行业的发展。一方面，加大资金支持力度。政府可以对节能服务公司采用合同能源管理方式实施的节能改造项目，给予一定的资金补助或奖励；另一方面，实行税收扶持政策。在加强税收征管的前提下，政府可以对节能服务产业采取适当的税收扶持和税收优惠政策，如免征增值税、减征企业所得税等。通过政府的政策引导和优惠扶持政策，可以将企业界、学术界和非营利组织等机构引入节能服务产业，通过更为广泛的公众参与，共同打造一个具有市场公信力的节能服务平台。

（4）拓宽节能服务公司的融资渠道，不断提高金融服务水平。融资是节能服务公司开展节能服务的重要支撑，因此应该通过融资平台的建立，拓宽节能服务公司的融资渠道，进一步提高其金融服务水平。上海应该鼓励银行等金融机构根据节能服务公司的融资需求特点，创新信贷产品，拓宽担保品范围，简化申请和审批手续，为节能服务公司提供项目融资等金融服务。节能服务公司的融资渠道可以有以下几个：一是创新金融产品。通过将政府财政补贴改为碳基金的形式，使政府和金融机构的资金进入节能服务领域来实现；二是引入商业资本。在保证节能改造的成功率的情况下，应该进一步吸收商业资本的进入；三是碳信用的抵押贷款。通过将企业的碳信用作为抵押，获得贷款资金的支持；四是节能减排的期货交易。通过开展期货等金融衍生品的交易，降低投资风险。因此，通过拓宽节能服务公司的融资渠道，可以为节能服务公司进一步改善金融服务提供支持，可以促进专业化节能服务公司的进一步壮大，服务能力的进一步增强和服务领域的进一步拓宽，最终促进以合同能源管理为核心的金融服务的发展。

六　碳金融对低碳产业发展的促进作用

碳金融作为应对气候变化的重要环节，为实现经济结构的转型升级提供了全新的途径，对促进低碳产业的发展具有重要作用。目前，上海正处在经济增长方式转型和发展低碳经济的关键时期，必须通过强有力的市场主体、制度安排和创新工具，促进低碳技术、资金的流动和聚集，推动低碳经济的发展。

碳金融可以解决低碳经济发展的资金问题，拓宽低碳技术产业化的融资渠道。发展低碳经济需要大量的资金投入。截至 2009 年 12 月，主要发达国家已宣布的低碳经济发展计划的资金规模已经超过 5000 亿美元，但目前全世界每年节能减排融资缺口仍高达 1700 亿 ~ 3000 亿美元。[①] 可见，发展低碳经济的资金需求之大。在这样的情况下，碳金融作为一种依靠市场化方式的低碳发展途径，可以用市场的手段，通过金融体系的融资渠道，更快更多地筹集到低碳经济发展所需的大量资金，从而为上海低碳经济的发展提供资金支持，解决长期以来困扰企业低碳改造的资金问题。

---

① 《发展低碳经济的投融资之路》，世界能源金融网，2010 年 1 月 12 日。

低碳技术的产业化离不开企业自身的技术创新和技术改革，而这些都需要大量的资金支持。碳金融发展所带来的大量资金，将大力支持节能减排技术的创新。碳金融的发展可以通过严格控制对高耗能、高污染行业的信贷投入，同时加大对节能环保企业和项目的信贷支持，达到加快落后产能和工艺的退出步伐的目的。

　　碳金融的发展与成熟加快了产业结构的低碳化升级改造，尤其是加快了减排技术的研发及产业化。碳金融机制可以在有效防范信贷风险的前提下，对已确定的重大节能示范项目、重大节能技术和装备，优先给予信贷支持。可以更好地引导投资趋势，通过投资倾向和流动加快技术创新，推进产业结构的优化升级。

B.7
上海发展低碳经济的实施
路径和对策建议

上海市政协经济委员会

摘　要：*上海在经济持续快速发展的同时，所面临的环境资源约束日益趋紧。"十二五"期间，积极寻求、建构以低碳排放为特征的发展模式，是上海面对未来挑战的必然选择。上海发展低碳经济面临严峻的形势和挑战，主要体现在四个方面：全市碳排放总量大，排放强度仍居高不下；工业排放比重过大，交通、建筑碳排放呈快速刚性增长；碳减排空间小、难度大，碳锁定效应明显，碳汇空间有限；低碳发展基础较好但稍显滞后，政策引导、技术保障和监管手段缺乏。上海发展低碳经济的总体思路、对策建议和实施路径建议为：首先，确立上海低碳经济发展的总体思路；其次，要从宏观层面推动低碳发展应强化政策引导和技术创新；最后，要在重点领域推动低碳发展，积极促进能源领域、工业领域、建筑领域、交通领域、自然生态系统碳汇能力、广泛的城市低碳生活和绿色消费领域的低碳发展。*

关键词：*低碳经济　实施路径　对策建议*

引　言

作为我国经济最为发达的城市之一，上海在经济持续快速发展的同时，所面临的环境资源约束日益趋紧，加之全球金融危机、气候危机和环境危机的冲击，使得上海长期积累的深层次结构性矛盾更加突出。"十二五"期间，上海总体处于后金融危机、后世博、后工业化时期，这一阶段既是上海

"四个中心"建设的关键期,也是上海经济社会发展的重要转型期,加快推进转型和创新将成为这一时期上海发展最为重大的战略任务。

低碳经济是以低消耗、低排放、低污染为基础的发展模式,其核心是技术创新、制度创新和发展观的转变。发展低碳经济,就是在可持续发展理念的指导下,通过技术创新、制度创新、产业转型、新能源开发等多种手段,尽可能减少高碳能源消耗和温室气体排放,从而达到经济社会发展与生态环境保护的和谐双赢。因此,对上海而言,积极寻求、建构以低碳排放为特征的发展模式,不仅是应对气候变化挑战和破解资源环境制约的客观需要,也是推动产业结构调整、引领发展方式转变的有力抓手,更是我们把握新一轮产业革命机遇、培育新的经济增长点、加快发展转型和实现"四个率先"国家要求的必然选择。

一 上海发展低碳经济面临的形势和挑战

(一) 上海发展低碳经济的形势分析

1. 国际形势分析

发展低碳经济、促进绿色发展已成全球应对气候危机、环境危机和金融危机的重要突破口,并正在逐步转化为世界各国的切实行动,成为引领全球新一轮经济发展和变革的助推器。同时,中国和上海未来面临的碳政治和碳经济双重压力不断增大。

随着全球人口急剧增加和工业化快速发展,以气候变暖、极端气候事件频发为主要特征的全球气候危机,以能源资源紧缺、生态环境恶化为主要特征的全球环境危机和以资产泡沫破灭、经济衰退为主要特征的全球金融危机已经成为 21 世纪人类发展面临的最重大挑战。基于此,改变传统的发展模式、推动全球产业变革和实现经济社会的可持续发展已经成为世界各国的共识,以"低消耗、低污染和低排放"为内涵特征的低碳经济在应对全球三大危机中孕育产生。

另一方面,欧美发达国家为进一步重构全球经济贸易格局,巩固经济和科技的领先地位，正逐步酝酿升级以碳关税、碳交易和碳披露等为主要手段的"碳经济博弈"，基于碳足迹管理的全球产业链重整已悄然启动，加深了全球政治经济领域范围内的复杂性，中国和上海未来面临的碳政治和碳经济双重压力将不断增大。

2. 国内形势分析

"转方式、调结构、促转型"已经成为当前乃至相当长一段时期内国家经济战略的核心和发展主线，进一步深化节能减排和推进低碳发展则是加快实现发展方式转变和经济结构调整的主要途径和手段。

改革开放30多年来，我国经济发展在取得辉煌成就的同时，结构不合理的深层次矛盾和问题始终存在，全球气候危机和金融危机又使得发展的外部环境发生了重大变化，经济结构既面临十分严峻的挑战，又面临一次新的战略性调整机遇。推进经济结构调整、促进发展方式转变不仅是我国应对国际气候危机、环境危机和金融危机的必然要求，也是解决国内经济发展不平衡、不协调、不可持续等深层次矛盾的根本举措。

同时，作为发展中的温室气体排放大国，无论是基于国际气候制度构建过程中面临的巨大外部压力，还是基于缓解并突破已处于瓶颈的资源和环境容量，以及能源供应安全等内部挑战，中国都不得不尽快做出调整，向低碳经济转型。为此，中国政府提出国家控制二氧化碳排放的行动目标——到2020年我国单位国内生产总值（GDP）的二氧化碳排放量在2005年的基础上降低40%~45%，并把它作为约束性指标纳入国民经济和社会发展中长期规划，使之成为加强宏观调控、推进经济发展方式转变的重要抓手和突破口。

3. 上海形势分析

推进绿色发展、实现低碳转型是国际、国家对上海的要求，更是破解上海经济发展深层次矛盾，继续保持城市竞争力和实现经济社会可持续发展的内在需求。

经过30多年的改革开放，上海的国民经济和社会发展取得了举世瞩目的成就。2008年全市人均GDP超过10000美元，城市和农村居民可支配收入明显提高。与此同时，2008年全市能源消费总量也突破了1.0亿吨标准煤，排放的温室气体和污染物（二氧化硫 SO_2，38 万吨/年；氮氧化物 NOx，50 万吨/年；挥发性有机物 VOCs，60 万吨/年；二氧化碳 CO_2，2.3 亿吨/年），对全市大气环境造成了巨大的压力。同时，上海自身的能源供应能力和环境承载力却比较薄弱，90% 以上的能源资源依靠从外部调入或从国外进口，电力供应 1/3 以上依赖外地输入。作为一个人口高度密集、产业高度集中、能源高度投入的高碳城市，上海如何在新一轮的经济转型中继续引领全国，实现经济又好又快发展是当前面临的最为严峻的挑战之一。

"十二五"是上海在后世博、后工业化、后金融危机的背景下实现新发展的关键期和转型期。力争做到"四个率先"，并发挥低碳转型的模范带头作用，率先探索出一条低碳发展之路，既是国家对上海的要求，也是上海自身建设"低碳、绿色、生态、宜居"的国际化大都市的必然选择。未来上海发展必须走"结构布局合理、资源高效利用、人与自然和谐相处"的可持续发展道路，对上海工业发展来说，就是要探索一条低消耗、低排放、高效益、高产出的新型工业化的低碳发展之路。

（二）上海发展低碳经济面临的挑战

1. "十一五"期间上海低碳发展现状

"十一五"以来，上海通过结构调整、节能重点工程推进和继续实施"环保三年行动计划"，以节能性生产服务业和新能源技术为代表的新型现代服务业和先进制造业开始萌芽，环境保护和生态城市建设迈出坚实步伐，低碳发展推进工作全面展开。具体成效表现为：一是全市能源消费总量增速趋缓，能源消费强度持续下降。"十一五"全市能源年消费增幅呈逐年趋缓趋势，前四年单位 GDP 能源消费强度累计下降17.12%，全市工业增加值能耗从 2005 年的 1.18 吨标准煤/万元，下降至 2009 年的 0.957 吨标准煤/万元；二是能源供应结构和消费结构不断优化，可再生能源得到大力发展。全市煤炭消费比例从"十五"末的53%下降至42.62%（2009 年），外供电力比例从20%上升至35.7%，并建设完成南汇、崇明、奉贤和东海等累计134兆瓦的风电机组和崇明（1 兆瓦）、临港（1.1 兆瓦）、普陀（1.4 兆瓦）、世博（5 兆瓦）等兆瓦级太阳能发电机组；三是加速淘汰升级落后产能，工业部门节能措施取得显著成效。通过小水泥、小钢铁、小化肥、零星化工、印染、平板玻璃、铸造、电镀、热处理、原料药、中间体和铁合金等高污染行业的结构调整和钢铁、化工等高耗能行业的能效提高，2009 年上海工业用能比例比"十五"末下降了 5.2 个百分点，规模以上工业万元增加值能耗累计下降 25.23%，主要工业产品单位能源消费量明显下降，工业能源综合利用效率在全国处于领先水平；四是多渠道强化机动车管理手段，进一步促进城市交通低碳化发展。公交优先战略得到大力推进，轨道交通投运里程数跃升世界第二，全市公共交通出行比例升至 23.9%，提早实施欧Ⅳ排放标准并提出环保限行措施，新能源汽车的开发工作取得重大突破；五是生态绿化建设工程稳步实施，初步形成城市多元碳汇格局。大型公共绿地及外环生态专项建设成效显著，城市建成区绿化覆盖率达 38%，林业面积稳中有增，新增林地面积 12.8 万亩，森林覆盖率达到 11.63%，加强了河道、铁路、轨道沿线的绿化建设，推动了屋顶绿化、垂直绿化、悬挂绿化和阳台绿化等空间绿化，构成城市多元化、立体化的碳汇分布模式；六是借助"低碳世博、绿色世博"的宣传和实践，低碳理念逐渐深入公众生活。以世博会召开为契机，向全社会发布了《低碳世博总体方案》，积极推进各类世博"碳补偿"项目实施，并组织了"百万市民环保知识培训"、"世博志愿者低碳理念及实践宣传"、世博"低碳之旅"等活动，有效强化了低碳理念的宣传，发挥了"低碳世博"的示范带动效应。

2. "十二五"上海低碳发展面临的挑战

挑战之一：全市碳排放总量大，排放强度仍居高不下。

近年来，随着能源消耗总量不断增大，上海碳排放总量呈逐年上升趋势，2009 年全市二氧化碳排放总量达到 2.364 亿吨①，其中以工业、交通和建筑排放为主要来源。

2009 年上海的人均二氧化碳排放量达到 12.3 吨/年，为全国平均水平的 2.8 倍，与国内其他省市相比，仅次于内蒙古和宁夏而列全国第三位。上

---

① 数据来源：《上海资源环境发展报告（2010）》。各类能源排放量来源于《上海能源统计年鉴（2010）》。二氧化碳排放量数据为本书编者更新。

海的单位面积排放量也以 34380 吨/平方公里遥遥领先于其他各省区，是位居第二的天津市的 3.3 倍。上海二氧化碳排放强度约为 1.57 吨/万元 GDP，是北京的 1 倍、广州的 0.85 倍。主要原因在于，相比京、穗而言，上海的三产比重仍显较低，特别是近年来由于上海加快建设国际航运中心，三产（交通部门能耗占三产能耗的 67%）的碳排放强度也相对较高。

与其他国家和地区相比，2007 年[①]上海的人均二氧化碳排放量是世界平均水平的 2.7 倍，超过欧盟、日本，仅次于美国。上海的二氧化碳排放强度达到 1.3 吨/1000 美元 GDP，是世界平均水平的 2.8 倍、欧盟的 5 倍、日本的 4.5 倍、美国的 3 倍。在国际大都市中，上海的二氧化碳排放强度大致是伦敦的 8.6 倍、纽约的 13 倍、东京的 19 倍[②]。

挑战之二：工业排放比重过大，交通、建筑碳排放呈快速刚性增长。

目前，工业碳排放、建筑碳排放和交通碳排放三者合计超过全市二氧化碳排放总量的 90% 以上，其中工业排放比重过大是上海区别于其他大都市的主要特征之一。

高耗能工业企业是目前上海最重要的能源消费和温室气体排放部门。2009 年上海能源消费结构中，工业部门能源消费总量是服务业的 2.46 倍，能源强度是服务业的 2.1 倍，但产值仅相当于服务业的 84%。在工业各行业中，又以钢铁、石油化工、化学原料及电力热力生产四个行业的能源消费为最，分别占工业能耗的 29.6%、20.2%、13.6%、7.2%，共计 70.6%，但其产值仅占工业总产值的 24.4%[③]。"十一五"期间，上海产业结构偏重的格局没有根本改变，随着化工区等一批重大项目的集中投产，过去几年钢铁和化工用能增长甚至高于工业用能平均增速，其用能占工业总用能比重不降反升。工业用能总量虽在全市用能总量中的比重继续下降，但用能需求的增速还保持惯性增长。

随着城市现代化建设及人民生活水平的不断提高，近年来上海建筑和交

① 鉴于国际数据在《上海能源统计年鉴（2010）》中更新到 2007 年，故此处用 2007 年数据表示。

② 周冯琦：《上海资源环境发展报告（2010）》，社会科学文献出版社，2010。

③ 根据《上海能源统计年鉴（2010）》计算。

通用能及碳排放迅猛增长，并且还将保持较快的刚性增长态势。建筑领域方面，上海地区的建筑规模量大、面广，2008年全市既有建筑总量达到8.11亿平方米。目前建筑使用能耗在上海城市总能耗中约占18.2%，每年递增11.6%，即在总能耗中每年递增1%~2%，增速十分惊人。值得重视的是，上海地区公共建筑的用能强度平均为居住建筑的5倍以上。如果未来几年上海新建住宅继续按每年2000万平方米，公共建筑继续按每年1000万平方米递增，加上庞大的既有建筑存量，上海建筑领域用能将进一步增加。交通领域方面，根据《上海能源统计年鉴（2010）》计算，2009年上海全市交通运输储运业和邮政业能源消费约占上海能源消费总量的18.9%。尽管上海出行条件不断改善，城市交通呈现多元化趋势，但道路供给空间、汽车保有量等均已接近饱和（大都市汽车保有量饱和标准一般为300万~400万辆），而由未来城市发展和生活水平不断提高而带来的新的交通量仍将持续增长，城市的交通和环境将面临越来越大的压力，势必成为制约上海建设国际化大都市的瓶颈。

挑战之三：碳减排空间小、难度大，碳锁定效应明显，碳汇空间有限。

近年来，上海节能减排工作不断推进，在降低能源强度方面取得显著成效，综合能源强度（能源效率）及工业增加值能耗均处于国内领先水平。"十二五"期间，由于技术成本和经济成本相对较低的节能项目已陆续实施并相继完成，新一轮节能成本较高的节能技改项目落实难度加大，继续实现单位GDP能耗下降的目标将非常严峻，进一步提升能源效率的边际成本将日趋提高。因此，相对于其他省市，上海能源需求侧的碳减排空间小、难度大。

与此同时，上海一次能源的内部结构不尽合理，自发电中的火电占比高达98.8%，"高碳"占绝对的统治地位，以高碳能源（煤、石油）为主的能源供应结构将长期存在。而一次能源中的煤炭、石油、天然气等主要能源品种又基本依靠从外省市调入或从国外进口，自给能力十分薄弱，能源安全保障要求紧迫。同时，太阳能、风能、生物质能等新能源因受到自然条件、地理环境约束，开发空间有限，核能、水电发展亦难形成足够规模。因此，上海能源供应侧的碳减排空间也非常有限。

另一方面，上海的一些高碳行业（如电力、石化、钢铁等）碳排放总量大、比重高，这些行业作为上海传统优势行业，短期内很难改变，而全市既有建筑量大面广，部分城市基础设施布局不合理，也会产生明显的碳锁定效应。同时，受土地条件等限制，上海的植树造林、绿化等碳汇建设空间也接近饱和，碳汇减排措施和减排量难以实现根本性突破。

挑战之四：低碳发展基础较好但稍显滞后，政策引导、技术保障和监管手段缺乏。

发展低碳经济、促进低碳发展离不开政府层面的规划、扶持、引导以及公众的积极参与。尽管目前各种低碳理念已逐渐进入上海市政府、企业、学者和老百姓的视野，并得到社会各阶层的了解和认可，但支撑低碳经济发展的公众意识仍需培育，公众参与的热情还有待进一步激发。同时，上海的相关规划和政策仍在探索起步阶段，核心技术、关键技术以及创新力度和掌握力度尚不明显，促进低碳试点的各项政策和手段较为缺乏，全市的碳监测、统计、考核和奖励体系亟须建设完善。相比之下，国内一些省份和城市，已经表现出以发展低碳经济为抓手，促进增长模式转变、寻找新的经济增长点的强烈积极性，并已经陆续编制了城市、地区层面的低碳经济发展规划，开展了一些低碳的试点和示范工作，不少工作已走在上海前头①。上海若不迅速采取措施迎头赶上，势必在绿色 GDP、自主创新、产业转型升级以及低碳社会建设等各方面逐步丧失竞争优势，"四个率先"目标的最终达成将会受到严重影响。

二 上海发展低碳经济的总体思路、对策建议和实施路径

（一）上海发展低碳经济应确立一系列总体思路

1. 指导思想

指导思想上，要以促进经济社会可持续发展为出发点，紧紧围绕"转

---

① 国家发改委 7 月决定首先在广东、辽宁、湖北、陕西、云南五省和天津、重庆、深圳、厦门、杭州、南昌、贵阳、保定八市开展低碳经济试点工作（发改气候〔2010〕1587 号）。

方式、调结构、促转型"这条主线，以控制碳排放和提升碳生产力为主要抓手，以深化节能减排和培育低碳产业为基本途径，大力发展现代服务业[①]，坚持低碳减排与低碳发展并重，坚持政府、企业和社会各方共同参与，充分发挥"低碳世博"的示范带动作用，加快推动生产、生活方式转变，促进上海向低碳发展转型。

2. 总体目标

总体目标上，要以工业、交通、建筑等领域为重点，通过行政、经济、法律和市场等综合手段，进一步提高能源、资源效率和清洁能源供应、使用比例，加大对低碳技术研发和使用的支持力度，积极开展多层次低碳发展试点，切实提高城市碳监管能力和水平，逐步减少碳依赖、控制碳排放、增加碳中和，初步探索走出一条符合上海特大型城市特点的低碳发展之路。

3. 基本原则

基本原则上，要积极贯彻三个方针。

（1）因地制宜、重点突破、分步实施的工作方针。低碳经济全方位、广覆盖、系统性地转变经济发展模式，涉及从产业结构到能源结构的全面优化、从生产方式到生活方式的全面改革，是一项复杂巨大的系统工程。上海发展低碳经济，必须结合自身能源现状、碳排放结构和特征、产业发展方向及经济社会发展目标等各方面因素综合考量，抓住重点领域和关键环节进行突破，积极开展区域和国际合作，以点带面，分步实施，逐步带动全市低碳经济的发展。

（2）统筹兼顾、协同联动、追求共赢的工作方针。上海发展低碳经济，需要积极寻找一条协调长期与短期利益、平衡各类政策目标的可持续发展路径，同时需要处理好低碳转型过程中可能出现的高新科技（如新能源技术、产品和产业等）应用及推广的成本效益问题，低碳产品在制造与应用过程中资源环境效益的分摊问题、核心技术的知识产权归属问题、投资方与受益方的利益平衡问题、新兴产业人才培养和传统产业就业调整人员的技能培训

[①] 上海发展低碳经济的近期重点是能效提高和技术升级；但从中长期来看，大力发展现代服务业才是上海低碳发展和转型的最终途径。限于本文篇幅，就如何发展现代服务业不再展开。

等问题，需要从城市管理层面提出统筹兼顾、协同联动的解决方案，从而实现低碳转型与经济发展、低碳减排与结构调整，以及政府、企业、公众等多方共赢。

（3）控制增量、削减存量、加快积累的工作方针。从上海实际出发，一方面要充分、合理利用现有科学技术，在不降低城市生活质量和服务水平的基础上，先行采用成本低、节能减排效果好、转型代价相对较低的措施，通过严格要求新增项目的能源效率及资源、环境效益，在控制能源消耗及二氧化碳排放增量的同时，逐步削减存量。另一方面，要充分结合世博会的成功实践经验，加快对低碳理念、科技、产品及管理方式等的研究、储备和再创造、再发展，通过形成相关产业链、开展试点示范、促进规模化应用等途径，尽快降低使用成本，促进产业结构转型，保持竞争优势，助推中长期低碳发展。

（二）宏观层面推动低碳发展应强化政策引导和技术创新

1. 强化各类节能技术应用的综合系统评价，科学制定扶持引导政策，鼓励促进各领域低碳发展迈向更高水平

研究制定上海低碳发展指导意见，引导、鼓励和规范不同区域、行业和企业的低碳发展试点；研究制定碳减排产业政策，如产业准入政策、高碳行业结构调整政策、低碳产业发展鼓励政策等；研究制定以市场为基础的建筑节能改造鼓励政策，重点推进公共建筑和商业建筑节能改造，试点推进居住建筑节能改造；制定合理的分类能源价格和可再生新能源使用鼓励政策，明确风电、垃圾焚烧发电、光伏发电等上网优惠电价，促进高碳能源替代；通过税收优惠与政策引导，重视扶持新能源开发、清洁能源汽车、节能电器以及其他节能减排产业的壮大，推动低碳产业链的形成与发展；大力引导推进城市工业垃圾、生活垃圾、餐厨垃圾和危险废物的分类回收、资源化利用、建立产业链示范（建筑垃圾、电子废物、旧轮胎等再利用）等；鼓励企业开展低碳体系、低碳产品的认证试点等。充分发挥政府的主导作用和企业、社会的主体作用，建立健全管理体制、市场机制和保障体系，制定完善相关标准体系，如在技术研发领域给予扶持，用能源价格杠杆鼓励企业进行节能减排等，引导上海低碳经济朝着规范化、规模化、高水平、高效益的方向发展。

2. 提升碳监管能力，确保实现能源消费总量控制目标

以全市主要温室气体排放摸底为契机，全面改善现有能源统计、监测、报告体系的不足之处，定期编制和更新全市碳排放清单；以现有污染防治及监测体系为基础，建立重点单位排放账户，推进重点企业碳排放申报试点工作；通过经济部门、环保部门以及其他各相关政府机构的协同联动，以尽可能低的管理成本，建设并完善全市碳排放监测、评估和考核三大体系；逐步推进包括重点排放源、碳汇和大气环境"三位一体"的碳（温室气体）监测评估试点工作；以环境影响评价、清洁生产为抓手，在重点区域和重点行业开展碳足迹评估试点，对新建工业项目开展碳评估，并设立准入门槛；逐步扩大重点行业、企业清洁生产审计范围，进一步推广循环经济示范及生态园区建设；强化能源消费总量控制监管措施，包括实行固定投资项目节能评估和审查制度、控制区域增量、强化重点用能行业和单位监管、加大存量削减力度等。

3. 加大技术研发力度，推动形成低碳技术自主知识产权

继续加大相关节能、环保、低碳技术的研发和产业化示范推广，重点支持碳减排、碳捕获、碳循环利用等领域；加大传统能源的清洁化利用、新能源产业、低碳建筑等低碳产业的技术研发支持力度；加快推进世博低碳环保技术本地化和推广应用；建立全市技术共享平台，在可再生能源技术、智能电网技术、CCS技术、IGCC技术、低碳冶炼技术、先进石化节能技术等一些重大节能减排关键技术、共性技术上寻求突破。采取积极的政策措施，多渠道增加投入，支持以企业为主体，产学研联合对引进技术进行消化、吸收和再创新，并通过国家重大建设工程的实施，消化吸收引进的先进技术。加快上海低碳技术研发机构建设和人才队伍培育，建成若干研究中心、工程中心与重点实验室，培育一批创新团队和领军人物。

4. 跟踪研究碳金融发展趋势，调动激发全社会共同参与低碳经济发展

以上海国际金融中心建设为重要契机，密切关注并跟踪研究碳交易市场、碳金融创新的最新进展；开发节能减排、碳排放等权益交易和金融衍生产品，探索构建服务全国的碳金融市场和交易平台，充实上海国际金融中心功能，丰富上海国际金融中心内涵，同时推动节能环保技术资源的合理配置，促进碳生产率的提高以及政府、企业、社会共同参与低碳经济发展。

5. 发挥"低碳世博"辐射效应，探索尝试世博后城市发展新模式

就"低碳世博"对后世博时代上海低碳发展的启示设专题进行研究，使低碳世博效应能够在上海世博后的城市基础设施建设、产业结构升级、技术进步、成功案例试点推广等工作中继续得以传承和放大，从而在更大范围内为上海发展绿色经济和低碳经济注入新的原动力。建议在新建公共建筑及政府主导的项目中有效推进世博会成功展示的建筑节能技术，如雨水收集利用系统、草坪式或花园式屋顶绿化、多层玻璃、强化自然通风与自然采光、室外遮阳棚等节能技术、固废材料在非承重墙中的再利用等。同时建议"十二五"期间借鉴世博后滩公园实例，对上海的河道逐步开展生态化建设。还河道以空间，改变现有的硬质防汛墙的模式，采用生态化防洪的方式，给河流留出自然式坡岸或滩地，在建立河道生态多样性的同时，起到生态防洪的作用。

（三） 重点领域推动低碳发展应明确实施路径和主要抓手

1. 积极促进能源领域的低碳发展

第一，通过传统能源的清洁化利用，促进能源消耗向低排放、低污染转变。

受资源禀赋特征和经济发展阶段影响，我国以煤等高碳化石能源为主的能源结构短期内难以改变。上海在能源消费总量持续上涨的情况下，煤炭消费的绝对量在今后较长一段时间内也将保持较高水平。鉴于上海消费的煤炭中53.4%用于发电，发展高效低污染的煤炭清洁化利用技术，提高煤电的效能水平与清洁程度，已经成为上海能源战略中最现实的问题。"十二五"期间，上海应加快洁净煤技术的开发利用，布局整体煤气化联合循环技术（IGCC）、多联产、超超临界、循环流化床（CFB）、碳捕获及封存技术（CCS）等前沿技术，占领科技制高点。发电企业要按照节能降耗、环境保护和布局优化的要求，加快老旧煤电机组改造，在全面实施煤电厂烟气脱硫工程基础上，提高电厂脱硫工程的稳定、高效运行水平，并加快低氮燃烧和脱硝治理工作力度。同时大力推进工业区集中供热建设，淘汰效率低、污染重的燃煤小锅炉，减少污染物排放。

在碳捕获及封存技术（CCS）推进方面，从技术成熟度及经济可行性角度分析，近阶段将二氧化碳转化为化工生产原料更具有经济意义，并且不需要埋存处理的后期监管。建议从长远战略布局出发，在推进碳捕捉及封存技术的研发和应用的同时，近阶段积极支持推进化学法二氧化碳减排技术的研发工作，积极跟进国际先进研究水平，适当加大力度推进产业化应用，使上海在二氧化碳转化的产业化应用方面取得先机。

第二，通过能源结构调整，促进能源供应和消费向多元化发展转变。

目前上海的能源消费已接近欧洲、日本等发达国家水平。据估算，到2020年，上海能源消费需求将比2008年增加50%以上。因此，实现能源供应和消费的低碳化是必然选择，上海必须加大能源结构调整力度，加快新能源建设步伐。"十二五"期间，应全面实施燃煤锅炉清洁能源替代，大力增加天然气的供应及使用比重，尽早形成多源互补的清洁能源结构，同时逐步推广分布式供能系统，并加快对智能电网的研究储备和试点示范。在华东电网碳排放强度显著下降的前提下，进一步提高外来电的利用比率，原则上全市应不再布局新的纯燃煤电厂。中长期大力拓展风能、太阳能和生物质能利用。

第三，通过能源消费总量及煤炭消费总量控制，建立节能减碳对转变发展方式和鼓励新兴产业的倒逼机制。

"十一五"前四年，尽管上海完成了国家下达的单位GDP能耗下降目标，但全市总能耗的增幅仍然较快，2008年全市能源消费总量已提前超出了《上海市能源发展"十一五"规划》中提出的"2010年全市能源消费总量要控制在1亿吨标准煤左右"的目标。"十一五"节能减排工作的实践证明，单靠单位GDP能耗下降指标难以有效控制能源消费总量。随着节能减排工作进一步推向深入，"十二五"期间，有必要在继续保证单位GDP能耗下降率的同时，对能源消费总量，特别是煤炭消费总量实施一定的控制，充分发挥资源环境约束对转变发展方式的倒逼作用，积极把握节能低碳带来的新兴发展机遇。通过实施能源消费总量及煤炭消费总量控制，优化煤炭消费结构，特别是提升加工转化用煤比重，降低终端煤炭消费量和相应比例，并进一步提高能源加工转换效率。同时通过总量控制全面促进终端能源使用效率的提升以及能源、资源的循环利用，并有效遏制高耗能产业的盲目扩张。

2. 积极促进工业领域的低碳发展

由于上海工业总量大且结构偏重，如果继续保持现有产业结构及其惯性增长方式，结构调整和低碳发展在短期内不可能产生根本性突破。因而，通过加快产业结构调整、促进产业转型升级，推动上海经济由工业制造型经济向服务型经济转变、向创新驱动转变、向内涵增长方式转变，已成为上海工业领域继续保持竞争力、实现可持续发展的关键所在。为此，必须切实以能效水平及碳生产率为主要依据，判断产业、行业及企业的"取"和"舍"，对相对低端的制造、代工行业，实施必要的淘汰及整体外迁转移，或逐步推进专业外包。特别值得关注的是，在产业结构调整的过程中，需要注意污染排放转移的问题。建议与外迁企业的接收地形成联动合作，在确保不降低能源、资源利用率水平及环保标准的前提下，与对方开展技术、设备、管理模式及人员技能培训等全方位合作，进一步促进上海在为其他城市服务的过程中实现新的突破。

（1）优先发展生产型现代服务业。充分发挥上海在科研力量、产业基础和政策条件等方面的潜力优势，以促进上海低碳经济发展为契机，大力发展以合同能源管理为核心的节能服务业，扶持和培育技术研发、工业设计、节能服务、战略咨询、成果转化等技术创新型服务企业；培育创新型、特色化的软件服务和信息服务企业；大力发展技术服务外包产业，增强本地区的集聚和辐射功能，逐步提升上海面向长三角、全国乃至全世界的服务功能。

（2）着力做强做优先进制造业。"十二五"期间，上海应运用适当的政策手段对符合低碳经济发展要求的产业加以引导和鼓励，并通过经济手段和行政手段，严控高耗能、高排放行业的准入标准，实施高差别电价等限制措施，大力提升制造业层级，提高高附加值、高新技术产业的比重，并严格控制高能耗产业的盲目扩张以及高能耗、高排放产品的输出和出口。同时，对能源消耗总量的控制也应该按照产业特征进行细分，以促进节能减排和淘汰落后为抓手，加大技术改造的力度，更加注重各环节的节能增效和改造治污，使传统产业结合高新技术，逐步走向低碳发展之路。

（3）加快发展战略性新兴产业。利用技术优势和发展基础，加大对新能源技术研发和生产投入，发展可再生能源和清洁能源，开发利用风能、太阳能、地热能、海洋能、生物质能等可再生能源，发展燃气蒸汽联合循环发电等，把发展新能源产业作为发展战略性新兴产业的重要突破口。在此基础上，扶持新能源汽车、可再生能源机组、氢能和燃料电池、核能、智能电网等先进高端制造业和低碳产业的发展。加快推动绿色经济的发展，以新能源节能环保等技术创新为突破口，形成绿色技术支撑体系，培育绿色经济增长点，引导和鼓励企业大力开发绿色技术、生产绿色产品，实现绿色管理，发展绿色产业。

3. 积极促进建筑领域的低碳发展

建筑能耗通常占城市总能耗的40%左右，全球温室气体排放量中约有18%来自建筑物排放，而建筑能耗水平，尤其是居民住宅建筑能耗水平与消费用能息息相关。随着人民生活水平的提高，在收入增长、家电和电子产品相对便宜的情况下，取暖系统、空调和家电的使用率和普及率还将继续提高。因此，上海在建筑领域促进低碳发展的基本原则应该是在保持并适度提高居住及办公舒适性的前提下，坚持既有建筑和新建建筑双管齐下，通过提高能源利用效率、减少能源浪费、降低建筑物建设及使用能耗等方法促进建筑领域的低碳发展。

第一，要加强新建建筑节能标准的执行与审核，不断提高建筑节能标准，严格控制新建建筑的能效水平。

上海于2006年针对新建居住建筑和公共建筑陆续实行了50%的节能标准，其中新建居住建筑的节能标准在2009年提高到65%，新建公共建筑节能标准也有望于近期提高到65%，并在"十二五"期间全面落实。目前新建建筑的节能标准通过设计阶段纳入全市建筑节能管理程序的设想基本得以100%执行，因此，对于新建建筑的节能管理，其重点应落在严格把关建筑材料质量与施工质量，加强节能标准在施工阶段的执行与审核管理，消除建筑使用过程中的节能隐患。同时建议适当提高能源使用价格以调节利益分配，鼓励全装修住宅的建设，通过提供节能技术和产品目录的方式推广新材料新技术的应用，重点推广建筑保温材料和技术，普及太阳能集热器及空气源热泵热水器的使用，全面采用节能灯具，杜绝玻璃幕墙等传统高能耗建筑设计。严格执行《夏热冬冷地区居住建筑节能设计标准》（JGJ134－2001），提高空调能效比（从2.3提高到2.6甚至3.2）；通过家用电器能效标准和建筑能效标准促进建筑部门能效发展，对新建建筑实施绿色评级或进行能效标识（类似于家电能耗评级）；规定建筑的通风保暖要求；探索建立"智能建筑"等绿色建筑建设规范；高档商务楼建筑需将太阳能利用系统纳入规划设计阶段并将其作为立项审核条件之一。

同时，建议通过通用标准部件和预制品件的研发、生产和使用，以及通过合理物流和降低建设能耗等方式，实现模块化、集约化、规模化生产，从而提高建筑建设阶段的生产效率，促成整个建筑行业产业链的整合和企业的集团化。

此外，还值得一提的是，上海世博会展示了大量资源回收利用理念、技术以及产品在建筑领域中的应用，从已有建筑垃圾在新建建筑中的有效利用，到利用废钢渣铺成的园区内可渗透路面、用粉煤灰制成的沪上生态家的建筑用砖和山西馆的外墙、用麦秸秆经热压制成麦秸板作为万科馆最主要的建筑材料，再到脱硫石膏制成的中国馆高效防火墙等，世博场馆的大量成功案例已经全方位展示了城市固体废弃物在建筑领域中的广泛用途。建议在不断提高新建建筑节能标准的同时，不断加大建筑材料的资源循环利用比例，促进相关产业链的形成和发展。

第二，要以公共建筑为主，通过引入市场化机制，利用多元化的操作方式推动既有建筑节能改造走向深入。

相对于新建建筑，上海既有建筑的节能改造更加困难，但意义更大。近年来，上海虽然实施了一部分既有建筑的改造，但囿于资金有限、投资人与受益人脱节、建筑用户对节能改造的整体认识不足等原因，真正按50%节能标准改造的既有建筑非常有限。

作为节能改造的重点，高能耗的既有公共建筑应该首先得到各级政府的重视。建议政府部门先行发挥带头示范作用，积极推进机关办公建筑与其他大型公共建筑的节能工作。《国家机关办公建筑与大型公共建筑节能监测体系建设方案》已于近期颁布，上海也已启动部分建筑的能耗数据抽样、能耗审计、能耗状况公示等示范性工作，但下一步大规模推进节能改造工作仍存在政策、机制、资金以及实施监督方面的障碍。建议充分总结试点项目的有益经验，继续发挥合同能源管理（EPC）在既有建筑节能改造中的积极作用，进一步加强市场化机制。如建立更为优化的节能效益分享机制以平衡投资人和受益人的长短期利益等，同时鼓励采用多元化的操作方式（融资、运营、管理等），形成政府、企业、社区、居民及建筑用户共同参与、合作推进节能改造的模式，政府应侧重从政策引导逐步过渡到推出强制性要求。

随着《上海市建筑节能条例》和《上海建筑节能"十二五"规划》，以及其他相关指南和指导意见的陆续出台，建筑节能政策的指导性和约束性有望大大增强。建议上海在"十二五"期间结合相关标准与条例的落实，在前期试点工作基础上进一步完善机关办公建筑能耗监测体系和分项计量，配套改造后的管理、维护职责，并制定针对单位和个人的奖惩措施，全面推进机关办公建筑及其他大型公共建筑的节能改造工作。对于既有居住建筑的节能改造，则应大力鼓励各级政府根据自身实际情况，在总结前期有效推进"旧小区平改坡综合改造"工程的基础上，逐步推进较为基础、易行的节能措施（如窗户更新、遮阴设施、门窗密封等）。

4. 积极促进交通领域的低碳发展

上海发展低碳交通，应注重借鉴发达国家的经验教训，坚持走公共交通导向型发展模式（TOD），进一步完善城市公共交通网络，创新城市交通管理机制，并妥善控制机动车碳排放，大力提升市民公共出行水平。

第一，继续大力推进公交优先战略，加快完善公共交通网络体系，进一步优化出行结构。

与发达国家大城市45%以上的公共交通出行率相比，2008年上海公共交通出行比例不到24%。特别需要关注的是，随着私家车保有量迅速攀升，上海公共交通出行比重的上升速度低于个体机动交通。因此"十二五"期间，降低交通领域碳排放、实施交通领域低碳发展最为切实可行的途径仍然是大力完善公共交通网络、优化出行结构。

相对较为成熟的中心城区公共交通系统而言，郊区公共交通系统的完善应当成为上海"十二五"期间交通建设的重点。建议在郊区发展以轨道交通配以地面公交接驳为主、免费自行车租赁和出租车等为辅的快速公交系统，并逐步实现郊区内部公交线网由"辐射型"向"网络型"的转变，实施郊区公交系统与中心城区的差别化管理，并在轨道交通车站附近修建停车场，鼓励"P＋R"系统，既提高出行机动性又控制小汽车的使用。同时进一步发展以上海郊区为中心，辐射长三角地区的多种交通方式共存的复合型交通走廊系统（高速公路、城际轻轨以及高速铁路），使郊区成为中心城区与周边城市联系的中转点。

此外，应鼓励自行车、步行等非机动交通出行方式。建议上海市政规划与建设中保留宽余的人行道和专、混共有的自行车道。近期在轨道交通站点的设计中考虑了自行车停车场地的规划和建造应得到进一步推广。市中心可以考虑设置更多的自行车停车场地并提高管理服务水平，并将部分地区改置成仅供行人步行的区域（作为周末的临时设置或永久设置）。

第二，进一步提升城市交通管理水平，有效控制机动车污染排放，鼓励支持清洁能源车辆技术研发及应用。

"十二五"期间，除进一步建设和完善公共交通基础设施外，还需要通过能力提升、政策引导和机制创新，不断改善公共交通出行环境、提升交通管理水平。

在全市范围规划建设以城市公共快速交通为基础的多级交通体系的同时，着力提高公共交通资源的覆盖面和综合利用效率，积极推广智能交通管理（ITS）系统的应用。此外，还应进一步严格车牌拍卖制度，积极探索在特定区域征收拥堵费，分类平衡中心城区停车费，试点推进部分重点区域车辆限行，配合由政府主导的社会公共资源向非中心城区的调整，引导有车族向非中心城区集聚，不断提高公共交通相比私人机动出行的优势和吸引力，缓解交通拥堵，减少汽车污染排放。

在机动车排放控制方面,提高机动车油品质量标准和限排标准,提高机动车燃油效率;大力加强 I/M 制度(排放检测/环保维护)的实施,有效控制在用车污染物排放,作为新车实行强制性排放标准的有效补充;在完善检测网络的同时,加强道路车辆排污状况的监督监管,继续淘汰高污染车辆,扩大高污染车辆限行区域,加快淘汰老旧车辆,尤其需要加强城乡接合处老旧机动车辆的管理和控制;加强新能源/节能汽车的研发和商业化应用探索。对于仍在成长中的新能源汽车市场,政府应视不同车型的节能减排成效给予政策及资金扶持。把握电动汽车发展机遇,在技术日趋成熟、成本不断下降的前提下,加快充电站网络等配套设施的投资建设。

5. 积极促进自然生态系统碳汇能力的提高

(1)积极推进碳汇林地建设及湿地、自然水体的生态功能修复。在全市范围内以沿海防护林、水源涵养林、污染隔离林、通道防护林和农田林网为重点,积极开展植树造林及生态绿化建设,加快推进碳汇林建设。同时推进绿色廊道系统的建设,构建连接公共绿地、公园的串联网络体系。"十二五"期间,结合崇明生态岛建设,应大力开展滩涂湿地生态补偿与修复,提高湿地碳汇水平。借鉴世博园区的成功案例,与全市水环境治理与改造工程有机结合,通过政府直接投资或引资,逐步推进城市水生态环境改善技术,如透水路面、河道生态护坡、雨水回收利用与生态水景相结合等。透水路面目前在上海主要应用于公园等场所,今后可逐渐推广到人行道、公共绿地、非机动车道等低级别道路的新建和翻修过程中(可结合废钢渣、废轮胎、脱水污泥等的再利用)。可在环境影响评价审批中,规定新建工业、住宅用地不得提高其原有土地的地面径流系数,从而促进土地开发部门采取更多措施如增加绿地面积,采用透水性路面、下凹式绿地和增加水体面积等,提高地面渗透性。

(2)与发展高端农业和农业面源污染治理相结合,积极提升农田土壤碳汇能力。"十二五"期间,建议与发展高端农业和农业面源污染治理相结合,在上海推广增汇减排的农业技术,如实施秸秆还田、增加有机肥施用量、修复退化土壤、科学灌溉等;严格控制主要粮食产地和蔬菜基地的污水灌溉,强化对农药、化肥及其废弃包装物以及农膜使用的环境管理,大力发展上海地区的生态农业、有机农业，并可通过尝试建立农业碳汇交易试点，鼓励农业增汇减排技术的应用与推广。同时，加快规模化、标准化畜禽场建设，推广畜禽粪尿生态还田技术规范。逐步推进规模化畜禽养殖场沼气综合利用工程，形成种植、养殖业废弃物转化再生能源，实现资源循环和节能减排。

6. 积极促进广泛的城市低碳生活和绿色消费

居民生活、消费方式及水平高低是最终影响和决定城市碳排放水平的关键因素。居民消费对碳排放的影响主要表现在两个方面：一是居民生活消费对能源的直接消耗及其产生的直接碳排放，二是支撑居民消费需求的整个国民经济产业发展所引致的能源消费及其碳排放，后者被认为是居民消费产生的间接碳排放。事实上，人口规模和结构的变化对碳排放的影响在一定程度上也主要是以生产与消费模式的变化为载体发生作用。因此，居民消费水平的提高与碳排放增长高度相关——财富增长刺激了人们消费的欲望，而消费增长带动了能源需求的增长，无疑对碳排放产生了直接的促进作用。因此，引导和建立绿色消费和低碳生活的理念、方式和实践是最终减少城市碳排放的决定因素。

"十二五"期间，上海应将低碳生活与人体健康，甚至价值观的重树相结合，大力倡导"自然、节约、健康的生活方式就是低碳的最佳体现，也是为促进城市的可持续发展做出的直接贡献"的理念，并在全市范围大力开展宣传、教育和实践工作。探索取得教育宣传引导最佳效果的方式方法（学校教育、黄金时段公益广告等），建立长效机制，长期关注并投入，循序渐进推动社会生产、生活方式和消费观念的转变。具体实施可结合"绿色社区"、"绿色学校"、"绿色宾馆"的创建活动，在社区、学校、机关单位大力开展低碳生活的宣传，特别侧重传授简单实用的低碳生活经验、技巧；主动帮助居民进行节能行为、家庭节能改造等方面的收益计算和规划，并可联合有关企业为居民开展相关咨询、设备安装等服务。针对绿色、低碳行为及消费方式建立财税金融激励机制、绿色信息共享和监督机制等，倡导绿色生产、生活和消费方式，持续推动低碳生活方式和消费模式的构建。

能源领域相关专题

Energy and the Related

B.8
上海市通用能源系统节能路线图

杜坤杰*

　　摘　要：节约能源是我国一项长远的战略方针。实施通用能源系统节能减排科技工程，提高系统整体能效，对促进工业、建筑及相关领域节能技术发展、提高全社会的节能减排成效具有重要意义。本文通过对上海市十大通用能源系统（锅炉及蒸汽系统、电机及拖动系统、暖通和空调系统、压缩机系统、照明系统、给排水系统、输配电系统、余热余压利用、热电联供、炉窑及热加工）调研，在充分掌握通用能源系统能效现状后，对上海市通用能源系统与设备的节能潜力进行了分析；并提出系统节能的重点科技攻关方向，形成电机拖动系统、锅炉蒸汽系统和余热余压利用三个重点系统的节能技术示范工程及案例分析，为相关标准和推广机制的制定提供技术支撑；最后在此基础上绘制了上海市

＊　杜坤杰，上海市节能协会，上海市清洁能源研究与产业促进中心，编者对文中所涉及的上海市能源数据做了更新。

通用能源系统节能减排路线图。

关键词：通用能源系统 节能潜力 科技攻关

一 前言

（一）研究背景

节约能源是我国一项长远的战略方针，国家对节能工作十分重视，《中华人民共和国国民经济和社会发展第十一个五年规划纲要》提出了"十一五"期间单位 GDP 能耗降低 20% 的目标。2006 年，上海市人大常委会审议通过了《关于进一步加强节约能源工作的决定》，市政府制定了《关于进一步加强本市节能工作的若干意见》、《上海市"十一五"节能工作实施方案》，全市形成合力，全面推进节能降耗工作。

通用能源系统是指应用于生产生活中、具有相同特征和共性技术的耗能系统，如锅炉及蒸汽系统、电机及拖动系统、输配电系统、暖通及空调系统等，这类耗能系统在工业、建筑及其他领域应用广泛，具有量大面广、通用性强的特点。长期以来，通用能源系统的应用技术与设备良莠不齐，部分设备能耗指标较高，影响了整体能效水平。实施通用能源系统节能减排科技工程，提高系统整体能效，对促进工业、建筑及相关领域节能技术发展、提高全社会的节能减排成效具有重要意义。

目前，通用能源系统中的单项节能技术大多比较成熟，近年来这些技术的应用也取得了一定的节能效果。但对于系统节能，单单依靠采用几项节能技术是不够的，需要从系统优化的角度出发，挖掘整个系统的节能潜力，从而实现系统的大幅度节能。要达到这一节能效果，首先需要对整个系统的能耗情况进行分析；其次要对单项节能技术集成优化，开展科技攻关；最后形成相关技术和设备标准，以及市场运作机制，促进系统节能技术的广泛推广应用。

本文是在上海市科委的支持下，由上海市节能协会、上海清洁能源研究与产业促进中心联合上海交通大学、上海新先锋药业有限公司等单位的专家共同研讨,通过对上海市十大通用能源系统(锅炉及蒸汽系统、电机及拖动系统、暖通和空调系统、压缩机系统、照明系统、给排水系统、输配电系统、余热余压利用、热电联供、炉窑及热加工)调研,开展节能潜力分析,提出系统节能的重点科技攻关方向,形成重点通用能源系统的节能示范工程及案例分析,为相关标准和推广机制的制定提供技术支撑。

(二)研究内容

第一,对上海市十大通用能源系统的节能潜力进行调研分析。

第二,对大规模示范和集成应用通用能源系统节能技术开展分析研究,提出科技攻关的重点,并形成电机拖动系统、锅炉蒸汽系统和余热余压利用三个重点系统的节能技术行动方案。

第三,分析实现通用能源系统节能在标准、政策方面存在的障碍,为制定标准、建立合同能源管理合作机制、推动系统节能发展奠定基础。

(三)技术路线

首先开展上海市通用能源系统与设备的节能潜力调研,充分掌握通用能源系统能效现状后,对通用能源系统的科技攻关进行重点分析,在此基础上绘制上海市通用能源系统节能减排路线图。

由于十大通用性用能系统间存在着关联性,如锅炉系统与热电联供,电机与压缩机、中央空调、给排水的水泵等,因此,本文将十大系统按相似的用能形式或用途归类研究。

第一类:高效燃烧和余热利用,包括锅炉及蒸汽系统、热电联供、炉窑及热加工、余压余热利用;

第二类:高效电机节能,包括电机及拖动系统、暖通和空调系统、压缩机系统、给排水系统;

第三类:高效输配电系统;

第四类:高效照明系统。

在此基础上,提出符合上海实际的通用能源系统节能减排路线图。

二 上海市通用能源系统的节能潜力
情况调研及分析

（一） 能耗情况调研

上海是一个资源约束型城市，能源基本上依赖外地输入或国外进口，并以化石能源为主，能源供需矛盾非常突出，环境保护压力巨大，节能减排工作显得尤其重要。

1. 上海市能源消费及利用现状

上海能源消费现状：上海能源消费有两个主要特点，一次能源以煤为主、工业能耗比重大。2009 年全市能源消费总量为 10367.38 万吨标准煤，比 2008 年增长了 1.6%。其中，煤炭消费量为 4418.58 万吨标煤，占一次能源消费总量的 42.62%（见表1）。

表 1　2009 年上海能源消费总量及构成

项　目	煤炭 （万吨标准煤）	外来电 （亿千瓦时）	原油 （万吨）	天然气 （亿立方米）	其他能源 （万吨标准煤）	能源消费总量 （万吨标准煤）
消费量	4418.58	1170.48	4320.09	435.43	17.62	10367.38
构成（%）	42.62	11.29	41.67	4.2	0.17	100

数据来源：根据《上海能源统计年鉴（2010）》计算得到。

上海工业能耗比重大。2009 年的数据显示，上海终端用能中工业能耗所占比重达到 54.2%（见表2）。

表 2　2009 年上海能源终端消费量及构成

单位：万吨标准煤，%

项　目	工　业	交　通	商　业	居民生活	其　他	总　计
消费量	5375.95	1934.57	479.36	949.6	937.76	9951.81
构　成	54.2	19.4	4.8	9.5	9.4	100

数据来源：根据《上海能源统计年鉴（2010）》计算得到。

上海能源利用现状：本市能源消费总量逐年增加，对上海可持续发展带来极大压力。经过不断努力，能源利用效率逐年提高，单位 GDP 能耗不断降低，2005 年为 0.88 吨标准煤/万元；2006 年降为 0.873 吨标准煤/万元；2007 年比 2006 年又下降 4.3%，为 0.833 吨标准煤/万元；2008 年比 2007 年下降 3.78%，为 0.801 吨标准煤/万元；2009 年比 2008 年下降 6.17%，为 0.727 吨标准煤/万元。另外，2009 年上海单位工业增加值能耗为 0.957 吨标准煤/万元，比 2008 年下降了 5%[①]。可见，尽管本市能源消费总量对上海可持续发展造成巨大压力，但能源利用效率的提高，显示了"十一五"期间节能潜力不断增加。

2. 上海市通用能源系统的能源消费利用现状及潜力分析

锅炉及蒸汽系统：上海市现有工业锅炉总容量达 14500 吨/小时，平均容量仅 1.85 吨/小时，其中燃煤工业锅炉消耗燃煤约占全市煤炭消耗量的 13.3%，占一次能源消费总量的 6.85%。与国外先进水平相比，我国工业锅炉热效率普遍较低，特别是燃煤工业锅炉，高效、低污染、宽煤种的锅炉为数很少，平均运行效率仅有 65%～70%，比国际先进水平低 15～20 个百分点，节能潜力很大。通过锅炉设备改造、系统优化、清洁燃料替代等措施，平均能效可提高 10% 以上，每年有 70 万吨节能潜力，折合 55 万吨标准煤。

热电联供：全市现有的 11 家热电联产企业，共安装供热机组 40 台，分布在漕泾、杨树浦、吴泾、星火、青浦、高化、金山、宝山等区域，此外还有一批集中供热机组，热网覆盖面积达到 155 平方公里，供热量约 5980.27 万焦耳/年。煤耗量 292 万吨，占全市煤耗总量的 5.6%，占一次能源消费总量的 2.86%。目前热电联产以服务工业企业为主，主要包括石化、钢铁、化工、制造业、轻纺等行业用户。本市热电联产取得了可观的综合效果，但也存在供热机组中抽凝机组比重大，高效率的背压机比较少的问题。同时，部分机组机型配置与热负荷不匹配，特别是近年来部分地区用热出现较大萎

---

① 中华人民共和国国有统计局编《2009 中国统计年鉴》，中国统计出版社，2009；《2010 中国统计年鉴》，2010。

缩，造成机组运行偏离设计工况，供、发电煤耗较高；热网管损也比较大，系统综合热效率较低。据有关部门估算，通过集中供热、热电联供，2010年全市可节煤 116 万吨/年，折合 91 万吨标准煤，约占全市"十一五"节能目标的 2.9%。

炉窑及热加工：上海工业窑炉年消耗煤炭约占全市煤炭消耗的 1.5%，年消耗燃料油约占成品油消费总量的 2.2%，合计占一次能源消费总量的 1.4%。工业窑炉型式各异，热效率普遍较低，节能潜力很大。按照《上海市节能减排工作实施方案》的要求，通过改进燃烧技术和使用优质煤，可以节约 14 万吨标准煤。

余热余压利用：余热资源存在于各行业的生产过程中，特别是钢铁、化工、建材、纺织和食品行业，从全国范围来说，余热利用节能潜力超过 1000 万吨标准煤。在上海市，"十一五"期间计划实施余热项目超过 200 项，有效实施后，可实现节能 30 万吨标准煤。其中，80% 集中在钢铁、化工和建材三个行业。

电机及拖动系统：电机及拖动系统是厂矿企业不可少的动力设备，也是企业最大的能耗之一。据统计，全国各类电动机总容量约 7.9 亿千瓦，用电量约占全社会总用电量的 60%。目前我国中小电动机平均效率 87%，风机、水泵平均设计效率 75%，比国际先进水平低 5 个百分点，系统运行效率低近 20 个百分点。上海情况与全国基本相同，按照上海占全国 GDP 总量的 5% 比重推算，上海电机容量约 4000 万千瓦，其中高压电机占 60%～70%，为 3000 万千瓦。按照可改造 1/3，节能率 20% 计算，则有 60 亿千瓦时节电潜力，折算 240 万吨标准煤/年。

暖通和空调系统：近年来，随着城市发展和人民生活水平的提高，包括采暖、空调、电器、照明、炊事、热水供应等的建筑耗能也不断增大，其中暖通和空调系统占建筑能耗的比重很大，特别是一些公共建筑和公共场所，如医院，空调用电量占其总用电量的 50% 以上。但是暖通和空调系统的总用能量难以统计，按照《上海市节能减排工作实施方案》的要求，空调系统有 64 万吨标准煤的节能潜力。但是中央空调系统节能措施主要在电机的变频改造、系统优化、冷凝水回用等方面，与前述的电机和锅炉有重复，因此，暖通和空调系统节能潜力不再重复计算。当然，中央空调中还有部分电力空调，采用变频、智能管理楼宇控制系统等措施，有 30% 以上节能潜力。

压缩机系统：据大量的企业能效审计能量平衡资料表明，压缩空气站的耗电量占企业总耗电量的 5%～20%，有的甚至达到 30%，平均约为 10%。2009 年，本市单位 GDP 电耗为 808.49 千瓦时/万元，较 2008 年下降了 6.39%。据计算得到，工业总耗电量为 1216.49 亿千瓦①，按空气压缩机能耗占工业总耗电量的 10% 估算，为 121.6 亿千瓦时。由于压缩机改造也包括在电机节能改造中，不重复计算。

给排水系统：就给排水系统能耗而言，主要在水泵和系统耗能，但能耗总量难以统计和测算。城市建筑的生活水泵、热水泵，可采用变频调速技术，即通过控制电机转速来实现水泵流量调节，以大幅度降低水泵轴功率。水泵一旦选定，可以通过改变供电电源的频率来改变电机的转速，以实现管网流量调节，能有效节省能源。这部分节能潜力也算在电机节能之中。

输配电系统：2009 年上海全社会用电量为 1153 亿千瓦时，同比 2008 年增长 1.3%；全市发电总量为 781.8 亿千瓦时，同比 2008 年下降 1.6%；外省输入电量即受电量为 389.8 亿千瓦时，同比 2008 年增长 1.7%②。本市电网 500 千伏变电站已达到 8 座，输电线路 31 条、689.49 公里。220 千伏变电站 87 座，输电线路 346 条、3287.52 公里。上海输电线损率为 6.05%，厂用电率为 4.8%。据行业专家指出，上海变压器数量多、容量大，总损耗不容忽视。改造重点应放在 S7 及以下的变压器，据统计，上海市各行业目前在运行的 10 千伏配电变压器约有 10 万以上，其中 S7 及以下的配电变压器约有 18162 台（属于上海市电力公司配电变压器约有 86000 台，其中 S7 及以下的配电变压器约有 16562 台）。S7 系列最短运行时间为 8 年，最长运行时间为 25 年。现行采购的 S11 配变，其负载损耗和空载损耗与 S7 相比，可分别降低 25% 和 35%；现行采购的非晶合金 SH11 配变，其负载损耗和空

---

① 本书统稿者根据《上海统计年鉴（2010）》计算更新。
② 《2009 年上海市产业经济和信息化运行情况》，上海市人民政府网站。

载损耗与 S7 相比，可分别降低 25% 和 80%，如果改造选用 S13 或 SH15 型配变效果更好。因此淘汰 S7 变压器，节能效果是明显的，如对全部 S7 及以下的配电变压器进行改造，则每年可节电 3 亿~3.5 亿千瓦时，相当于节约 12 万~14 万吨标煤。如分期分批，分五年完成改造，每年约投资 5 亿元，可得到节能量约 2.4 万~2.8 万吨标准煤。

照明系统：本市照明用电超过总用电量的 10%，目前企事业单位的照明系统大多不是经济运行方式，高效节能荧光灯与普通白炽灯之比为 1:2.6，节电潜力 15% 左右。按照 2007 年本市用电量 1072.38 亿千瓦时计算，照明用电超过 100 亿千瓦时。按照《上海市节能减排工作实施方案》的要求，本市绿色照明系统具有每年 68 万吨标准煤节能潜力。

上海市十大通用能源系统的能源消费利用及潜力统计见表 3。

表 3　上海市十大通用能源系统的能源消费利用及潜力统计

序号	类 别	技 术	系统能耗	占一次能源消耗比例（%）	估算节能潜力（万吨标准煤）	约占全市"十一五"节能目标比例（%）
1	高效燃烧和余热利用	锅炉及蒸汽系统	700 万吨煤	6.85	55	1.76
2		热电联供	292 万吨煤	2.86	91	2.91
3		炉窑及热加工	80 万吨煤，40 万吨燃料油	1.4	14	0.45
4		余压余热利用	—	—	30	0.96
5	高效电机节能	电机及拖动系统	1200 亿千瓦时	47.57	240（其中空调系统 64 万吨）	7.68
6		暖通和空调系统				
7		压缩机系统				
8		给排水系统				
9	高效输配电	输配电系统	线损率为 6.05%，其中变压器约占"线损"的 35%~45%	—	以 S7 及以下的配电变压器改造测算，约为 12 万吨	0.38
10	高效照明	照明系统	100 亿千瓦时	3.96	68	2.18
	十大系统合计			62.64	510	16.32

说明：（1）2010 年上海能源消费总量控制在 10500 万吨标准煤，即"十一五"节能目标 3125 万吨；
（2）十大通用系统中锅炉、热电联供、窑炉为耗煤大户，分别占全市煤炭消耗总量比例的 13.3%、5.6%、1.5%。

（二） 通用能源系统节能的技术路径分析

通用能源系统量大面广、共性技术多，实施节能减排科技工程，建成技术集成的规模化示范，形成相应的技术标准，可带动全社会大幅度节能减排工作。其节能潜力可以通过系统节能技术集成、重大耗能设备技术改造、生产运行优化及科学管理三种技术路径来挖掘。

系统节能技术集成潜力：通用系统节能最有效的手段，就是针对用能系统进行技术改造、如锅炉及蒸汽系统，采用锅炉燃烧系统（炉拱、配风改造、分层燃烧）、烟风系统（电机变频、烟气余热回收）、汽水系统（加装蓄热器、冷凝水回收、自动排污）等，可实现节能10%以上。中央空调系统通过优化运行、冷凝水回收等措施能够提高能效30%～40%，具有很大的节能潜力。

重大耗能设备技术改造潜力：通过发挥本市产业和科技优势，采用高效、低能耗设备，能够发挥巨大节能效果。如本市大型风机、水泵的高压电动机变频改造，给排水系统叶轮改造，通过重大耗能设备关键技术攻关，实现本市重大设备节能目标。

生产运行优化及科学管理：本市工业领域有巨大节能潜力，市科委2007年底已经针对冶金等五个重点耗能行业，开展节能潜力研究，日前部分项目正式启动，相信项目完成后，将全面准确地掌握本市工业领域重点耗能行业的节能潜力。

2006年，本市发布《上海市节能减排工作实施方案》，加快实施十大节能重点工程，明确提出上海市"十一五"期间要形成300万吨标准煤的节能能力，累计节能量达到900万吨标准煤。节能重点工程包括用电设备节电工程、能量系统优化工程、余热余压利用节能工程、燃煤工业锅炉窑炉节煤工程、建筑节能工程、空调和家用电器等节电工程、绿色照明工程、分布式供能等工程、城市交通节约和替代石油工程及政府机构节能工程。优化钢铁、石化、电力、化工等重点行业生产系统和生产工艺的能量系统；在全市推广应用高效绿色照明产品、节能型空调、高效电机、高压大频率变频调速装置、蓄冷蓄热、余热余压回收利用等节能新技术。

（三）科技攻关重点

锅炉及蒸汽系统：重点研究洁净高效燃烧技术，包括节能炉拱、分层给煤、优化配风、余热利用等技术，开发先进高效的燃烧装置；提高工业锅炉自动控制装置和燃烧监测手段；研究系统采用蓄热器、智能控制等集成技术方案。

炉窑及热加工：研发蓄热式燃烧器、高效烧嘴系列节能产品，重点解决窑炉专用助燃空气预热换热系统。开发组合燃烧单元，炉温自动控制，空燃比控制，炉压控制等系列产品。

热电联供：研究高效背压机组替代抽凝机组改造技术、供热管网低损耗技术，高压热水供热技术；开发优质保温材料，燃煤锅炉的清洁燃料替代技术以及清洁煤燃烧技术。

余热余压利用：开展高耗能行业生产过程能量回收利用技术。在化工行业，重点研究低能耗化工工艺，开发高效换热设备节能技术，研究采用能量系统优化技术对传统工艺进行改造可行性方案。在冶金行业，重点研究炼钢节能技术、低热值煤气利用发电技术，推广干熄焦大型化技术。

电机及拖动系统：重点开发高效节能电动机及风机、泵等通用设备；研究在用电机优化改造、节能控制等技术，以及专用电机、水泵、电机节能控制装置等产品二次开发和集成技术；开展电机能耗评估、测试方法研究及测试设备的研制，实施电机及其系统群节能工程化示范。

暖通及空调系统：重点研究建筑空调及采暖系统的风机、水泵变频调速技术；开发各种空气热回收技术与高效换热装置；研究系统冷、热源优化配置技术；发展地热源、水源、空气源热泵技术和污水源热泵技术，蓄冷、蓄热空调和采暖；研究太阳能采暖制冷技术，发展太阳能供热水、太阳能利用设备与建筑一体化技术。

压缩机系统：研究开发空压机变频节能控制技术及系统优化节能技术，重点解决在用系统"大马拉小车"造成的高能耗难题。

给排水系统：开发高效率的泵类设备；研究完善泵的三元流场、二相流分析计算方法，优化水泵叶片加工工艺，使泵的能效达到83%～87%；开发与变频器结合的可进行流量调节的恒流量、变扬程特性水泵，替代水阀进行流量调节，并扩大系列型谱范围，增加品种。

输配电系统：研究电网经济运行技术，重点开展优化电网运行方式、优化变压器分接头配置、无功补偿及其调节能力、提高用电功率因数方法的技术研究。开发电网线损诊断与管理技术、电网用电侧监测管理技术。研究变压器用高硅含量低损耗硅钢片，低损耗非晶合金导磁材料。

照明系统：研究开发绿色照明技术和节能灯具、节能电子镇流器等产品，重点开发高光效、长寿命、显色性好的电光源，如稀土高效荧光灯产品；研究城市节能照明控制技术，如道路照明、建筑物泛光照明和区域场所照明技术，建立城市景观照明的半导体照明（LED）示范工程。

（四）政策标准障碍

虽然我国节能政策体系不断得到完善，为通用能源系统节能科技的发展提供了坚实的保障，但要满足未来极大的能源需求，政策标准依然面临着很大挑战，概括为以下几点。

1. 科研经费投入不足

通用能源系统由于涉及面广、专业复杂，并涉及生产系统、生产工艺等诸多环节，技术研发需要企业、科研单位各方面密切配合，并需要大量的经费用于研发和示范工程建设，但目前政策对这方面支持的稳定性较差，经费得不到落实。

2. 节能改造项目融资困难

节能改造前期需要一定的经费投入，虽然目前国家和本市都颁布了不少节能的鼓励政策，但主要还是在项目完成后，而银行等金融机构由于对这类项目评估困难，也不肯轻易贷款。项目前期投入还是靠企业或节能服务公司，但由于目前企业流动资金普遍紧张，即使有好项目也难以启动，因此，亟待建立有助于节能技改项目的投融资体系。

3. 标准和评估体系不完善

由于我国普遍"重制造轻使用"，通用能源系统的运行能耗标准尚不健全，产品检测方法也欠缺，评估认证体系亟待建立和完善。

4. 节能服务体系不健全

目前从事节能服务的公司水平和能力普遍不高，缺少有较高技术创新能力、服务领域宽、综合能力强的节能服务专业队伍和人才；合同能源管理等机制在引入国内后，由于种种原因难以有效推广。

为了应对上述挑战，需要在节能的科技政策、金融政策、产业政策方面开展创新，尽快研究制定节能科技研究开发的资助政策、重大节能技改项目的决策政策、人才政策、产业化政策和其他相关鼓励节能的经济法律支持政策等。

三 上海市通用能源重点系统的节能技术行动方案研究

结合前期研究和科技攻关重点，本文着重叙述了锅炉及蒸汽系统等三个重点系统的节能技术行动方案。

（一）锅炉及蒸汽系统节能技术行动方案

针对工业锅炉及其系统存在的问题，从产品结构调整、节能技术集成，研究制定最低能效标准，探索合同能源管理机制的指导思想，大力推进以燃煤锅炉为重点的锅炉节能工程。

1. 开展在用工业锅炉节能技术评估与经济性分析

对现有的工业锅炉及蒸汽系统节能技术进行系统评估和经济性分析，形成客观科学的评估报告；提出适用的工业锅炉及蒸汽系统节能实施方案，为工业锅炉的节能改造提供技术支持。

2. 优化用煤结构，积极推进热电联供、集中供热的节能技术应用

按照"因地制宜，多种能源互补"原则，优化用煤和产品结构，采用热电联产或分布式供能替代低效、高污染的分散小锅炉供热，在热用户集中的区域（工业区和开发区）发展大中型热电联供，在办公楼、宾馆、医院、大型商场、商务楼宇和都市型工业等建筑物中发展燃气分布式供能系统。逐步拔除燃煤、燃油分散小锅炉。

（1）对热负荷较大的开发区、工业区（如年平均热负荷 20 吨/小时以上，且年利用时数超过 4000 小时）实施热电联产，区域内分散小锅炉在热电联产、集中供热实施后酌情停用。

（2）在全市三甲医院、五星级酒店、大型公用建筑等有条件场所推广应用分布式供能系统，取代现有的低效、重污染的燃油锅炉。但分布式供能系统年运行时间要超过 4000 小时方可收回投资，医院一般 4000 小时不到，因此，可考虑结合冰蓄冷等技术，使运行效率进一步提高。

（3）根据全市天然气管网建设和天然气资源供应状况，逐步用天然气替代燃油和中心城区的燃煤，大幅度提高天然气在锅炉中的消耗比例。

3. 组织技术攻关，突破核心技术

针对燃煤锅炉运行效率低、自控落后等共性问题，开发燃烧与控制系统集成节能技术，建立典型燃煤工业锅炉综合节能技术应用示范，大力推进燃煤锅炉节能工程。

（1）在现有链条锅炉设计的基础上利用数值模拟的方法，开发链条锅炉数值模拟的程序，开发适合的工业锅炉燃烧技术，如燃烧室几何尺寸与炉拱结构优化、炉排面积与燃烧强度的最佳匹配、配风方式的优化；同时在单元体层燃试验台上进行燃料的燃烧特性试验研究，确定不同负荷下的燃烧调整试验与最优运行参数。

（2）在双人形节能炉拱基础上，开发出复合式新型炉拱结构，解决结渣和冒正压问题，并拓宽煤种的适应性，同时得出炉拱的理论设计方法。

（3）锅炉优化运行管理指导系统及远程监测平台的研制。具体研究锅炉动态特性与优化运行模式预测；锅炉热效率在线评估技术；实时优化运行指导系统；远程监测平台。为运行人员提供一套锅炉优化管理指导系统，实现实时监测和专家指导。

4. 研究制定工业锅炉运行最低能效标准

结合本市工业锅炉运行能效现状，根据节能减排目标要求和节能技术状况，研究上海市工业锅炉运行能效标准，对标准实施的技术经济的可行性作全面评价分析。

5. 探索大力推广锅炉节能技术的市场机制

开展锅炉节能技术推广应用有效模式的探索，重点解决项目的融资困难、节能量考核办法、管理模式等问题，形成典型成功案例。

（二）电机及拖动系统节能技术行动方案

组织开展市场调研，结合《上海市"十一五"节能工作实施方案》的实施，重点针对电机系统中"大马拉小车"、负载特性不匹配等电机长期低负载运行所导致的能源浪费情况，开展电机系统节能项目研究、改造和实施工作，为提高电机及拖动系统运行能效 10% ~ 30% 的目标提供重要技术支撑。

1. 开展电机系统节能技术的研究，提出系统解决方案

借鉴先进国家的成功经验，针对上海市重点耗能行业电机系统安装、使用的特点，通过对电动机的合理选型，风机、水泵、压缩机等终端设备的合理匹配和提高效率的改造研究，研制与负载合理匹配的高效电动机等电动机系统的节能优化设计，并进行智能化电机节能系统集成产品的研究和开发，形成科学合理的专用智能化电机系统节能实施方案。

2. 加强电机系统诊断、评估体系的建设，形成公共服务平台

针对电机系统状态进行前期诊断和后期节能效果的评估体系研究，初步建立较为完整的诊断、评估体系，在对重点耗能行业进行节能改造的同时，初步提出科学有效的节能评估系统，为实施电机系统节能工程提供有效的评判方法和依据。

3. 实施示范工程，通过示范解决技术瓶颈和工程障碍

据调研，目前化工企业中风机和泵类占企业总用电量的 95% 以上，而且由于设计、选型等原因，大部分系统处于"大马拉小车"运行状态下，通过采取合理选型，风机、水泵、压缩机等终端设备的合理匹配和提高效率的改造，可以达到可观的节能效果。因此，在化工行业选择 2 ~ 3 家高耗能企业的风机和泵类系统实施节能改造工程，达到节电 15% ~ 20% 的效果，通过示范解决技术瓶颈和工程障碍并逐步在行业内推广，提高系统节能效果，减少能耗。

4. 制定相关标准及选型规范，引导实际应用

制定电机及其系统节能相关标准选型规范，确定最低能效指标，如"节能电动机包括变速电动机应用的选择和使用导则"和"化工行业水循环系统中电机的最低能效指标"等标准，指导、规范行业发展，同时也为政府相关职能部门提供政策执行的技术依据。

5. 创新技术推广机制

电机系统应用领域广泛，在不同领域使用的特性不尽相同，因此电机系统节能改造是个长期工程。通过对合同能源管理机制的创新，使示范项目的技术具有可复制性。初步建立一套较为成熟的电机节能技术推广应用机制，为电机系统节能工程的可持续开展提供长期的财务、激励、推广体系。

通过实施电机及拖动系统节能技术行动方案，将初步建立一套问题诊断、技术研究、产品开发、工程实施、标准评估、运行管理等较为完备、科学的电机系统节能实施体系及措施，同时搭建专家诊断、供应商等平台，逐步推广带动本领域节能技术及产品的全面发展。

（三）余热余压利用节能技术行动方案

针对上海冶金、化工、建材等余压余热利用潜力大的行业进行用能情况调研和诊断，对相关企业中所存在的节能潜力做深入地分析研究。遵循"梯级利用，高质高用"原则，研究推广生产过程余热、余压、余能的回收利用技术，实施低温余热利用节能关键技术的研究与示范，促进余热余压利用技术的发展和推广应用。

第一，针对本市冶金、化工、建材行业能源利用的特点，建立能效评价体系数学模型，开展企业能效管理评价方法研究，编制相关的能效管理评价软件。

第二，对本市冶金、化工、建材等行业进行范围较广的用能情况调研和诊断，对上海高耗能企业中所存在的节能潜力做深入的分析研究。

第三，开展适用于不同行业低温余热回收关键技术的研究，建立相应的优化设计理论和方法。

第四，在冶金、化工、建材等行业选择 1～2 个高耗能企业进行低温余热利用技术改造示范，单个改造项目年节能量超过 2000 吨标准煤。

四　上海市通用能源系统节能减排路线图

针对通用能源系统能效总体水平偏低、潜力较大的现状，开展科技攻关，为实现节能减排目标提供强有力支撑，以本项目课题组前期调研为基础，客观分析本市通用能源系统节能共性或关键技术，综合考虑技术研发基础、技术成熟度、与国外先进水平的差距和技术发展路径，以时间序列绘制出上海市通用能源系统节能减排技术路线图。

（一）通用能源系统节能减排关键技术

通用能源系统涉及范围广，节能减排共性技术多，应用领域存在不少交叉，为了分类总结，课题组将其分为四种，包括节电技术、高效燃烧与余热利用技术、优化能源结构技术、可再生能源关键技术。

1. 节电技术

电耗在通用能源系统中占很大比重，如水泵、风机、空气压缩机以及变压器等，但是这些设备使用效率不高，导致能源浪费。以节电为主的技术有很多，主要在电网输送和用电设备使用效率各个环节。应重点推广以下四项关键技术。

高效输配电技术，包括变压器分接头配置优化技术、无功补偿及调解技术、电网线损分级管理和考核技术、电网用电监测管理技术、企业用电用能信息管理技术。

绿色照明技术，包括节能灯具、节能电子镇流器应用技术，高光效、长寿命电光源，城市节能照明控制技术（如道路照明、建筑物泛光照明和区域场所照明技术），城市景观半导体照明 LED 示范工程。

电机高效节能技术，包括高效节能电动机、节能风机、节能泵等通用设备，在用电机优化改造、节能控制技术，专用电机、水泵、电机节能控制装置等产品二次开发和集成技术；大功率高压电机变频技术，电机能耗评估、测试技术，电机及其系统群节能工程化技术。

空压机变频节能控制技术及系统优化节能技术。

2. 高效燃烧与余热利用技术

通用能源系统很多涉及煤、油、气的燃烧，如锅炉、窑炉，以及石化、冶金系统余热余压利用技术。可重点发展以下三项关键技术。

工业锅炉及蒸汽系统的节能集成技术，包括节能炉拱、分层给煤、优化配风、烟气余热利用、蓄热器技术，高效燃烧技术及高效燃烧装置，工业锅炉智能控制和远程监测技术；冷凝水回收利用及防腐技术，自动排污和余热利用技术，系统节能集成技术。

工业炉窑及热加工节能技术，包括蓄热式燃烧器技术，高效烧嘴系列节能产品，窑炉专用助燃空气预热换热系统，组合燃烧单元，炉温自动控制，空燃比控制，炉压控制等技术和系列产品。

余热余压利用技术，包括低热值煤气利用发电技术、高效换热设备节能技术、余热锅炉技术、炼钢节能技术、干熄焦大型化技术。

3. 优化能源结构技术

2009 年，在上海能源消费总量构成中，煤炭消费量占 42.62%（约为 4418.58 万吨标准煤）、原油占 41.67%（约为 4320.09 万吨）、天然气占 4.2%（约为 435.43 亿立方米）、外来电占 11.29%（约为 1170.48 亿千瓦时）、其他能源占 0.17%（约为 17.62 万吨标准煤)[1]。其中煤炭比例虽然低于全国 69% 的比例，但是远远超过全球 28% 的平均水平，带来严重的环境污染。因此，随着经济的进一步发展，能源结构必将进一步得到优化调整，其中，天然气的应用技术是关键，可重点发展以下三项技术：冷热电三联供技术（CCHP）；蓄热式燃烧技术（HTAC），包括蓄热式燃烧器、高温切换控制阀、温度精确控制技术；锅炉油改气燃烧技术。

4. 可再生能源关键技术

可再生能源的利用对未来节能减排具有积极作用，是替代传统能源的重

---

[1] 《上海能源统计年鉴（2010）》，上海市统计局，2010 年 9 月。

要组成部分，也是通用能源系统提高能效的主要措施之一，应重点发展以下三项关键技术：地热源、水源、空气源热泵技术和污水源热泵技术；太阳能采暖制冷技术；太阳能利用与常规能源互补技术。

每项关键技术不是一个单项技术，而是一个技术群，由若干项重点组成。例如，工业锅炉及蒸汽系统节能集成技术，包括节能炉拱、分层给煤、优化配风、烟气余热利用、蓄热器技术，高效燃烧技术及高效燃烧装置，工业锅炉智能控制和远程监测技术；冷凝水回收利用及防腐技术，自动排污和余热利用技术，系统节能集成技术等。

（二）通用能源系统节能减排技术路线图

从技术的发展现状、成熟度、实现市场化所需政府支持的水平等因素考虑，可以对节能减排技术进行分类。

第一类：竞争性的，即现已应用、具备竞争力的技术，如电机变频技术；

第二类：新兴的，即新兴开发、还没有广泛应用的技术，如炼钢节能技术；

第三类：突破的，即具有前瞻性、需要进一步研发和示范的技术，如太阳能采暖制冷技术。

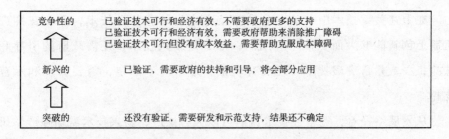

图1 通用能源系统节能减排技术的发展路线

图1反映了通用能源系统节能减排技术的发展路线。竞争性的技术根据它们的现状可以进一步分为：由于具有明显成本效益而被市场采纳的；有成本效益但除了成本有其他市场化的障碍的；技术上可行但是成本影响

了它的市场占有率的；已经商业化的低成本技术可能仍然需要一些政府的支持。

在通用能源系统节能减排关键技术中，按照技术分类和技术发展进展列了个综合表（见表4）。

表4　通用能源系统节能减排技术综合表

技 术 名 称	技术分类	技 术 进 展
高效输配电技术	节电技术	竞争性
绿色照明技术		竞争性
电机高效节能技术		竞争性（其中高压变频技术为新兴的）
空压机变频节能控制技术及系统优化节能技术		竞争性
工业锅炉及蒸汽系统的节能集成技术	高效燃烧与余热利用技术	竞争性
工业炉窑及热加工节能技术		竞争性
余热余压利用技术		竞争性
冷热电三联供技术（CCHP）	优化能源结构技术	新兴
蓄热式燃烧技术（HTAC）		新兴
锅炉油改气燃烧技术		竞争性
地热源、水源、空气源热泵技术和污水源热泵技术	可再生能源技术	新兴
太阳能采暖制冷技术		待突破
太阳能利用与常规能源互补技术		待突破

在上述关键技术中，基本上是已经商业化的竞争性技术，需要在推广机制上创新能够大面积推广应用的；部分是新兴技术，还需政府的引导和扶持；少数是待突破技术，还没有验证，结果尚不确定，需要研发和示范支持。

从发展路径看，竞争性技术目前可以大力推广，新兴技术需加强产学研合作，力争1~2年内解决推广障碍；待突破技术要加强自主研发，攻克关键核心技术，3~5年内得到推广应用。

按照这些共性技术研发和应用基础、与国内外先进水平的差距和技术发展路径，以时间序列绘制出通用能源系统节能减排技术路线图（见图2）。

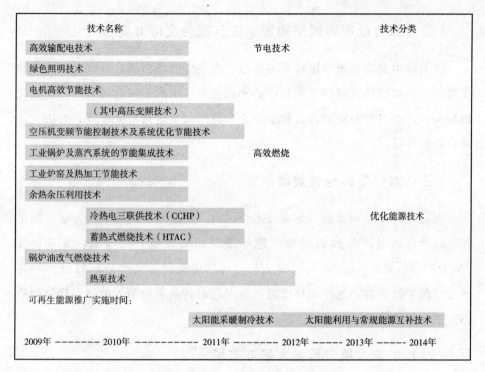

图2 通用能源系统节能技术路线图

五 推进上海市通用能源系统节能的政策机制建议

为了推进上海市通用能源系统节能工作，需要在节能的科技政策、金融政策、产业政策方面开展创新，把节能技术进步放在优先位置，建立节能激励和约束机制，培育发展节能服务市场，推动节能技术的研发与推广应用。

（一）加强对通用能源系统节能共性技术研发力度

针对通用能源系统节能共性技术组织攻关，形成示范，带动推广应用。同时在编制各类节能发展规划和专项规划时，重视通用系统节能，把节能技术进步放在优先位置，结合企业技改，淘汰落后的高耗能工艺和设备，禁止工艺装备落后、能耗高项目的建设。

（二） 加大政府对通用能源系统节能的支持力度

加大通用能源系统节能技术与产品、重大节能项目示范、试点和推广的支持力度。对鼓励发展的节能新产品和新技术应用给予相应的财政、税收优惠政策。开辟多种融资渠道，鼓励企业和民间资本进行节能投资，解决节能项目融资难题。

（三） 加强节能标准规范制定

通过科技攻关和示范，形成技术上可行、经济性合理的节能方案，制定并适时修订通用产品和系统的节能标准及相关规范，在编制、发布相关《节能产品目录》、《淘汰高耗能工艺与落后用能设备（产品）目录》和高耗能产品单位能源消耗定额标准时，将通用设备及系统纳入编制、规范的范围，纳入管理体系。

（四） 培育发展节能技术服务市场

加强节能技术创新体系建设，尤其重视对节能交叉学科、集成技术体系建设，建立完善通用能源系统节能技术重点实验室和工程中心。发展节能服务产业，促进节能技术服务机构转换机制、创新模式和拓宽领域。

组织开展技术交流、技术推广、技术咨询、信息发布、宣传培训等活动，多渠道、多形式推广节能技术与产品。

开展节能审计（诊断），推行合同能源管理、自愿协议、电力需求侧管理等节能新机制，促进节能技术进步。

积极推动节能技术国际交流与合作，引进国外先进的节能技术、产品，重视消化吸收再创新，加快发展具有自主知识产权的节能技术和产品。

推动上海新能源产业创新集群的发展

刘新宇*

摘　要： 新能源产业是一个新兴的经济增长点，不过，它是一条包含多个环节的装备制造产业链，只有达到较高的技术水平或抓住产业链上的高端环节，才能避免装备制造中的高能耗、高消耗、高污染问题，这就需要一个强大的创新集群作支撑。上海新能源科研机构门类较全，实力较强，并通过多渠道向产业界输送研发成果，但是其发展受到高昂商务成本的制约。本市发展新能源创新集群的合适策略是：利用国家级科研单位集中的优势更好地促进其新能源研发成果的产业化，利用金融体系优势完善科技创新投融资体系，利用长三角协调中的核心地位拆除地方保护主义的藩篱，建立一些区域共享的技术研发或研发服务平台。

关键词： 上海　新能源产业　创新集群　产学研合作

在低碳经济时代，新能源产业是发展势头强劲的新经济增长点；抓住这一战略性新兴产业发展的机遇，对提升上海未来的产业竞争力有重大意义。但是，也必须看到，新能源产业并不是一个笼统的概念，而是包含多个环节的一条装备制造产业链。如果没能达到较高的技术水平或没能抓住产业链上的高端环节，装备制造过程中的高能耗、高消耗、高污染也是不容小觑的。要提高上海新能源产业的技术水平或抓住产业链高端环节，就要有一个强大的创新集群作支撑，为此，本报告专门对上海新能源创新集群的发展现状、

* 刘新宇，上海社会科学院生态经济与可持续发展研究中心博士。主要研究方向：低碳经济与新能源产业。

优势劣势、改进对策等做了研究。

上海学术界有着比较强大的新能源科研实力,并通过多种渠道向产业界输送研发成果,这不仅大大支持了本地国有和民营新能源企业的发展,也吸引市外新能源龙头企业在沪布局研发基地。但是,也必须看到,上海新能源研发中心的地位受到北京、深圳、无锡、保定等城市的有力挑战,本市高昂的商务成本也让一些有意在此布局研发基地的企业望而却步。对于上海发展新能源创新集群而言,合适的策略是:其一,更好地促进在沪国家级科研单位新能源研发成果的产业化;其二,利用金融体系优势完善科技创新投融资体系;其三,利用长三角协调中的核心地位拆除地方保护主义的藩篱,并建立一些区域共享的技术研发或研发服务平台。

一　上海新能源研究机构

经过多年发展,在太阳能、风电、生物质能、新能源汽车与智能电网等领域,上海的高校和科研院所已经积累起比较雄厚的实力,并建立了不少高水平的研究机构(见表1)。

表1　上海主要新能源研究机构一览

新能源类别	研　究　机　构	在新能源方面的研究专长
综合	上海清洁能源研究与产业促进中心	中心一期实行产学研合作模式,组建了太阳能、燃料电池汽车、风电、生物质能等专业研究室
	上海交通大学能源研究院	二甲醚、酒精燃料等新能源汽车、太阳光分解水制氢、太阳能热利用技术与建筑一体化、太阳能冷管及制冷系统、燃料电池、太阳能发电、生物质能
	复旦大学新能源研究院	高效储能材料、太阳能电池材料、生物质能
	上海工程技术大学机械工程学院能源与环境工程研究所	高效热管式太阳能热水器、高温太阳能热水器、太阳能建筑(热能利用)、风力发电机组(叶片)
	华东电力设计院下属中国电力建设工程咨询华东公司	生物质能发电和风力发电
	上海电力设计院	风电和太阳能工程设计、风光储输工程(智能电网)
	上海第二工业大学绿色能源实验室	研究太阳能、风能等的性能特点、工作情况以及与建筑、路灯等的结合

续表 1

新能源类别	研 究 机 构	在新能源方面的研究专长
太阳能	上海交通大学理学院物理系太阳能研究所	太阳能电池检测设备、纳米硅薄膜电池、万吨级粒状多晶硅工程化研究
	上海交通大学太阳能发电及制冷教育部工程研究中心	太阳能建筑一体化应用、太阳能制冷、太阳能采暖、高效太阳能集热器、太阳能光伏应用
	上海交通大学机械与动力工程学院燃料电池研究所	燃料电池、储能电池、二次电池等
	华东师范大学物理系纳光电集成与先进装备教育部工程研究中心	具有纳米材料和结构的薄膜太阳能电池
	华东理工大学材料科学与工程学院	太阳能电池新型材料、太阳能光分解水制氢材料
	华东理工大学机械与动力工程学院	传热强化与节能、太阳能制冷
	上海大学—索朗光伏材料与器件 R&D 联合实验室	高光电转化效率和低成本的新型光伏功能材料与器件、低成本薄膜太阳能电池工业化生产技术、器件测量技术
	上海太阳能电池研究与发展中心（中科院上海技术物理研究所参与合办）	太阳能电池材料、器件和组件及其测试和应用，以及相关的光电转换新材料、新技术
	中科院上海微系统与信息技术研究所	Ⅲ～Ⅴ族薄膜太阳能电池技术
	上海空间电源研究所	太阳能电池、电子电源控制系统、能源控制系统
	上海电力学院—电气久能太阳能研究所	太阳能光伏并网发电
	上海师范大学生命与环境学院催化研究所	光催化
	同济大学科技园同建师科太阳能科技有限公司	太阳能热水器及太阳能供热工程
	上海理工大学环境与建筑学院	太阳能供热与空调系统
风电	上海交通大学风能发电及控制研究中心	风力发电系统、风力机、风电场研究
	上海市第二工业大学（新能源装备）测控自动化学科	大型风电机电气控制系统实验、电动机组控制与拖动实验、dSPACE 硬件仿真实验
	上海电机学院电气学院	风力发电全工况仿真和关键部件的试验研究
	上海海事大学物流工程学院电力传动与控制研究所	风电相关电力传动控制系统与智能信息处理、电力电子装置及其仿真技术
	同济大学—派克汉尼汾传动与控制实验室	与风电有关的机械设计、制造及自动化方面实验
	同济大学机械工程学院	风电机组塔筒等高耸结构、风力发电机液压储能技术
	同济大学土木工程学院	风电相关的数值风洞技术、风力发电塔结构技术
	上海理工大学机械工程学院	风力发电机组(叶片)

新能源类别	研 究 机 构	在新能源方面的研究专长
风电	上海大学机电工程与自动化学院	风电相关的电机及驱动系统
	上海电力学院新能源与电力安全研究中心	风力发电技术(稳定性控制,与智能电网技术相关)
	中国电子科技集团公司上海微电机研究所(第二十一研究所)	小型高效风力发电机、变速恒频双反馈永磁风力发电机
	上海玻璃钢研究院玻璃钢叶片研究室	风力机复合材料叶片结构设计、静动测试、模具装备研制、生产工艺和质保系统
	华东理工大学华昌聚合物有限公司	风机叶片用乙烯基酯树脂
生物质能	上海交通大学农业与生物学院生物质能工程研究中心	生物质热化学转换技术、燃料乙醇技术、农村废弃物制取沼气技术、生物柴油技术
	华东理工大学生物反应器工程国家重点实验室生物质能源研究中心	结合基因工程、酶工程和代谢工程等,发展生物质酒精、生物柴油和生物制氢等生物能源制造技术
	上海大学生命科学学院—上海市能源作物育种及应用重点实验室	能源作物新种质育种、新种质对非宜耕地的利用和改造,以及利用新种质作物生产液体燃料
	上海木薯生物技术中心(中科院上海生命科学研究院参与合办)	能源植物薯类(木薯、甘薯)及以其为原料的能源产品
	上海工业生物技术研发中心(依托中科院上海分院、上海生命科学研究院)	能源植物改造、生物能源生产
	上海理工大学能源与动力工程学院热能与环境工程研究所	生物质废弃物燃烧设备
	复旦大学环境科学与工程系	将海藻(浒苔)转化为生物质油
	同济大学现代农业科学与工程研究院生物质能源研究中心	能源作物的培育以及利用其生产生物质能
新能源汽车	同济大学新能源汽车工程中心	燃料电池、混合动力、电动汽车等新能源汽车整车设计、动力系统集成、汽车电子控制系统研发、氢能设施技术
	同济大学电气工程系新能源利用与新型电气装备研究室	基于超级电容器及蓄电池的混合储能技术、大功率(直流—直流)变换器、超级电容器特性测试与分析、新能源汽车电磁兼容
	上海汽车电驱动工程技术研究中心(上海大学参与合办)	新能源汽车驱动系统或电机系统
	上海交通大学汽车动力电池材料研究所	动力电池关键材料、一致性成组技术以及失效分析、安全评估
	中科院电动汽车(上海)研发中心	电动汽车整车设计分析与集成、关键零部件、新材料与新工艺、整车及关键零部件测试与标定
	中科院上海高等研究院FRD电驱系统技术研究中心	FRD电驱系统技术研究,尤其要将其运用到赛车运动中

新能源类别	研 究 机 构	在新能源方面的研究专长
智能电网	国家能源智能电网(上海)研发中心(挂靠上海交通大学)*	智能电力设备、大用户能源管理系统(EMS)与电动汽车充放电技术(V2G)、智能配电、电网安全、智能电网及其赢利模式
	中国科学院上海硅酸盐研究所	大容量钠硫储能单体电池
	华东电力设计院	数字化变电站、在线监测系统智能化设计及无人值班变电站
	上海电器科学研究所	智能电网用户端的智能电器、智能电表、设备监控系统、智能家居系统、储能与充电、系统集成技术等
	复旦大学管理学院	面向智能电网的多适应性规划体系
	上海工程技术大学电子电气工程学院	智能电网建设的分布式网络体系与电网调度策略
	上海工程技术大学机械工程学院	低压电器过载保护智能调试系统
	上海电力学院智能电网技术研究院	智能供电、智能电网信息支持与智能决策、智能电网管理技术、储能技术
	上海市电力公司—中国电力科学研究院智能电网联合研究中心	以特高压电网为骨干网架的统一坚强智能电网,包括智能发电、智能输电、智能变电站、智能配网、一体化智能调度、与客户双向互动式计量的智能用电
	华东电力试验研究院	为华东电网的生产、建设提供各种专业技术服务

* 2010 年 1 月国家能源局授牌的首批 16 个国家能源科技研发(实验)中心之一。

资料来源:上述各研究机构官方网站,或者其所属的高校、院系或科研院所的官方网站等。

(一) 太阳能

上海交通大学太阳能研究所在上海居于龙头地位,中科院上海分院系统的研发实力也很强劲,如上海太阳能电池研究与发展中心就是由上海技术物理研究所参与合办的,上海空间电源研究所则为配合航天工程有多年的太阳能电池研究积累。和光伏电池相配套,上海大学—索朗光伏材料与器件R&D 联合实验室、华东理工大学材料科学与工程学院、复旦大学新能源研究院等的专长是研发电池材料,同建师科太阳能科技有限公司、上海交大太阳能发电及制冷教育部工程研究中心等的专长则在太阳能热利用方面。

(二) 风电

在风电研究方面,上海交通大学、上海市第二工业大学、上海电机学院、上海海事大学的研究实力都较强。和风力发电机组相配套，同济大学的专长则是建造发电塔等高耸（土木）结构，上海玻璃钢研究院玻璃钢叶片研究室主攻风机叶片，华东理工大学华昌聚合物有限公司的专长则为风机叶片研发新材料。

（三）生物质能

在生物质能方面，上海大学生命科学学院、上海木薯生物技术中心、上海工业生物技术研发中心、同济大学现代农业科学与工程研究院等多家机构着力研发能源植物，上海交通大学农业与生物学院、华东理工大学生物反应器工程国家重点实验室的专长则在制备燃料乙醇、生物柴油等生物化学过程方面。

（四）新能源汽车

在新能源汽车方面同济大学汽车学院、新能源汽车工程中心无疑在上海处于中心地位，上汽集团、奇瑞汽车股份有限公司、浙江吉利汽车有限公司、深圳五洲龙汽车有限公司和上海燃料电池汽车动力系统有限公司等国内外知名汽车企业都是同济大学汽车学院、新能源汽车工程中心的长期合作伙伴。[1]

上海交通大学能源研究院在二甲醚、酒精燃料等新能源汽车领域也有很强的研究实力。和新能源汽车相配套，上海汽车电驱动工程技术研究中心等机构在驱动系统或电机系统方面有研究专长。

（五）智能电网

上海交通大学的国家能源智能电网（上海）研发中心，是2010年1月国家能源局授牌的首批16个国家能源科技研发（实验）中心之一，上海电力学院智能电网技术研究院、上海市电力公司—中国电力科学研究院智能电网联合研究中心的研究实力也较强。在智能电网产业链相关环节，中科院上

---

① 上海市教育委员会科技发展中心下属上海高校技术市场官方网站。

海硅酸盐研究所在大容量钠硫储能单体电池研发领域享有盛名，上海电器科学研究所（已被正泰电气收购）则擅长研发智能电网用户端的智能电器、智能电表、设备监控系统、智能家居系统等。

二　上海新能源研究机构多渠道向产业界输出研发成果

上海的新能源研究机构不仅具有较强的科研实力，而且通过多种渠道向产业界输送研发成果，包括依托高校或科研院所办企业、与企业合办研究机构、与企业建立战略合作伙伴关系、以各种产业园或孵化园作为产学研合作的纽带、市政府建立综合性的新能源产学研合作平台沟通各方联系。

（一）　依托科研机构创办企业

一些研发新能源的科研机构自办或参与合办企业，或者，来自于这些机构的科研人员发挥自身技术优势创办民营企业（见表2）。这一现象在上海交通大学太阳能研究所表现得最为明显，依托该所技术力量创办的知名企业就有上海交大泰阳绿色能源有限公司和上海赫爽太阳能科技有限公司。中国电子科技集团公司上海微电机研究所（第二十一研究所）也参与创办了两家知名的新能源汽车相关企业——上海燃料电池汽车动力系统有限公司和上海安乃达驱动技术有限公司。

（二）　科研单位与企业合办研发机构

拥有较强新能源研发力量的高校或科研院所与企业合办研究机构（见表3）。在这方面表现比较活跃的有上海交通大学太阳能研究所、同济大学和上海交通大学的汽车学院，随着智能电网产业的升温，上海交通大学的电气工程系也积极与许继集团、思源电气等龙头企业合办相关机构。江西赛维、林洋新能源、华锐风电、河南天冠、长安汽车、新奥集团等市外龙头企业也把与上海相关高校或院所合办研究机构作为在沪布局研发力量的重要手段。

表2　依托新能源研究机构技术力量创办的若干知名企业

企业名称	依托高校或科研院所	专业领域
上海交大泰阳绿色能源有限公司 *	上海交通大学太阳能研究所	晶体硅电池、硅基薄膜、光伏电池组件等
上海赫爽太阳能科技有限公司	上海交通大学太阳能研究所	太阳模拟器研发、生产
南阳迅天宇硅品有限公司	中科院、中科院上海技术物理研究所	物理法制备多晶硅技术
同建师科太阳能科技有限公司	同济大学科技园	太阳能热水器
华昌聚合物有限公司	华东理工大学	风机叶片用乙烯基酯树脂
中国电力建设工程咨询华东公司	华东电力设计院	生物质能发电和风力发电
上海燃料电池汽车动力系统有限公司 **	同济大学、中国电子科技集团公司上海微电机研究所	以电动汽车（燃料电池汽车）为核心业务
上海安乃达驱动技术有限公司 ***	中国电子科技集团公司上海微电机研究所	电动汽车（燃料电池汽车）用电机及其控制系统

　　* 与上海电气集团等合办；
　　** 与上汽集团等合办；
　　*** 与上海燃料电池汽车动力系统有限公司等合办。
　　资料来源：上述各研究机构官方网站，其所属的高校、院系或科研院所的官方网站，或者相关企业的官方网站等。

表3　知名高校或院所与龙头企业合办的若干新能源研究机构

合办研究机构名称	参与合办的高校或院所	参与合办的企业
上海电气—上海交大光伏技术联合实验室	上海交通大学太阳能研究所	上海电气集团
上海交通大学—LDK 太阳能联合实验室	上海交通大学太阳能研究所	江西赛维 LDK 太阳能高科技有限公司
上海交通大学林洋太阳能光伏研发中心	上海交通大学太阳能研究所	林洋新能源有限公司
上海电力学院—电气久能太阳能研究所	上海电力学院	上海久能能源科技发展有限公司、上海电气集团
上海大学—索朗光伏材料与器件 R&D 联合实验室	上海大学理学院物理系、材料科学与工程学院、微结构中心	上海索朗太阳能科技有限公司
上海太阳能电池研究与发展中心	中科院上海分院、中科院上海技术物理研究所	上海张江集团

续表3

合办研究机构名称	参与合办的高校或院所	参与合办的企业
中科院上海硅酸盐研究所—协鑫蓝宝石晶体材料研发中心	中科院上海硅酸盐研究所	保利协鑫能源控股有限公司
国家能源海上风电技术装备研发中心	上海交通大学	华锐风电科技（集团）股份有限公司
同济大学—派克汉尼汾传动与控制实验室	同济大学机械工程学院	派克汉尼汾公司
上海工业生物中心—河南天冠集团生物能源联合实验室	上海工业生物技术研发中心	河南天冠企业集团有限公司
上海新能源汽车发展产学研共同体	同济大学、上海交通大学	上汽集团
长安汽车—同济大学汽车工程研究中心	同济大学汽车学院	长安汽车
长安汽车—上海交通大学汽车工程研究中心	上海交通大学	长安汽车
新奥集团—同济大学清洁能源联合研究所	同济大学	新奥集团
新奥集团—上海交大清洁能源研究中心	上海交通大学	新奥集团
上海华普汽车—上海交大汽车联合研究院	上海交通大学	上海华普汽车有限公司
上海交大—江苏力天汽车动力电池材料联合研发中心	上海交通大学汽车动力电池材料研究所	江苏力天新能源科技股份有限公司
上海汽车电驱动工程技术研究中心	上海大学	上海电驱动有限公司
中科院上海高等研究院FRD电驱系统技术研究中心	中科院上海高等研究院	珠海方程式赛车发展有限公司
上海市电力公司—中国电力科学研究院智能电网联合研究中心	中国电力科学研究院	上海市电力公司
上海交大—许继智能电网技术研发中心	上海交通大学电气工程系	许继集团有限公司
上海交大—思源数字电力研究中心	上海交通大学电气工程系	思源电气股份有限公司

　　资料来源：上述各研究机构官方网站，其所属的高校、院系或科研院所的官方网站，或者相关企业的官方网站等。

（三）科研单位与企业建立战略伙伴关系

具备较强新能源科研实力的高校或科研院所采取签订战略合作协议等形式，与相关企业建立战略合作伙伴关系（见表4）。在这方面比较活跃的，就高校或院所而言，有上海交通大学太阳能研究所、同济大学和上海交通大学的汽车学院，以及上海大学机电工程与自动化学院；就企业而言，有上海电气集团，包括其下属的电站集团和风电设备有限公司。和在沪高校或院所建立战略合作伙伴关系同样是市外新能源龙头企业在上海开展研发活动的重要渠道。

表4 若干在新能源领域建立战略合作关系的知名高校、院所与龙头企业

合作高校或院所	合作企业	合作内容
上海交通大学太阳能研究所	常州亿晶光电科技有限公司	光伏产学研活动
上海交通大学太阳能研究所	上海超日太阳能科技股份有限公司	太阳能电池组件、太阳能用户系统、太阳能灯
上海交通大学太阳能研究所	苏州阿特斯阳光电力科技有限公司	光伏电池
上海交通大学燃料电池研究所	上海电气集团	（太阳能相关）燃料电池研发
上海太阳能电池研究与发展中心	上海超日太阳能科技股份有限公司	光伏电池
上海太阳能工程技术研究中心	常州天合光能有限公司	光伏产品检测服务和代为采购光伏检测设备
上海交通大学风力发电研究中心	上海电气集团、上海电气风电设备有限公司及贝加莱工业自动化公司	风电研发
上海大学	上海电气集团中央研究院	大转矩磁力齿轮设计开发
上海科学院	上海电气电站集团	大型风力发电技术研发
上海电机学院电气学院	上海电气风电设备有限公司	风电全工况仿真和关键部件试验
上海电力学院	上海东海风力发电有限公司	风电研发、并网
华东理工大学	上海天之冠可再生能源有限公司	发酵醇和 HMB 项目
同济大学汽车学院	宝马集团	纯电动汽车
同济大学汽车学院	上汽集团	燃料电池汽车
同济大学汽车学院	上海燃料电池汽车动力系统有限公司	燃料电池轿车
同济大学汽车学院	上海华普汽车有限公司	混合动力轿车
同济大学汽车学院	华晨汽车	混合动力汽车
同济大学汽车学院	深圳市五洲龙汽车有限公司	纯电动客车、混合动力客车等
同济大学汽车学院	中通客车	燃料电池客车等
同济大学汽车学院	拜耳集团上海汽车技术中心	为新能源汽车研发合适的（聚合物）材料

续表 4

合作高校或院所	合 作 企 业	合 作 内 容
上海交通大学	奇瑞汽车有限公司	纯电动轿车
上海交通大学	苏州金龙	混合动力客车
上海交通大学	海格客车	氢燃料电池和混合动力公交车
上海交通大学汽车动力电池材料研究所	日本丰田公司	最新一代汽车动力电池
上海大学机电工程与自动化学院	上海安乃达驱动技术有限公司	车用永磁驱动电机系统
上海大学机电工程与自动化学院	上海大郡自动化系统工程有限公司	车用永磁磁阻电机及其控制系统
上海大学机电工程与自动化学院	株洲南车时代电气股份有限公司	车用永磁同步牵引电机
中科院电动汽车研发中心	力帆汽车集团	电动汽车研发
中科院上海硅酸盐研究所	上海市电力公司	大容量钠硫储能单体电池
上海电力学院	上海市电力公司、通用电气商用（上海）有限公司	智能电网研发
上海工程技术大学	上海电气集团	低压电器智能生产调试系统

资料来源：上述各研究机构官方网站，其所属的高校、院系或科研院所的官方网站，或者相关企业的官方网站等。

（四）产业园或孵化园是重要的产学研合作通道

各种产业园或孵化园为新能源领域产学研合作提供平台。此类园区周边的或者在园区内设立研发机构的高校或院所是区域创新发展的动力源，承担着为园区提供创新创业人才、技术和项目的职能，为区域经济社会发展提供智力支持；而园区的主要职能是进行高科技成果的产业化、市场化，包括高科技企业的孵化，直接促进生产力的发展，是区域创新发展中的关键环节，同时又是产学研相结合的重要基地。[①] 这类产业园或孵化园主要分为依托高校创办、龙头企业创办和地方政府创办三种类型。

1. 依托高校创办型的典型案例

同济大学及其附属科技园高度重视将学科链与产业链有机衔接作为官产学研相结合的基础。近年来，同济组建了两大学科群，对接两大产业链。一是由土木、建筑、规划、环境以及社会科学等多个主干学科构成的城市建设

---

① 周家伦：《大学在国家创新体系建设中的探索与实践》，《中国科技产业》2009 年第 11 期。

与防灾学科群，对接创意设计产业链。二是由汽车、轨道交通、机械、电子、信息、材料等多个主干学科构成的现代装备制造学科群，对接国家地面交通工具产业链。其中，新能源汽车是国家实现节能减排的战略重点，同济大学现代装备制造学科群联合攻关，燃料电池轿车的研发迎头赶上世界先进水平。①

在上海电力科技园中，由于上海电力学院的综合优势和电力科技园平台的吸引力，一批知名新能源企业和现代电力服务企业相继进驻园区，如从事风电系统设计、研发、运行与维护的上海东海风力发电有限公司，从事电池—电容混合电动汽车研发的上海雷博新能源汽车技术有限公司，从事光伏发电和光热利用研发的上海前威新能源公司，上海电力学院太阳能研究所。②

2. 龙头企业创办型的典型案例

中国国电集团公司将响应上海市推进新能源高新技术产业化的战略部署，积极在上海规划建设集研发、生产、集成、销售于一体的国电太阳能科技产业园区，加快新能源产业及项目的落地建设。③

2009 年 8 月，由南京中电电气集团在松江工业区投资的上海光伏产业园实质性启动，规划占地 900 亩，主要由中电电气（上海）太阳能科技有限公司和中电电气（上海）光伏有限公司组成。前者主要生产太阳能光伏电池组件，后者专业生产太阳能光伏电池片，建成后，产业园将成为中电电气光伏产业的研发、生产和销售总部。④

2010 年 7 月，南汇工业园区投资发展有限公司在上海浦东举行了"光电之星科技港—新奥智城"项目揭牌仪式（暨与新奥集团共建南汇智能低碳现代企业社区战略合作协议的签约仪式），希望利用新奥自主研发的系统能效和低碳能源技术，结合南汇园区先进的产业新城管理理念，从系统整体

---

① 周家伦：《大学在国家创新体系建设中的探索与实践》，《中国科技产业》2009 年第 11 期。
② 黄辛：《上海电力科技园成为新能源专业园》，2009 年 3 月 22 日《科学时报》。
③ 《上海市人民政府与中国国电集团公司关于推进新能源发展战略合作框架协议》，2010 年 5 月。
④ 张晋洲：《中电电气入驻松江工业区打造上海光伏产业园——900 亩园区撬动 500 亿新能源市场》，2009 年 8 月 19 日《松江报》。

和单项技术两个层面实现园区内能源生产与转换、储存与配送、余能回收与再生、能源高效应用的全生命周期动态循环与优化，建成后的智城，将成为典范智能低碳社区的样本。①

3. 地方政府创办型的典型案例

嘉定工业区积极吸引、扶持中国科学院电动汽车研发中心、上海贯裕能源科技有限公司等一批优势新能源汽车企业入驻和发展。2009年8月，中科院电动汽车研发中心在嘉定工业区揭牌成立，标志着我国新能源汽车科研力量的"国家队"落户嘉定，该中心将整合中科院的科研成果和资源，以整车研发为核心，形成具有自主知识产权的纯电动轿车动力和信息平台。上海贯裕能源科技有限公司则一直致力于动力电池的研发，2009年还作为核心成员，参与了国家动力电池要求标准的起草。② 同时，在上海市新能源汽车推进办公室推动下，分布在全国各地的燃料电池汽车系统控制、电机、电池、燃料电池、车载氢系统等企业将逐步向汽车城安亭集聚，汽车城将形成一个以上燃动力和同济大学整车集成、动力平台集成为中心的燃料电池汽车产业链。③

2010年1月，以智能电网为主导产业的松江高新技术产业化基地获批，在规划的基地内，已集聚了正泰电气、诺雅克电气、中电电气、金陵智能电表、台积电等一批重点骨干企业；周边区域内则有比亚迪、一电电气、华通开关、熊猫电线电缆、飞航线缆等配套企业。作为国内输配电行业龙头的正泰电气，此前已收购了上海电科所，加之其自身作为"国家级技术研发中心"的技术力量，占尽了智能电网关键技术的先机。与此同时，松江大学城内的上海工程技术大学和东华大学，都分别设有与智能电网产业相关的学科，可以提供强大的技术和人才资源支撑。上述企业和研究机构将在电力储能、智能变电站、智能电器、智能电表等技术领域展开密切合作。④

---

① 操秀英：《新奥"智能能源"走进上海南汇工业园》，2010年7月18日《科技日报》。
② 《嘉定区多方共推新能源汽车产业》，2009年9月18日《上海市人民政府官方网站》。
③ 周阳：《打造国际领先的电动汽车动力平台》，《安亭报》2008年第15期。
④ 李圆圆：《松江高新技术产业化基地获批》，2010年1月27日《松江报》。

（五）市政府建立综合性新能源产学研合作平台

上海市政府建立了一系列新能源产学研合作平台，为新能源技术的供需双方（学术界和产业界）搭建合作桥梁。其中，上海清洁能源研究与产业促进中心是本市影响力最强的新能源技术专业平台。这是上海市政府为与科技部共同实施"部市合作"清洁能源技术计划，实现国家和上海市中长期能源科技和产业发展规划目标而建立的，以项目为纽带、企业为主体，分若干专业领域建立了研究室。如太阳能研究室由上海太阳能科技有限公司、上海交通大学、上海空间电源研究所等共同组建，燃料电池汽车联合研究室由同济大学、上海安乃达驱动技术有限公司、上海神力科技有限公司等联合组建，风电技术研究室是以上海电气集团为主，并联合上海交通大学、同济大学、上海大学、上海科学院等共同组建，兼做上海电气风电设备有限公司的研发中心（技术部），生物质能利用技术研究室则由华东理工大学、上海天之冠可再生能源有限公司等共同组建。[1]在市科委、市教委、市发改委等部门联合搭建的上海研发公共服务平台上，也将太阳能、新能源汽车等作为重要专题，在这些技术领域提供供需信息、仪器共享、工程中心、检测中心、科学数据库等方面的中介服务。例如，常州天合通过上海研发公共服务平台与上海太阳能工程技术研究中心建立了合作关系，后者为前者提供光伏产品检测、光伏检测设备代购等服务。[2]

三　上海新能源研发优势对本市龙头
企业具有较强支撑力

如上文所述，上海新能源研究机构门类比较齐全，研发能力比较雄厚，其表现之一就是对本市龙头企业具有较强支撑力。不仅有力支持了大型国有

---

① 上海清洁能源研究与产业促进中心官方网站。
② 吴弼人：《产学研合作　太阳能增效——红外检测仪器共享为光伏组件出口提供品质保障》，《华东科技》2009 年第 2 期。

企业的发展，而且使上海成为深受不少科技精英青睐的创业首选地，其中一些民营企业成长为行业龙头。

（一）支持大型国企发展

上海新能源科研力量支持相关大型国企发展，其中以上海电气和上汽集团最为典型。

上海电气原本以火电与核电见长，后来又成长为风电行业的国内龙头之一，该集团及其下属的电站集团、风电设备有限公司与上海交通大学、上海大学、上海科学院、上海电机学院在风电方面的合作关系密切；近期通过与上海交通大学、上海电力学院合办研究机构积极涉足太阳能行业，又与上海工程技术大学在智能电网相关领域建立了合作关系。

近年来，上海电气在风电设备研发与生产方面，取得了重大成绩。该集团与德国 Aerodyn 公司联合设计开发 2 兆瓦双馈式变速恒频风电机组，2009年安装在江苏大丰风电场并网发电。[①] 2010 年 7 月 1 日，上海电气风电设备有限公司独立研制的风轮直径为 116 米的海上风机"巨无霸"——3.6 兆瓦大型海上风机在上海临港重装备产业区成功下线。这是我国目前自主研发的技术最先进、容量最大的风力发电机组。海上风电机组的研发成功，标志着中国掌握了大容量风电机组设计核心技术，填补了国内海上风机独立研制的空白，体现了上海电气已具备国内领先的整机设计能力。[②]

上汽集团是上海汽车行业发展的柱石，借助与同济大学、上海交通大学汽车学院等的合作，在新能源汽车研发方面取得了骄人成绩。目前，上汽集团拥有两个新能源汽车研发平台，即自主品牌与合资品牌研发平台。其中，上海通用是其合资品牌研发平台的载体。[③] 2005 年 10 月，该集团与同济大学、上海交通大学共同倡议成立上海新能源汽车发展产学研共同体。[④] 2008

---

① 徐畅：《五大风电公司风机国产化获突破　产业链瓶颈将消除》，2009 年 4 月 9 日《中国证券报》。
② 叶薇：《中国最先进海上风机今下线　单机容量 3.6 兆瓦》，2010 年 7 月 1 日《新民晚报》。
③ 《上海通用新能源汽车计划总体理性》，2010 年 6 月 21 日《中国投资咨询网》。
④ 《我校与上汽、交大倡议成立新能源汽车产学研共同体》，2005 年 11 月 2 日《同济大学官方网站》。

年上汽集团与同济大学汽车学院、上燃动力、上海安乃达驱动技术有限公司、苏州星恒电源有限公司、上海神力科技有限公司、新源动力科技有限公司联合参加"奥运计划",为北京奥运会研制20辆燃料电池轿车。上汽集团与同济大学、上燃动力合作的"燃料电池轿车动力系统集成与控制技术"项目于2007年获得上海市科技进步一等奖。2008年,上汽集团与同济大学、上燃动力合作的"燃料电池轿车动力平台关键技术"项目获得国家科学技术进步奖二等奖。①

2009年5月,在上汽集团召开的"加快推进新能源汽车建设誓师大会"上,上海市委市政府有关领导明确了以油电混合动力汽车和高性能纯电动汽车为主攻方向,以"电池+电机+电控"等关键零部件为突破口,加快形成国内领先、具有国际竞争能力的自主产业体系和产业集群,而上汽集团将成为实现这一目标的中坚力量。②

(二) 民营新能源企业成长的沃土

上海是不少新能源科技精英心目中创业的首选地,他们创办的民营企业中有一些已经成长为国内同业中的龙头。

例如,上海曙海太阳能有限公司技术团队由一批留美精英组成,他们于21世纪初回国创业,并在2007年结合组成了今天曙海的光伏技术核心团队;2008年3月,这一团队带着自己杰出的开发成果与浙江优秀民营企业曙光集团、申林汽车部件有限公司结成了战略同盟,即上海曙海太阳能有限公司。2009年4月,中国首条高度创新、独立设计制造的硅薄膜光伏组件规模化生产线"双星—3000"工艺全线在上海南汇区的曙海厂区贯通,这标志着我国光伏产业高端半导体薄膜核心设备与工艺在经历了引进消化吸收、仿制与改进等阶段以后,开始进入全面自主创新阶段。③

又如,2010年4月,民营企业上海万德风力发电股份有限公司具有完

---

① 上海市教育委员会科技发展中心下属上海高校技术市场官方网站。
② 赵奕:《全年29亿元研发投入上海汽车勾画新能源路线图》,2009年5月11日《第一财经日报》。
③ 《曙海太阳能公司沿革》,2009年10月10日,上海曙海太阳能有限公司官方网站。

全自主知识产权的 1.25 兆瓦、1.5 兆瓦永磁直驱风力发电样机在上海奉贤正式并网发电，而且其永磁直驱风机技术瞄准世界风力发电的技术前沿，突破了跨国企业的技术封锁。①

四 上海新能源研发优势对市外龙头企业表现出较强吸引力

上海新能源研究机构水平较高、实力较强的另一个表现是，市外（包括外地和国外）新能源龙头企业在沪研发活动活跃。除了上文各表格中反映的市外龙头企业与本市高校、科研院所合办研究机构和建立战略合作伙伴关系，不少市外龙头企业还在沪单独设立研发机构，或者与本市企业合办以新能源研发为主业的高科技子公司。

美国通用电气、吉利集团、施耐德电气等都将上海作为其主要研发基地之一。通用电气是最早在上海浦东设立全球研发中心的跨国企业，上海研发中心是通用电气全球四大研发中心之一，目前正在全力研发下一代远程飞机发动机、混合动力机车、智能电网等世界领先的绿色能源技术。② 目前吉利集团正在转型，整合了新能源汽车研发，并将其整个布局在上海的华普基地，即上海华普汽车有限公司，该公司还在 2005 年建立了上海华普新能源汽车研究院。吉利集团首先选择最有可能实现的轻度混合动力系统，在实现产业化前的三四年进行爆发式突破研究。③ 在智能电网相关产业方面，2005 年 6 月，施耐德电气位于浦东张江的中国研发中心落成，到 2006 年底，此中心一跃成为施耐德电气全球五大研发中心之一。④ 2009 年 9 月，阿海珐集团输配电部在上海宣布，其中国技术中心在上海漕河泾浦

① 沈则瑾：《万德靠自主研发"御风而行"》，2010 年 9 月 29 日《经济日报》。
② 王春阳、陆彤：《看苏沪"科技双雄"的崛起之路：沪津苏启示录之高新篇》，2010 年 6 月 17 日《大连晚报》。
③ 《上海华普新能源汽车研究院院长张彤：新能源汽车 2009 年底实现产业化》，2007 年 11 月 15 日《中国汽车报》。
④ 薛慧卿：《施耐德中国研发中心落户上海张江》，2005 年 4 月 11 日《新民晚报》。

江高科技园区正式破土动工。① 而2010年1月，全球三大电气巨头阿尔斯通、施耐德电气与阿海珐联合宣布，阿尔斯通、施耐德电气已与阿海珐签订协议，将联合收购阿海珐输配电业务，它们将共同参与对智能电网的研发。② 此外，在风力发电、生物质能燃料及生物质能发电等领域拥有领导地位的山东三融集团有限公司在上海设立了技术研发中心；③ 2010年9月，华仪电气股份有限公司为建立上海华仪风电技术研究院，开始在股票市场上筹集资金。④

在与上海企业合办高科技子公司的市外龙头企业中，瑞典瑞华公司是最为积极的公司之一。该公司2001年组建上海瑞华（集团）有限公司，2007年，上海瑞华集团有限公司与国家电网旗下的华东电网公司以及上海电力公司合资组建了上海雷博新能源汽车技术有限公司，主要从事于研发制造高品质的锂离子蓄电池＋超级电容器混合动力系统，为公交、旅游、电力、环卫、市政等领域提供各类优质零排放的电动汽车。2009年4月，安凯客车宣布与上海瑞华集团的子公司上海雷博签署了合作投资建设新能源汽车生产基地的合作协议，安凯客车主要负责提供拥有自主知识产权的客车车体产品，雷博公司主要负责提供拥有自主知识产权的混合电能汽车驱动核心零部件。⑤ 瑞典瑞华公司还与上海电气集团共同投资建立上海南洋电机有限公司，风力电机的研发和生产是其主营业务之一。⑥

此外，2009年5月，美国亚升通公司、莘庄工业区实业股份有限公司、上海天地人和创业投资有限公司在莘庄工业区共同投资设立一个合资公司，其主要业务包括研发、设计、制造碲化镉太阳能薄膜电池光伏生产设备。⑦ 河南天冠企业集团和上海凯金生物科技有限公司共同出资在上海张江成立上

---

① 《阿海珐输配电中国技术中心破土动工》，2009年9月22日《国家电网报》。
② 陈其珏：《三大电气巨头并购 将共同研发"智能电网"》，《东方电气评论》2010年第2期。
③ 山东三融集团有限公司官方网站。
④ 《华仪电气股份有限公司非公开发行股票预案（修订）》，2010年9月10日《上海证券报》。
⑤ 上海瑞华集团有限公司官方网站。
⑥ 上海南洋电机有限公司官方网站。
⑦ 《美国亚升通项目签约仪式在闵行区政府举行》，2009年5月21日上海市人民政府官方网站。

海天之冠可再生能源有限公司，充当河南天冠集团的研发中心，从事燃料乙醇、生物柴油等可再生能源的研发和技术支持工作。①

五 上海新能源创新集群发展所受挑战

尽管上海在新能源产业创新集群建设方面取得了不小成绩，但同时必须清醒地看到，由于种种原因，其新能源研发中心地位受到其他城市的有力挑战。有些龙头企业虽然也积极在沪投资新能源产业，但只是在上海建立生产基地或销售中心，并未将其主要研发基地布局在此，如无锡尚德、晶澳太阳能。还有一些龙头企业将原本布局在上海的研发基地迁走，如比亚迪。出现上述现象的原因主要有以下几方面。

（一）其他研发中心城市的实力强劲

这些企业的总部所在地有比较厚实的科研基础和强大的研发支持能力，没有必要在上海布局研发基地。这类企业的总部所在城市又可分为两种情况，一种是中国传统的科技中心，如清华阳光总部所在的北京、拓日新能总部所在的深圳；另一种是在近年来新能源产业大发展的浪潮中崛起的新能源研发中心，如尚德总部所在的无锡、英利新能源总部所在的保定。

（二）上海在商务成本等方面的弱势

由于上海在商务成本、招商引资优惠政策等方面的竞争力较弱，一些龙头企业选择在其他城市布局研发基地，甚至将已经在沪建成的研发基地迁走。2008 年下半年，比亚迪上海研发中心南迁深圳就属于这种情况。② 从 1999 年到 2010 年，上海房地产价格涨幅惊人，导致商务成本急升。2009 年第四季度，上海工业土地一级市场出让均价为 37.21 万元/亩，比无锡高出 35%，比杭州、宁波、苏州高出 46% 左右，比南京高出 97%，比扬州和南

---

① 上海天之冠可再生能源有限公司官方网站。
② 唐柳杨：《比亚迪汽车研发中心部分南迁 上海职能弱化》，2009 年 5 月 25 日《第一财经日报》。

通更是高出一倍半左右。① 据新加坡《联合早报网》2010 年 6 月报道，在2010 年全球生活费最高城市排名中，东京在全亚洲排第一，香港排第六，上海第七。高企的商务成本使得上海在普通制造业的竞争优势大大减弱，部分普通制造业企业开始向外省市转移。②

（三）地方保护主义因素

有些龙头企业不愿在上海布局研发基地的背后存在地方保护主义因素。甚至有的企业在上海建立了研发中心，却顾及总部所在地政府的想法，不愿公开。

六　上海发展新能源创新集群应充分利用三大优势

相对于商务成本等方面的劣势，上海的优势在于国家层面新能源科研力量集中，拥有比较发达的金融体系以及在长三角协调合作中居于核心地位。因此，就发展新能源创新集群而言，上海的合适策略是：加快完善科技中介体系，让各种国家级科研单位的研发成果更便捷地输入到本市的产业界，支持其发展；利用金融体系优势，完善满足新能源研发不同阶段需求的多层次科技创新投融资体系；利用区域协调中的核心地位拆除地方保护主义的藩篱，并建立一些区域共享的技术研发或研发服务平台。

（一）国家层面新能源科研力量集中

由于上海是中国传统的科技中心之一，国家有关部门和央企往往将重要的新能源科研资源布局在此，这形成了上海市的一大优势。

中科院系统、央企系统都在上海开设了高水平的新能源研究机构。前者包括上海技术物理研究所、上海硅酸盐研究所、上海生命科学研究院和电动汽车（上海）研发中心等，后者包括中国电子科技集团公司上海微电机研

---

① 《2009 年第四季度长三角八城市工业土地一级市场的出让与交易情况》，上海工业房地产测评研究中心 2010 年度报告。

② 刘焜松：《上海新思维：居中速争高效求高质》，2010 年 9 月 9 日《上海证券报》。

究所（第二十一研究所）、中国电力工程顾问集团华东电力设计院等。

科技部、教育部和能源局等有关部门依托上海高校、院所的力量，建立了若干新能源研发中心、工程研究中心和重点实验室等，如上海交大的国家能源智能电网（上海）研发中心、国家能源海上风电技术装备研发中心、太阳能发电及制冷教育部工程研究中心，华师大的纳光电集成与先进装备教育部工程研究中心，华东理工的生物反应器工程国家重点实验室。

一些央企单独或通过与市政府合作在沪设立新能源子公司或研发基地。2009 年 6 月，上海普天控股股东中国普天信息产业集团与上海市政府签署战略合作框架协议，在沪建立"中国普天新能源示范基地"，着重于动力电池的生产及磷酸铁锂电池正极材料产业，重点发展动力汽车电池成组技术①。2010 年 5 月，中国国电集团公司与上海市政府签署《关于推进新能源发展战略合作框架协议》，根据协议，该集团将在上海闵行区设立国电华东新能源投资有限公司，并积极参与投资风电、光伏发电等新能源项目，以及对分布式电源、波浪发电等新能源研发项目的示范应用②。2010 年 7 月，国家电网公司与上海市政府签署《智能电网建设战略合作协议》，协议双方将在加快国家电网公司上海智能电网研究与发展中心建设、加快电动汽车充电设施建设、推动电力光纤设施建设服务三网融合发展、推动钠硫电池产业化、进一步扩大和完善智能电网示范应用五个方面开展深度合作③。

而且，2010 年 7 月底，国家技术创新工程上海试点工作正式启动。该工程是科技部、财政部等八部委于 2009 年 6 月共同组织实施的一项集成相关科技计划（专项）资源，引导和支持创新要素向企业聚集，促进产学研合作的国家创新体系建设工程。上海试点工作的目标是：到 2020 年，知识竞争力位于亚洲前列并进入世界先进地区第二集团，成为亚太地区的研发中心之一，若干科技领域达到世界领先水平，涌现出一批具有自主知识产权和

---

① 葛荣根：《大股东沪上布局新能源　上海普天逢机遇》，2009 年 6 月 5 日《上海证券报》。

② 《上海市人民政府与中国国电集团公司关于推进新能源发展战略合作框架协议》，2010 年 5 月。

③ 《上海市人民政府与国家电网公司智能电网建设战略合作协议》，2010 年 7 月。

国际竞争力的产品和产业。为此，就需要做好培育一批创新型企业、构建一批产业技术创新战略联盟、建设和完善一批产业技术创新服务平台、建设企业技术创新人才队伍、促进科技与金融紧密融合以及建设高新技术产业化基地和创新型城区六项工作。《上海试点方案》专门指出，到 2012 年，要在新能源、智能电网、新能源汽车等领域构建 60 个产业技术创新战略联盟[①]。编制和实施《上海试点方案》是上海市政府整合国家层面科技资源推动上海科技、产业大发展的战略举措，作为该项工程的重点领域，上海新能源产业的研发能力一定会随着工程的推进得到进一步提升。

上海市政府应充分利用国家级科研单位的技术溢出效应，通过成果转化项目、人员流动、技术转让和示范学习等路径内化和提升本区域新能源技术、产品创新能力，并从中获取创新效益。一是要更加主动地与中央部委、中科院、央企及其下属在沪科研机构等签订合作协议、建立协调会议制度。二是要完善法律制度，对不利于在沪国家级科研单位新能源研发成果产业化的地方政策，要及时调整或废止，并根据实际需要，积极完善以保护知识产权为核心的相关政策法律，在研究开发、投资担保、人才引进、技术入股、人员出国等方面制定一系列优惠政策。三是要提供良好服务，做到精细管理，切实为在沪国家级科研单位新能源研发成果产业化解决好土地供应、项目论证、市场开拓、信息共享等方面的问题[②]。

（二）金融体系比较发达

上海的金融体系比较发达，有利于为新能源研发活动的不同阶段吸引社会资本和集中其他优质要素。

上海的金融市场体系完善程度较高，目前已基本形成包括债券、股票、货币、外汇、商品期货、黄金等在内的全国性金融体系，我国的私募证券基金、QFII 及私人银行业务也都集中在上海。上海积极发展多元化金融体系，逐步成为资金运营、资产管理、清算结算中心。近年来上海利用"筹办世

---

① 《国家技术创新工程上海试点方案》，2010 年 7 月。
② 杨忠泰：《基于国家创新体系区域化的西部局部地区区域创新体系建设》，《科学学与科学技术管理》2009 年第 11 期。

博会"的契机增强自身金融市场的资金调度、信息反馈和诚信体系的建设力度。上海已成为世界上金融市场体系较完备的城市之一，而且明确自身建设基本思路——以金融市场体系建设为核心，以先行先试和完善金融环境为重点。2009 年国务院出台了《关于推进上海加快发展现代服务业和先进制造业、建设国际金融中心和国际航运中心的意见》，鼓励上海在以股指、汇率、利率、银行贷款等为基础的金融衍生工具领域先行先试。2010 年 4 月 9 日，由上海浦东国际金融航运双中心研究中心所编制的"全球国际金融中心竞争力指数"在浦东发布。依照"全球国际金融中心竞争力指数"的编制宗旨和评价方法，上海处于全球第三位，超过香港和北京①。上海应当利用比较发达的金融市场，进一步完善适应新能源技术、产品创新不同阶段需要的多层次资本市场体系，推动新能源创新集群以及新能源产业的发展。这需要从政府对科技创业投资的风险补偿、知识产权保护、提高科技中介体系服务水平等多方面统筹规划，采取综合性的政策措施。

（三）在长三角协调中居于核心地位

长三角地方政府间已经建立了比较密切的协调机制，而上海则在此类协调机制中处于核心地位。长三角地方政府间协作机制主要有四个层面：第一层级为三省市主要领导定期磋商机制，每年定期召开会议，磋商事关区域发展的重大战略问题，研究确定区域合作的总体要求和重点事项。第二层级是三省市常务副省（市）长参加的"沪苏浙经济合作与发展座谈会"。第三层级是长三角地区 16 个城市市长级别的"长江三角洲城市经济协调会"，截至 2009 年，已前后进行了 9 次协商会议，大力推动了区域规划、交通、产业、旅游、生态等各方面的合作。第四层级是职能部门的沟通协商机制。目前，长三角城市间 40 多个部门和行业建立了这种合作协调机制，一些重点行业和领域已取得了实质性的突破。如三省市人事部门建立了"长三角人才开发一体化联席会议"制度，开展专业技术职务任职资格互认；三省市

---

① 彭清华：《关于新形势下上海建设国际金融中心的若干思考》，《金融经济》2010 年第 14 期。

旅游部门还共同构建"长三角无障碍旅游区"[①]。作为长三角地区行政级别、经济总量、经济发展水平最高的城市,上海自然在此类协调机制中处于核心地位,而2010年5月颁布的《长江三角洲地区区域规划》更加强化了这种地位。上海可以利用这一优势,进一步深化区域协调,拆除一些不利于新能源产业发展的地方保护主义藩篱,设立一些长三角三省市或核心区16座城市共建共享的共性技术研发平台、技术检测平台、中介服务平台、科技投融资平台等。

七 提高新能源产业技术水平,促进城市可持续发展

上海进一步挖掘和利用国家级科技力量集中、金融体系比较发达以及在长三角协调中居于核心地位的优势,提升新能源创新集群的能级,有利于提高本市新能源产业的技术水平,抓住新能源产业链的高端环节,降低单位产值的资源、能源消耗和污染排放。利用较高的技术创新能力,上海应该也能够把"卖技术"而不是"卖产品"作为新能源产业的主要增长点,严格限制一些单位产值资源、能源消耗和污染排放较高的低端企业或低端环节在本市落户。

同时,要将上海新能源科技、产业发展和能源结构改善紧密结合起来,充分利用本市的新能源研发成果扩大对太阳能、风能、生物质能和新能源汽车等的利用。上海世博会就像是一个巨大的新能源试验场,为各种新能源技术的试错和改进提供了机会,市政府也以办世博会为契机兴建了服务于新能源产品应用的基础设施,如面向新能源汽车的加氢站和维护保养基地。以世博会为起点,上海新能源应用的示范、试点又将跃上一个新的台阶,本地新能源创新集群和产业集群的发展可以抓住这一机遇,和本市的能源结构改善实现双赢。更多地将上海的新能源研发成果应用到本市的各种示范、试点项目中,既有利于扩大清洁能源在能源消费总量中的比重,又有利于新能源技术本身的完善。

---

① 张建伟:《长三角都市圈区域治理研究》,《辽宁行政学院学报》2010年第12期。

上海新能源汽车：从世博园区驶向可持续未来

陈 宁*

摘 要： 上海世博会是目前世界上最大规模的新能源汽车集中商业运行的演练和示范。在上海世博会 182 天的历程中，新能源汽车以实战状态演绎了"绿色世博"、"低碳世博"的主旋律。世博完美收官，思考上海新能源汽车的发展历程和面向未来的可持续发展道路，能够发现新能源汽车在目前时代背景下，已不仅仅是对传统动力汽车的一种"扬弃"，更揭开了汽车产业的一次整体性变革，包括研发、制造、服务、社会基础设施、消费心理、社会文化等一系列领域。可以说，新能源汽车产业的可持续发展是上海先进制造业可持续发展的一个范本，同时，围绕新能源汽车的推广和消费，将是整个城市实现可持续发展转型的一个契机。本文从需求、供给和社会三个层面深刻剖析了上海新能源汽车未来发展的阻碍因素，并试图揭示上海新能源汽车以产业自身可持续发展撬动城市可持续发展的若干支点和政策建议。

关键词： 新能源汽车 示范运行 可持续发展

汽车的出现极大地改变了人们的出行方式和生活方式，被称为"改变世界的机器"。而今，全球生态环境、经济环境、社会环境都已发生翻天覆地的变化，新能源汽车悄然驶来。新能源汽车本身作为传统汽车在动力和技术上的"扬弃"，其出现迎合了可持续发展的时代特征。同时新能源汽车的

---

* 陈宁，上海社会科学院助理研究员，博士。主要研究方向：资源与环境经济学、产业经济学。

生产、销售和推广将推动整个城市产业生产方式、居民消费方式、城市生活方式的全面变迁，使之导入可持续发展的轨道。通过上海世博会新能源汽车的示范运行，我们清晰地感知到新能源汽车所能够产生的这些积极的、令人期望的经济和社会效应。我们期许新能源汽车终将成为"再次改变世界的机器"。

一 世博新能源汽车示范运行及意义

（一）新能源汽车示范运行

作为全国"节能与新能源汽车示范推广"首批试点城市之一，上海结合世博科技行动计划，在世博会期间与科技部合作开展纯电动、混合动力、燃料电池等1147辆各类新能源车辆示范运行。这是继2008年北京奥运会后，我国新能源汽车技术和成果的又一次集中展示。上海世博会无疑是目前世界最大规模新能源汽车的商业运营示范。

1. 运力

据上海新能源汽车推进领导小组办公室的数据，上海世博会期间，共使用节能与新能源汽车1147辆，其中纯电动汽车（含公交车、场馆车）390辆，燃料电池汽车（含公交车、轿车）196辆，超级电容公交车61辆，混合动力汽车（含公交车、轿车）500辆[1]。这些节能与新能源汽车被合理安排在世博园区的不同区域，承担不同的客流运送任务（见表1）。

按照预先的规划，世博园区内的地面公共交通承担40%的运能，但实际上承担了66%以上的运能。越江线及世博大道公交车每天运营时间为早晨8时至凌晨0时，从2010年5月1日到10月31日，越江线纯电动公交车共计出车22048次，累计载客8760万人次；世博大道公交线路上超级电容大巴运营时间也是早8时至晚24时，截至世博结束，超级电容大巴共计出车

---

[1] 王哲：《上海市节能与新能源汽车示范推广情况》，2010年中国汽车产业发展国际论坛，2010年9月5日。

表 1　上海世博会节能与新能源汽车分配区域及数量一览

单位：辆

区　域	节能与新能源汽车类型	数　量
越江线	纯电动公交车	120
世博大道	超级电容公交车	61
	燃料电池公交车	6
辅助公交线路	燃料电池观光车	100
	纯电动公交车	130
世博行政中心	纯电动场馆车	140
园区外	燃料电池轿车	90
	混合动力车	500
总　　计		1147

资料来源：上海市新能源汽车推进领导小组办公室。

8672 车次，载客 3000 多万人次，总行驶里程 200 万多公里。燃料电池观光车运营时间为晚 8 时 30 分至晚 10 时，由于燃料电池观光车在园区运行非常受欢迎，在 2010 年 6 月又增加了纯电动的观光车。从 2010 年 6 月 1 日到 10 月 31 日，纯电动观光车累计载客 230 万人次，总行驶里程达到 123 万多公里。燃料电池大巴从 2010 年 5 月 18 日开始，在世博大道线上运行，主要是进行实验和数据采集，每天上午 9 时入园，下午 3 时出园，世博期间累计载客十万人次[1]。

燃料电池轿车的使用分成两大块，一块是在世博园区作为贵宾接待车使用，另一块是在嘉定，在市政府接待办作为贵宾接待车使用，接待贵宾 5327 人次。未来保障燃料电池示范运行，在园区周边的加气站连续可以同时加注四辆轿车和两辆大巴。混合动力汽车在园区外做示范运行，包括 150 辆混合动力客车和 356 辆混合动力轿车，分别作为公交车和出租车使用。整个世博期间，大型客车共计运行 400 多万公里，整体运行情况很好。

2. 配套

为配套示范运行，上海世博园区内新建一座充电站，针对公交运行的特

---

[1]　王哲：《上海世博会加快新能源汽车的推广》，2010 年中国国际新能源汽车发展高峰论坛，2010 年 12 月 1 日。

点，采用快速更换电池方式为 120 辆纯电动公交客车提供服务。截至 2010
年 10 月 31 日，电动公交车换电池次数近 6 万车次①。在世博大道建设了 1
条充电线路，在每个站点为超级电容公交客车提供快速充电服务；在靠近世
博园区济阳路附近新建 1 座世博加氢站、配备 2 辆移动加氢车，为 50 辆燃
料电池轿车、6 辆燃料电池公交客车、100 辆燃料电池观光车提供燃料补给
服务；对安亭加氢站进行适应性改造，为另外 40 辆燃料电池轿车提供燃料
补给服务。

3. 维护

世博园区有一支共计 3000 多名包括技术维修、管理调度、电池调换、
汽车司机在内的人才队伍，为新能源公交车推广提供了技术保障。同时，
使用"上汽新能源汽车远程监控系统"对世博园区内行驶的千余辆新能源
汽车进行 100% 实时监控，从而对车的"健康指数"进行评估。健康指数
如果低于 90 分，监控系统就会发出预警，并显示"故障代码"，让驾驶人
员和远程控制中心采取及时有效的应对措施。这些运行数据也为新能源汽
车进入市场提供了必要的技术支持。经过维护人员的共同努力，世博会期
间，纯电动车的故障率是 5.89 次/万公里②，这一比率甚至低于一般传统动
力轿车的故障率。

（二）示范效果

1. 节约燃油

如果按照每部电动大巴日均行驶 200 公里、传统车油耗每百公里 40 升
来计算，120 辆纯电动大巴和 36 辆超级电容客车每天可节约燃油 12480 升，
在上海世博会 184 天会期内，总共可以节约 230 万升燃油。

2. 减少环境污染

世博园区的道路上，每 50 米就行驶着一辆新能源车，这 1147 辆节能与

---

① 王哲：《上海世博会加快新能源汽车的推广》，2010 年中国国际新能源汽车发展高峰论坛，
2010 年 12 月 1 日。
② 艾宝俊：《上海发展新能源汽车的思考与实践》，2010 年第八届中国汽车产业高峰论坛，2010
年 10 月 23 日。

新能源汽车在世博会 6 个月的示范运行期间，减少有害物质（碳氢化合物、一氧化碳、氮氧化物、可吸入颗粒物）排放约 118 吨①。

3. 减少温室气体排放

1147 辆节能与新能源汽车在世博会 6 个月期间的示范运行，节约传统燃油约 10000 吨，减少温室气体（二氧化碳）排放约 8854 吨②。

4. 新能源汽车的延伸应用

上海世博会结束后，千余辆节能与新能源汽车将继续得到充分使用。其中 25 辆超级电容大巴将在上海的 26 路公交线上示范运营；首台赴港样车正在接受实地测试，有望驶上九龙巴士的公交线。60 辆燃料电池观光车就转赴羊城，服务广州亚运会；6 辆燃料电池大巴则移往安亭继续示范运营。此外，上海各相关部门正在研究，如何将新能源公交车取代传统公交车，推动崇明的生态建设。可见，世博会后，上海新能源汽车的延伸应用正如火如荼地进行着。

5. 建立国际电动汽车示范区

在 2010 年 7 月美国华盛顿召开的洁净能源部长会议上，中国政府在倡议中承诺将组织国际电动汽车示范论坛，并在其中一个示范城市建立国际电动车示范区。由于上海在新能源汽车产业的先发基础，以及经过上海世博会示范运行的经验积累，所以上海成为目前国内唯一的电动汽车国际示范城市。上海国际汽车城作为上海电动汽车国际示范城市的核心区域。

（三）新能源汽车对上海城市可持续发展的导向作用

1. 直接推动资源环境的可持续性

近年来，上海市汽车保有量迅速增长，汽车消费对资源环境的负面影响逐渐加剧。至 2009 年末，上海市注册的机动车为 243.4 万辆（含摩托车），同比增长 3.8%，其中汽车保有量 150.3 万辆，同比增长 10.9%，在汽车拥有量中，私人汽车 84.9 万辆，同比增长 18.4%，5 年中增长了 50% 多（见图 1）。平均每百户城市居民家庭拥有家庭轿车 14 辆。此外，全市公交运营

---

① 上海市经济和信息化委员会网站。
② 王哲：《上海世博会加快新能源汽车的推广》，2010 年中国国际新能源汽车发展高峰论坛，2010 年 12 月 1 日。

车辆 1.63 万辆，运营出租车 4.91 万辆，全年市内公共交通客运量 51.27 亿人次，比上年增长 4.6%。

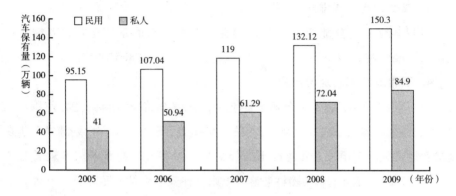

图 1　2005～2009 年上海民用汽车、私人汽车保有量

资料来源：各年度上海统计年鉴。

目前机动车排放的氮氧化物、挥发性有机物和颗粒物分别占全市中心城区所有污染源的 66%、90% 和 26%，已逐渐成为城市中心地带空气主要污染物的来源①。同时，交通领域的能耗占能源消耗总量的比重非常高，据国际能源机构（IEA）的统计数据显示，预计到 2020 年交通用油占全球石油总消耗的 62% 以上。新能源汽车是减少能源依赖、减少温室气体排放、实现可持续发展的直接手段。根据上海"十城千辆"节能与新能源汽车示范推广试点的要求，2010～2012 年上海新能源汽车将达到 4157 辆，预计将节省传统燃料 23 万吨，减少有害物质排放 1400 吨，减少温室气体排放 73 万吨，如果以每吨汽油 6000 元的价格计算，将节约 14 亿元燃料成本②。

2. 引领上海先进制造业可持续发展

像上海这样的具有国家经济增长极地位的城市，需要在区域经济、国民经济乃至世界经济的分工和竞争中，占据产业结构和价值链高端，也必须是

---

① 艾宝俊：《上海发展新能源汽车的思考与实践》，2010 年第八届中国汽车产业高峰论坛，2010年 10 月 23 日。

② 王哲：《上海市节能与新能源汽车示范推广情况》，2010 年中国汽车产业发展国际论坛，2010年 9 月 5 日。

先进制造业、现代服务业处于领先地位的城市。这样的高端城市要增强自身的可持续发展能力，并且带动周边区域的可持续发展，就必须加快经济结构的优化升级和经济发展方式的根本转变。具体来说，在制造业领域必须大力发展高技术产业和先进制造业。新能源汽车产业由于其产品符合可持续发展趋势，同时在生产制造环节又具有极大的可持续提升空间，能够引领其他制造业门类实现共同的可持续发展。比如新能源汽车的最核心零部件"电池"的技术突破能够为其他很多产业提供技术给养；在新能源汽车的生产中如果能够率先实现物质减量化、流程循环化等先进绿色的生产和管理体系，将是上海先进制造业可持续发展的标杆。

3. 引导可持续发展的消费理念和公众意识

促使消费者以环境友好方式实现消费效益最大化、绿色消费是城市可持续发展中的一项重要课题。绿色消费是有利于生态环境的消费方式，含资源、能源的节约使用、循环利用，减少或杜绝浪费和污染行为等内容。笔者认为消费者对新能源汽车的合理消费集中体现了绿色消费的主要特征。由于新能源汽车存在着一定的特殊性，比如续航里程较短、电池是主要成本等，更适合新能源汽车特征的营销和消费模式侧重于"以租代售"、"电池租赁"等。这样的消费模式契合了减量消费、以消费服务取代消费产品的绿色消费理念，同时，由电池厂商主导的电池生产、维护、回收体系，将有利于电池的有效利用，更重要的是避免了电池无序存放对人体健康和自然环境带来的损害，也避免了重蹈现有电池污染的覆辙。通过消费者对新能源汽车的消费培育起的对绿色产品、节能与新能源产品的正确认识和消费习惯，将是整个社会走向可持续发展的里程碑。

4. 推进可持续的城市基础设施建设

基础设施建设是一个城市现代化与否的重要识别之一。在当前新能源革命与信息技术革命高度融合的背景下，智能电网、物联网等技术开始展露峥嵘，也必将成为未来几十年内城市基础设施建设的风向标。新能源汽车的出现将有助于推进现代化、智能化、体现绿色经济发展的基础设施建设。比如，新能源汽车的使用需要建设大规模的充电站，这些充电站不仅仅给新能源汽车提供充电服务，还将为更多的替代燃油动力产品提供充电服务。另一方面，上海是峰谷差波动最大的一个城市，而由于多数充电汽车一般在夜间充电，可以利用它来平衡电网的峰谷差，提高电网的效率，同时意味着这样数量的耗电量并不需要增加相应数量的发电能力。电动汽车是平抑峰谷差最好的手段。同时，新能源汽车的加快发展极大地推动了磷酸铁锂等锂电池、超级电容等其他电力储备技术的发展，使其终端消费更市场化，提高能源的使用效率。

二 上海新能源汽车产业可持续发展的基础与障碍

（一） 世博园区新能源汽车示范的基础条件

1. 新能源样车及产品开发

上汽集团、华普、万象、申龙等整车企业加快整车集成开发，形成了超级电容、纯蓄电池、蓄电池＋超级电容等纯电动客车，弱混、中混、强混等油电混合动力汽车，燃料电池汽车以及甲醇、二甲醚代用燃料汽车等近 10 种技术路线的一批新能源汽车样车和产品，各项性能指标良好。

（1）燃料电池汽车获得较大进步。上汽集团、同济大学等单位在 863 项目的基础上，合作完成了基于新一代燃料电池动力系统（功率提高到 55 千瓦，尺寸、重量进一步缩小）的上海牌轿车、荣威、上海大众领驭燃料电池轿车的开发。其工程化水平明显提高，如开模制造零部件；关键零部件防水、防尘；电磁兼容性通过检测，技术性能稳步提高；0～100 公里/小时加速时间从 19 秒缩短到 15 秒，最高车速从 120 公里/小时提高到 150 公里/小时，续驶里程从 230 公里提高到 300 公里。安全性、可靠性、耐久性得到了进一步提升。上海大众 SVW7553 帕萨特领驭燃料电池轿车、上海通用君越 SGM7240 混合动力轿车均已进入国家发改委 2008 年第 29 号公告（164 批）。上海大众和上海燃料电池汽车动力系统有限公司为北京奥运会提供 22 辆（其中两辆作备用）上海帕萨特领驭燃料电池轿车作为公务用车①。

---

① 彦仁：《上海新能源汽车开创国内四个领先——上海新能源汽车推进办公室访问记》，《汽车与配件》2008 年第 26 期。

（2）混合动力汽车推向市场。上汽结合国家 863 项目，现已完成 1 辆无级变速混合动力客车、1 辆并联式混合动力客车的试制。目前正在进行整车可靠性试验和第二轮设计，已在 703 路公交车上试运行 5000 公里，以进一步考核技术性能。此外，采用上海交大神州液压储能技术的混合动力客车已在宁波等地进行了长达两年的示范运行，效果良好。上海通用君越成为上海首款进入国家产品公告的混合动力轿车，并预计于 2011 年量产①。

（3）纯电动汽车性能不断提高。上汽集团与上海奥威科技开发有限公司等合作研制的超级电容器纯电动公交车通过不断改进技术，续驶里程和爬坡性能进一步提高。已在 11 路公交车线路上扩大示范运行，全部采用超级电容器的纯电动公交车（17 辆），累计运行已超过 50 万公里。由上海万象、上海市电力公司、上海瑞华等合作开发的一批蓄电池＋超级电容器纯电动公交车已在 825 路、604 路和 20 路公交线路上开展示范运行，累计运行已超过 20 万公里。

（4）代用燃料汽车示范运行。目前，上汽集团、上柴股份、交大等对合作的二甲醚发动机及燃料的密封、耐腐蚀等性能进行重点改进，正在申请国家产品公告，二甲醚城市公交客车累计试验运行已达 4.8 万公里。上海华普汽车有限公司已对纯甲醇燃料轿车进行了发动机系统耐久性试验、环境适应性试验和整车油耗、排放标定。

2. 关键零部件获得进展

新能源汽车最核心的三电系统即"蓄电池、电机和电控单元"等关键零部件产业快速推进。国内知名的燃料电池发动机研制企业——上海神力、上海新源动力都承担了国家 863 项目。上海安乃达驱动技术有限公司和上海大郡自动化系统工程有限公司研制的驱动电机技术性能有了明显提高。同沪电气研制的直流—直流（DC/DC）变换器功率密度等指标国内领先。上海奥威、上海瑞华研制的超级电容器等在国内处于领先地位。同时，上海德朗能、上海贯裕、上海航天、上海瑞华等企业均大力投资动力锂离子蓄电池；

<hr />

① 陈海林：《上海新能源汽车发展的初步规划设想》，《汽车配件》2009 年第 48 期。

普天、杉杉、中兴、星恒等一批蓄电池研发和生产企业在上海落户；上海电驱动、大郡、南洋等驱动电机企业积极扩大产能、提升能级；上海雷博、上燃动力、中科深江、航盛、联创等一批动力平台、电控单元企业也在扩大对新能源汽车产业化的投资①。

3. 配套基础设施进展

上海第一座安亭加氢站已完成建设，并已完成一座二甲醚试验加注站建设。充电站技术攻关和示范应用也在进行中。总投资 508 万元的国内首座纯电动汽车充电站已经建成并通过专家验收，达到国内先进水平。该充电站位于漕溪路，设有包括 4 个临街路边充电车位在内的 9 个充电车位，充电站能满足各类电动车充电需求，首先为上海市政府班车、社会电动公交车、上海电力公司移动营业厅电力工程车等电动汽车提供充电，暂不对社会车辆开放。

4. 示范和推广经验积累

2009 年，上海通过科技部、工信部等专家验收，成为 13 个"十城千辆"试点城市之一；除世博园区外，还将延伸至崇明生态岛、陆家嘴、嘉定新城、虹桥综合枢纽、临港新城、松江新城等地区；市区内的 11 路、825路、604 路等百年公交线路全部由蓄电池 + 超级电容纯电动公交车取代。

（二）上海新能源汽车可持续发展的障碍因素

1. 需求层面

——价格过高

与传统动力汽车相比，目前混合动力汽车成本增加了 30% ~ 40%，纯电动汽车成本增加 40% ~ 50%，燃料电池汽车成本增加 100% 以上。由于目前上海尚无量产的节能与新能源汽车上市，本文以市场上比较成熟的几款自主品牌混合动力车和一款纯新能源汽车为例，对私人使用情况下的新能源汽车与传统汽车的经济性进行对比，以揭示目前新能源汽车的价格水平（见表 2）。

---

① 陈海林：《上海新能源汽车发展的初步规划设想》，《汽车配件》2009 年第 48 期。

表2　新能源车型与传统动力车型基本参数比较

车　　型	售价（万元）	能　　耗	单位能耗价格（元）
F6DM	20	18°/百公里	0.5
F6	15	6.9L/百公里	7
奔腾 B50 HEV	15	11.3°/百公里	7
奔腾 B50	11	9.8 L/百公里	7
瑞麟 M1－EV	7	6L/百公里	0.5
瑞麟 M1	4.5	4.5°/百公里	7

资料来源：姚占辉：《我国新能源汽车市场化困境分析及对策研究》，《上海汽车》2010年第9期。

以营运时间最长的 F6DM 为例，F6DM 与其原型车差价为 5 万元，虽然 F6DM 在纯电动模式行驶的情况下，其使用成本较原型车大大减少，但是需要至少行驶 14 万公里才能形成综合成本优势。客车方面：如果按照 8 年的报废期限计算，12 米长混合动力公交车要比常规 12 米长公交车高出 55 万元的购置和使用成本，这就意味着每辆混合动力公交车一年大概需要 7 万元的财政补贴才能与传统公交车在成本上持平。而在一辆纯电动公交车 8 年的使用期内，其购置和使用成本要比常规公交车高出 200 万元左右[①]。

可见，新能源汽车在使用成本上确实具有较大优势，但其购车成本与原型车相比普遍较高，而国内私人用户的行驶里程通常情况下不会过多，所以新能源汽车很难在短时间内形成综合成本竞争优势，这严重减少了普通用户购买新能源汽车的热情。因此，新能源汽车价格偏高是限制新能源汽车的市场化进程的首要因素。

——混合动力汽车补贴力度较弱，政府补贴消费不具有长期性

2010 年 6 月 1 日，财政部、科技部、工业和信息化部、国家发展改革委员会联合发布了《关于开展私人购买新能源汽车补贴试点的通知》，不同类型的新能源汽车补贴从 3000 元到 60000 元不等。混合动力汽车被归入节能汽车栏目，补贴力度较弱。但综合来看，即使是补贴后的价格仍然不具备较强的竞争力（见表3）。

---

①　姚占辉：《我国新能源汽车市场化困境分析及对策研究》，《上海汽车》2010 年第 9 期。

表 3 国内部分节能与新能源汽车售价及补贴后价格预测

单位：万元

厂　商	车　　型	价　格	动　力	补　助	实际售价
上海通用	君越 ECO-Hybird	26.99	HEV	2.8	24.19
比亚迪	F3DM	14.98	PHEV	5	9.98
长安汽车	杰　勋	16	HEV	3.2	12.8
丰田汽车	普锐斯	24.98	HEV	4.2	20.78
一汽股份	奔腾 HEV	20	HEV	4.2	15.8
奇瑞汽车	奇瑞 A5BSG	7.48	HEV	0.4	7.08

资料来源：根据各大汽车集团网站产品信息整理。

并且，根据美国、日本等国的新能源补贴政策，对认定的符合补贴标准的混合动力汽车车型，在销量达到一定数量之前，购买的消费者可以享受相应的税收抵扣优惠。而在销量达到规定数量之后购买的消费者，其享受的税收抵扣额度会按照不同的购买阶段进行递减，直至没有补贴。预计我国补贴消费政策的推出会借鉴发达国家的经验，对新能源汽车的补贴不会是一种长期行为。

——维护成本较大，维修服务体系尚不健全

传统的整车生产企业大多不掌握动力电池技术、控制电子（ECU）技术和电动机技术，新能源汽车售出后，整车企业在电机、电池、电控方面缺少维修技术人员，4S 店在新能源维修方面技术力量缺乏，大多仅能维修传统汽柴油车。一些修理店技术人员对修理 HEV、BEV 车更缺乏技术与经验。同时，一些电机、电池、控制电子生产企业对汽车整车生产技术并不了解。新能源汽车对现有的售后服务体系提出新的课题[1]。

——上海世博会的示范主要集中于客车领域

由于新能源载客车的技术比较成熟，尤其是公共交通领域用车一般活动区域范围有限，充电场所相对固定，并且有相应的停车地点，为充电问题提供了方便。因此从公共交通领域推广示范是目前新能源汽车发展最有效的办法。从本次上海世博会的新能源汽车试运行也可以看出，1147 辆新能源汽车全部为载客车，公共交通客车占 80% 以上。而在私人轿车和载货车领域

---

① 王祖德：《由国内新能源汽车热引发的思考》，《汽车工业研究》2010 年第 5 期。

涉及很少，但现实是私人轿车是新能源汽车推广的难点领域，载货车则是新能源汽车开发的难点领域。

2. 供给层面

——不掌握关键核心技术

不管是混合动力还是纯电动汽车，对于众多汽车制造企业来说，驱动动力来源技术是新能源汽车发展的关键地方，最根本的是电池技术的突破。上汽集团副总裁陈虹认为"电池技术的主要难关有容量、续航里程、稳定性、耐久度和制造成本，目前的电池技术仍不能满足汽车大范围续航的需求"。

同时，新能源汽车技术成熟度远远没有达到传统汽车的水平。在混合动力汽车方面，需要在传统汽车的内燃机技术、变速器技术的基础上增加新的动力系统，由于我国在传统汽车方面始终没有掌握核心技术，因此面临的难度很大，当前我国混合动力的深度混合技术远远落后于日本和美国。纯新能源汽车方面，汽车车载能源系统、驱动系统及整车控制系统这三项核心技术中，在我国很少有企业能全部掌握。在动力电池方面，动力电池的寿命、能量密度等与汽车正常行驶的要求仍然存在很大差距，另外，占动力电池成本30%的电池隔膜技术仍没有掌握，基本上以进口为主，造成我国动力电池成本居高不下。在电机和控制系统方面，我国企业在整合元器件方面长时间没有突破，也增加了电机的成本。在新能源汽车的安全技术方面，现在用的电动汽车电池大都是 100～600 伏的电压，如何保持新能源汽车涉水之后的安全问题，仍然没有很好的解决方案[①]。

——资金渠道较为单一

发展节能汽车和新能源汽车的关键是新的技术开发和应用。但是，我国汽车技术开发和工艺还处于发展相对滞后的阶段。迄今为止，汽车产业的发展还是依托于产业的后发优势，主要是依靠技术引进和消化推动的。与传统汽车开发相比，我国新能源汽车的研发仍处于初级阶段，要真正实现产业化，还需投入大量资金到技术攻关、基础设施建设和示范推广等方面，尤其是突破产业化技术瓶颈仍需大量的不确定量的投入。如基础技术研究、关键

---

① 姚占辉：《我国新能源汽车市场化困境分析及对策研究》，《上海汽车》2010 年第 9 期。

部件和材料的研发等。有专家推测：建立足够金额的国家节能与新能源汽车专项资金，需要千亿数量级资金。因此，建立一个多层次、多形式的风险投融资体系，对于汽车技术的研发和应用是必不可少的。[①]

就目前来看，节能与新能源汽车的研发和推广的资金渠道仍是以政府投资为主导、企业投资为主要内容的格局（见表4）。

表4　2010年上海新能源汽车研发及推广主要资金

单位：亿元

主　体	投　资　内　容	金额
中央财政	扶持节能与新能源汽车产业链发展	1000
	节能与新能源汽车产业发展专项资金	500
	以混合动力汽车为重点的节能汽车推广支持资金	200
	新能源汽车零部件体系发展支持资金	100
	试点城市的基础设施建设资金	50
上海市财政	一定数额的科技投入资金	—
	一定数额的新能源汽车专项资金	—
企　业	上海汽车定向增发收购新能源汽车业务	100

资料来源：《汽车与新能源汽车产业发展规划》（2011～2020年）、《关于促进上海新能源汽车产业发展的若干政策规定》，上汽集团网站。

虽然上海市发改委、上海市经信委联合发布的《关于促进上海新能源汽车产业发展的若干政策规定》中也提出为新能源汽车企业提供"资本金注入（含创业投资引导基金跟进投资）、贷款贴息、投资补助"等多种融资方式和渠道，但受国家宏观经济政策不确定性日益增加的影响，再加上各项政策规定尚待细化和具体化，新能源汽车企业尤其是中小规模企业、民营企业仍面临较大的资金掣肘。

——产业链待整合

根据迈克尔·波特的理论，产业链是建立在产业内部分工和供需关系基础上的一种产业生态图谱。产业链分垂直的供需链和横向的协作链。垂直关系是产业链的主要结构，也有人把这种垂直分工划分为产业的上、中、下游

---

① 常亚玲：《银行在新能源汽车技术开发投融资体系中的作用》，《中国科技投资》2010年第5期。

关系。横向协作关系则是人们经常提到的产业的服务和配套。

就目前来看，上海新能源汽车制造产业链除整车环节已经成熟外，其他产业链条如电池、电控、电机等关键零部件环节仍然处于初创期，尚不能形成垂直供求关系，更遑论形成高效的产业链体系了（见表5）。

表5 近期上海新成立的新能源汽车相关企业一览

成立时间	产业链环节	公司(项目)名称	与上汽集团关系
2009	电池研发	比亚迪	上汽主导合作
2009	电池研发	上海空间电源研究所	上汽主导合作
2009	电池生产服务	上海捷新动力电池系统有限公司	上汽控股
2009	动力集成	上海捷能汽车技术有限公司	上汽全资子公司
2009	电机、电控	上海捷能汽车技术有限公司	上汽全资子公司
2009	测试评估	MAGNASTEYR	上汽出资聘请

资料来源：上汽集团网站。

可见，近年来以上汽集团为主导的新能源汽车产业链的构建行为层出不穷，凸显出上汽集团以整车为牵引，集成和完善各种技术，从而在新能源车领域取得领先定位的整体规划构想。而我们知道，新企业从建立到最终实现规模化量产还需要一个相当长的过程。上海捷新动力电池系统有限公司和上海捷能汽车技术有限公司为上汽新能源汽车批量供货的时间表大约在2012~2013年。至于研发环节，就更加充满不确定性。

3. 社会层面

——配套基础设施不完善

由于燃料电池、纯电动新能源汽车技术的特殊性，一般城市都缺少此类新能源客车运营所必需的城市配套基础设施，这就制约了新能源客车技术的推广应用，如支持燃料电池、纯电动车运营的加氢站、充电站等必备基础设施。因此，配套基础设施建设也是制约新能源客车发展的瓶颈之一。而配套的纯电动充电设施的质量，直接决定了电池的有效使用频率和使用范围。电动汽车充电站建设本身还存在很多问题，比如充电站外部接入问题、布点布局问题、电价、费率设计问题、成本—效益分析问题以及对电力系统的影响研究等。

同时，充电站建设还潜存一个重大问题，即充电标准问题。目前在新能源充电站领域，我国已经出台四项技术标准，分别是《电动汽车传导式充电接口》、《电动汽车充电站通用要求》、《电动汽车电池管理系统与非车载充电机之间的通信协议》和《轻型混合动力电动汽车能量消耗量试验方法》。此外，还有《单体电池和电池组规格的标准》、《电动汽车充电桩技术条件》和《电动汽车车载充电机标准》三项标准尚未出台。因此导致我国不同城市电动汽车接口各异，甚至同一城市也存在国有电网公司和当地私营企业建造的充电站接口不同的现象。国家电网公司和南方电网公司已经分别制定了相关标准，但双方的标准尚略有差别。

需要上海注意到的是，同样作为5个试点城市之一的深圳在充电标准上已经先行一步。2010年6月1日，《深圳市电动汽车充电系统技术规范》正式实施，其中涉及9项技术规范，主要是对电动汽车充电系统所涉及的充电站及其监控系统、充电装置（包括充电机、充电桩）及其接口与通信的相关技术进行原则性规定。包括通用要求、充电站及充电桩设计规范、非车载充电机、车载充电机、充电桩、充电站监控管理系统、非车载充电机监控单元与电池管理系统通信协议、非车载充电机充电接口和城市电动公共汽车充电站等。

如果在标准问题尚未解决前，上海已经率先掀起了充电站投资热潮，那么在可预见的将来，电动车也会面临像手机曾经面临的充电器接口标准化问题，造成极大的转换成本。标准问题无疑是目前上海城市充电站建设中潜在的"达摩克利斯之剑"。

——公众意识还不利于新能源汽车的推广

安永全球汽车行业中心访问了1000名美国持有驾驶执照人士，旨在评估消费者对插电式混合动力汽车和电动汽车的认识程度和兴趣。结果显示，虽然混合动力/电动汽车技术已经进入美国市场10年有余，但30%的美国消费者对这些技术毫无认识。从消费者对各新能源传动技术的了解程度看，自高到低依次为混合动力汽车、电动汽车、插电式混合动力汽车、天然气动力汽车、氢能动力汽车。就国内情况来看，国内著名第三方数据公司——万瑞数据最新推出的一份名为《2010年北京车展新能源车传播效果报告》的数据显示，中国目前尚处于新能源车概念传播的初期阶段，公众仅仅停留在一些简单的基本情况的认知程度，在新能源车认知的准确性上有待大幅提高。

就上海而言，除了对新能源汽车认知的不准确外，还存在着更关键的消费观念制约。上海作为中国经济的前沿和高端人才的聚集地，集聚了大量的高收入人群，这些高消费群体对价格和使用成本并不敏感，更注重汽车的性能、驾驶愉悦感以及外观的时尚动感。很显然，目前新能源汽车并不能满足这部分群体的消费需要。同时，上海近年来严厉的私车额度投放制度并不能限制中高收入消费者的汽车消费热情，2010 年 11 月 20 日，上海私车额度竞拍最低价格已经达到 4.45 万元，显示出对成本的不敏感性的上海整体汽车消费中的特征。因此，在大部分消费者还没有关注到城市可持续发展以及新能源汽车对城市未来可持续发展的关键作用时，私人用新能源汽车的推广还需要较长的培育期。

——政府推进政策尚未细化

一般而言，政府应该从四个方面对新能源汽车的产业化施加影响。包括国家政府制定规划新能源汽车的战略导向，甚至强制使用高节能减排标准，通过法律法规提高汽车产业进入壁垒，逐步淘汰落后的产能；给予资金支持；配套各种鼓励政策；动员全社会参与，营造适合新能源汽车发展的可持续价值观等（见图 2）。

截至目前，新能源汽车补贴试点的 5 个城市中，除上海、长春外，深圳、合肥、杭州均已正式发布各自的补贴试点实施方案和配套细则（见表 6）。

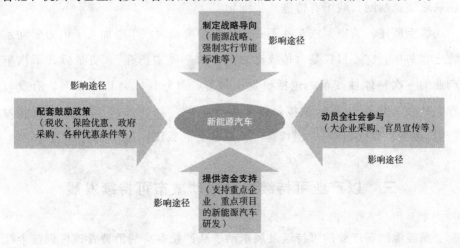

图 2 政府影响新能源汽车产业化的途径

表 6   2010 年新能源汽车补贴试点城市实施方案一览

城 市	发布时间	主 要 内 容
深 圳	7 月 6 日	纯电动车追加补贴 6 万元,直接划拨企业
合 肥	7 月 8 日	纯电动汽车追加省市两级补贴最高 2 万元 推广初期主要采取整车租赁模式
杭 州	8 月 20 日	单车最高累计补贴额 6.3 万元,为单车补贴最高
上 海	—	插电式混合动力车追加补贴最高 2 万元,纯电动车最高 5 万元 对充电站等配套设施建设给予不超过 20% 且不超过 300 万元的资金支持 对从事新能源汽车动力电池租赁业务的企业给予贷款贴息支持
长 春	—	追加补贴最高 4 万元 推广方案采取"整车租赁、裸车销售和电池租赁"混合推广
重 庆	6 月 15 日	油电中混汽车最高补贴 3.6 万元 3 年 15 万公里的混合动力系统免保 报销式补贴 3 年路桥费共 6900 元

资料来源:各地区政府网站。

表 6 中上海、长春的补贴方案均已上报国家各部委,笔者完稿前仍然处于等待获批的状态。从补贴方案来看,上海、长春以及未跻身补贴试点城市的重庆的补贴方案和实施细则超越了单纯的补贴内容,更趋多元化。但尚未正式公布实施,还不能产生实际效力。同时,上海的方案与其他城市相比,还缺乏实施细则,政策有待进一步细化。

综上所述,新能源汽车并不是仅仅在传统动力汽车中加入了电力驱动系统这么简单。它不仅仅是对传统动力汽车的一种"扬弃",更是掀开了汽车产业的一次整体性变革,包括研发、制造、服务、社会基础设施、消费心理、社会文化等一系列领域。也正因为如此,新能源汽车才有可能成为"再次改变世界的机器",继续捍卫汽车社会的威仪!

三   以产业可持续发展撬动城市可持续发展

新能源汽车产业的可持续发展牵动了从产业本身到消费者,再到整个社会的方方面面。可以说,新能源汽车产业的可持续发展是上海先进制造业可持续发展的一个范本，同时，围绕新能源汽车的推广和消费，将是整个城市实现可持续发展转型的一个契机。

（一）产业层面

1. 推动关键技术创新

新能源汽车的高价格主要源自电池。而我国目前的情况是，没有国产制造电池的关键材料，或者说，生产的材料还达不到标准要求。一些新能源车的关键设施及制造材料多从国外如日本、德国引进。因此，价格难以降下来，这是目前制约电动车普及的一大重要因素，也是最难解决的一个瓶颈。那么，因电池新增的成本是无法在车辆使用周期内通过节能方式予以弥补的，所以虽然有政府的初期投入补贴，但仍无法平衡在整车产品使用寿命周期内可能更换数次的动力电池成本投入。降低成本要靠市场，政府的政策补贴只是一种促进方式、一种鼓励手段，而成本的真正降低主要还是在企业的生产过程中和产品的实际市场销售中得以实现的。在这个问题上，尽快突破新能源汽车的技术瓶颈、掌握关键环节的核心技术，就显得尤其重要。

生产技术和产品技术的突破和持续发展，离不开基础理论研究的支撑。例如，提高动力电池能量密度与充放电性能等关键技术的突破，必须建立在基础理论支撑的基础上。根据目前上海创新型人才多集中于高校和科研机构的特征，应建立企业间及企业与科研机构的产学研、官产学研联合组织。对关键零部件进行技术攻关，对基础研究开展分工合作，实现风险共担、成果共享。这样可以避免各企业间无序、低水平的竞争，降低研发与生产成本，集中有限资源在较短时间内实现关键技术突破。并能够利用各单位的不同禀赋优势，实现基础研究任务的统一分配。

同时，必须坚持两条腿走路：一方面，应不断改进技术，推动传统汽车发动机的技术升级，使其更节能、更环保；另一方面，应大力发展混合动力车、纯电动车、燃料电池车、生物燃料汽车等新能源车。两种不同的技术路线相互开放，所带来的竞争将推动这两种技术的共同进步。

2. 建立合理高效的产业链体系

按前文所述，一个合理高效的产业链体系应包括垂直的分工体系和横向的服务体系。从垂直关系来看，新能源汽车制造产业链的关节点在于关键零部件，即"电池、电机、电控"这三个环节。从理论上说，只有关键零部件形成系列，才能使整车形成规模量产，也才能降低成本、提高品质。只有零部件成本降低了，新能源汽车才能进入商用市场。

另一方面，汽车产业是个规模经济效应显著而范围经济效应不显著的产业门类。也就是说一味地追求产业链条的全覆盖，并不能取得最优的经济绩效。从上海的情况看，目前上海在整车及总成方面具有全国领先优势，并具备了规模经济效应。未来一段时间内，以整车为牵引，掌握"电池、电机、电控"这三个关键环节，实际上就基本掌握了新能源汽车的整个产业链条（见图3）。而其他相关的配套产品和环节可以适当配置在长三角及泛长三角地区。

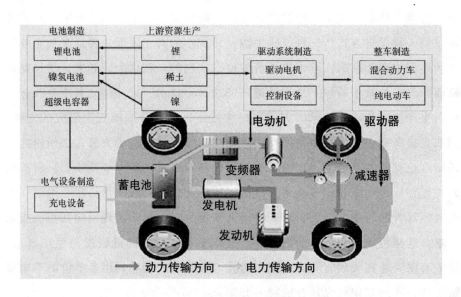

图3　新能源汽车制造产业链示意图

资料来源：国金证券研究所。

从横向来看，新能源汽车产业链包括的范围则更加广泛，从前端的研发、设计，到中端的加工制造，再到后端的维护等服务，甚至包含内容无限丰富的汽车文化（见图4）。另外，由于汽车（新能源汽车）产业越来越呈现消费导向的特征，因此贴近终端消费者的市场调查、研究、设计部门在汽车产业链中的地位越来越重要，同时在垂直的加工制造环节，也加大了对各类服务要素的中间需求。

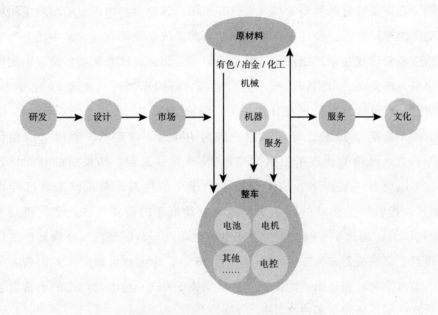

图4 上海新能源汽车产业链示意图

3. 可持续的管理理念

新能源汽车产业的企业应该在企业发展战略上与产业发展战略、城市发展战略实现协同。为此，企业管理中要建立可持续的管理理念：第一是经营思想的转变，不能再以传统汽车生产的方式、过程固化新能源汽车的生产制造过程，要从与产业发展相背离的经营观念向新兴产业经济与环境双赢的经营观念转变；第二是资源消耗和污染控制方式的转变，应该以推广应用清洁生产工艺（Cleaner Production）和生命周期管理（Life Cycle Assessment）为主要内容，进行技术创新和管理创新，从资源密集型的生产消耗方式向资源节约型的生产消耗方式转变，从传统末端污染治理和浓度控制向以预防为主的生产全过程控制和总量控制与浓度控制相结合转变①。

---

① 罗勇：《新能源汽车产业需要系统化视野》，《中国科技投资》2010年第5期。

4. 深化经营模式探索

新能源汽车不仅在中国而且在全球都是新生事物，目前各国都处在摸索阶段，都需要通过各种商业模式来打开市场。纵览目前国内市场，自主品牌新能源汽车厂商都已经开始探索不同的新能源汽车经营模式。其中较有影响的新型经营模式包括：比亚迪与鹏程出租车公司合资成立深圳市鹏程电动汽车出租有限公司，由鹏程出租车运营管理，所购车型为比亚迪 E6 电动车，比亚迪公司负责数据采集及日常维护。截至 2010 年 10 月，投入运营的 E6 纯电动车总量为 50 台，计划运营总数为 100 台。奇瑞汽车采取"以租代售"模式，奇瑞电动汽车原则上是每天 90 元钱起租，如果租的时间比较长，可以延长一些天数，或者保险上给予一些优惠。众泰汽车就已经以"租赁试运营"的形式开始了 100 辆纯电动汽车的商业化试运营，租金为 2500 元/月。经过半年的试运营，众泰纯电动汽车节能经济、环保舒适的优势得到了市场的普遍肯定，2010 年 7 月 26 日，中国首台针对个人消费者的纯电动汽车在杭州售出，此次购买这台众泰 5008EV 纯电动汽车的消费者正是众泰的第一批租赁用户之一[①]。

不得不说这样新型的经营模式是建立在对新能源汽车优劣势的深刻分析基础上的，电动汽车主要是短距离、个人代步的交通工具，在细分市场有一定的竞争力。而在相当长的一段时期内，新能源汽车是不能代替传统动力汽车的。同时，在当前低碳经济、绿色经济呼声不断高涨的时代背景下，物质消费减量化、以消费服务替代消费产品的观点显示出独到的前瞻性。新能源汽车采取更低碳、更绿色的经营模式应是大势所趋。

因此，在新能源汽车大规模推广初期，可采用"以租代售"的模式，积累消费者的消费满意度和口碑。或者针对电池占新能源汽车成本最主要部分的成本格局，采取"裸车销售、电池租赁"的"换电池模式"。由电池生产企业负责电池的维护、保养和回收，可以对电池进行有效管理，控制电池的回收和再利用，真正实现各类动力电池的循环发展。

---

① 牛洪军、欧阳波：《新能源汽车商业化破茧》，2010 年 10 月 27 日《中国证券报》。

（二）社会层面

1. 加快配套基础设施建设

在现有标准的基础上，各部门通力合作，重点研究制定出台纯电动汽车、插电式混合动力汽车的定义和分类标准，以及充电接口、汽车安全、能源加注基础设施等标准。以国家电网公司在上海推进电动汽车充电站和充电桩为契机，并积极倡导社会资本介入充电站建设，尽快健全充电设施网络，实现充电快速化、接口标准化、充电智能化、电能转换高效化、设备集成化。

相较纽约巴黎，上海的消费者多数拥有相对固定的车库或私人停车位，他们更关心在自己的住宅小区内建设可靠的隔夜充电设施，因此以社区隔夜充电设施为主、以公共停车场中速充电站和公共快速充电站为辅的充电格局更适合上海。

值得注意的是，密集的公共充电设施并不是上海提高电动汽车早期普及率的必要条件。一些非集中的基础设施也将有利于上海，如在城区设立电动汽车专用行驶道和电动汽车专属停车位、为购买电动汽车家庭专供节假日长途自驾出游的优惠租车服务等。

2. 倡导新的生活方式

新能源汽车产业的发展需要绿色的消费结构、经济结构和社会结构的配合。与高消耗、高排放的传统产业相比较，新能源汽车产业应该更贴近于追求生产方式和消费方式的本质，实现经济活动方式从物质高消耗到物质低消耗的革命性变革。通过新能源汽车产业的物质减量化实践，人们可以建立起新的生产方式和生活方式，从不可持续发展的传统物质化工业经济逐步转向可持续发展的新型工业经济，从根本上解决当前经济发展面临的资源耗竭、环境污染和气候变化等问题。

城市可持续发展专题

Urban Sustainable Development

B.11

上海市饮用水安全与水环境保护

上海市政协人资环建委　民盟上海市委

　　摘　要：水环境质量不仅关系到广大人民群众的身体健康和生命安全，也关系到城市公共安全、社会和谐稳定和经济的可持续发展。近年来，上海水环境治理取得显著成果：饮用水安全保障得到进一步加强；污染物减排取得重大突破，污水处理能力显著提高；河道综合整治卓见成效；制定经济政策，开展水源地生态补偿。尽管如此，上海市饮用水安全与水环境还存在一些挑战：饮用水水源布局不尽合理，水源地水质状况不容乐观；水厂水质状况不容乐观，监测指标体系有待进一步完善；水环境污染仍然严重，水环境容量不足；污染排放总量大，污水处理能力不足；上游来水水质不稳定，影响本市饮用水安全与水环境。报告认为进一步推进上海市饮用水安全与水环境保护应从以下几方面着手：完善上海水环境与饮用水安全的目标体系，制定更为严格的饮用水安全标准；切实加强上海市饮用水源保护工作；加大水环境治理力度；

加强省界水环境保护的目标考核；加大投资力度，完善政策设计；提高公众参与度，加强社会监督。

关键词： 饮用水　安全　水环境　保护

2009 年，上海市常住人口密度高达 2730 人/平方千米，人口的高度密集和经济社会的快速发展给上海市的供水安全保障和水环境保护带来了很大的挑战，虽然近年来有关部门采取了多项措施，但供水安全保障和水环境保护的问题仍然较为突出，目前城市部分水源地水质仍得不到稳定保障，河网水功能区达标率偏低。水环境质量与民生问题息息相关，"让人民群众喝上放心水"直接关系到广大人民群众的身体健康和生命安全，关系到城市安全、社会稳定和经济发展。饮用水安全与水环境质量是检验经济增长方式的重要标准，是最直接的民生问题。"十二五"期间，如何进一步加大饮用水安全与水环境保护的工作力度，对上海市建设"四个中心"和国际化大都市显得尤为重要。

上海市政协人口资源环境建设委员会与民盟上海市委开展了上海市饮用水安全与水环境保护的专题调研，对上海的水源地、水厂及水环境治理进行了调研，并赴江苏苏州、无锡实地考察太湖流域的水环境综合治理情况，与地方政府、省市相关部门进行了座谈。在充分了解相关情况的基础上，分析了上海市饮用水安全与水环境保护方面存在的问题及面临的形势，提出了推进上海市饮用水安全与水环境保护工作的相关建议，形成本调研报告。

一　上海市饮用水安全与水环境保护工作进展

上海市从 2000 年开始实施环保三年行动计划，目前已进行到第四轮，其中水环境保护一直是环保三年行动计划的重要领域之一，投资超过 800 亿元，涉水项目主要包括饮用水安全保障、污水处理设施和收集管网建设、河道综合整治等方面。通过环保三年行动的滚动实施，全市城乡水环境面貌得到持续改善，水环境治理取得显著成果。

（一） 饮用水安全保障得到进一步加强

目前，上海市主要以黄浦江和长江口的陈行水库、部分内河和地下水为供水水源，初步形成两江并举的原水供水格局，到2009年底，全市113座自来水厂供水能力达1096万立方米/天。2009年，上海市政府积极采取各种有效措施对水源地进行保护，出台了《上海市饮用水水源保护条例》。

上海市积极推进城乡供水一体化，实现供水公共服务均衡化。在加快青草沙水库及原水系统、黄浦江原水连通管闵奉支线、崇明东风西沙水库和原水管、陈行水源地嘉定支线等重点工程前期技术论证和建设的同时，大力推进供水集约化，将全市的饮用水水源集中至四大水源保护区。2010年，青草沙水库及原水系统建成后，供水能力为719万立方米/天，长江原水和黄浦江原水的比例调整为7∶3。2002年以来，全市已关闭大部分乡镇水厂、内河取水口、公共供水深井。目前，上海市供水集约化率达到62.4%。

上海市关闭了部分对饮用水水源存在严重威胁的高风险污染企业，加强对其他风险企业的监管，对进入水源保护区的运输危险品船舶安装GPS，建立报告制度。以水功能区划为基础，对相关水工程调度进行实时监控，在省界断面和主要输水断面建设水资源实时预警监测系统；加强长江口咸潮入侵趋势的预警、预测和预报工作，建设和完善长江口氯化物实时监测系统；完善原水、供水水质预警和生物预警系统；编制完成相关的应急预案。

（二） 污染物减排取得重大突破，污水处理能力显著提高

2006年以来，上海把污染减排作为推动发展方式转变的重要突破口。以污水处理厂及其管网建设、污染源截污纳管为重点大力推进工程减排，以污染企业结构调整为重点推进结构减排，以制定实施化学需氧量超量减排政策和优化污水处理设施为手段推进管理减排。在经济快速发展的同时，通过各种减排措施多管齐下，水环境主要污染物减排取得了阶段性成果，化学需氧量排放总量和排放强度呈现"双降"态势，2009年，全市

化学需氧量排放总量为 24.34 万吨，比 2005 年削减了 19.9%，提前达到了"十一五"减排目标；万元生产总值化学需氧量与 2005 年相比降低了 51%。

污水处理厂和管网建设力度不断加大，城乡污水治理同步推进，中心城区管网基本实现全覆盖，郊区实现镇镇有污水处理厂。2009 年底全市污水处理厂达到 52 座，污水处理率从"十五"期末的 70.2% 提高到 78.9%，污水处理设施规模由 471 万立方米/天提高到 686 万立方米/天。通过完善工业区污水收集处理设施建设、企业污水管网改造、实施纳管补贴等措施，推进了工业区污水的集中和处理，目前工业区已建成区域的污水集中收集处理率已达到 90% 以上。

（三）河道综合整治卓见成效

以苏州河整治带动中心城区和郊区河道治理，以底泥疏浚、边坡修整、截污治污等整治措施为重点，开展了近郊黑臭河道整治、郊区骨干河道整治及"万河整治行动"。共整治了 2 万多条/段共 1.8 万多千米的河道；水环境质量总体呈现较好态势，主要水体水环境质量基本保持稳定，2009 年中心城区整治河道主要污染物浓度比 2005 年平均好转 18%，基本消除黑臭，苏州河水生态系统逐步恢复，近郊六镇重点整治河道主要污染物浓度比整治前平均好转 23.3%，郊区重点整治骨干河道主要污染物浓度比整治前平均好转 12.5%。

2008 年，上海市太湖流域水环境综合治理工作正式启动，上海市列入《太湖流域水环境综合治理总体方案》的治理范围青西三镇，共 30 个治理项目。为全面推进太湖流域水环境治理工作，上海市建立了太湖流域水环境综合治理联席会议制度，各有关部门联合，重点开展了淀山湖蓝藻治理和青西三镇的水环境治理工作，有效控制太湖流域内第二大省界湖泊的富营养化。

（四）制定经济政策，开展水源地生态补偿

近年来，上海市实施了郊区污水管网建设补贴、污水处理厂化学需氧量

超量消减补贴、工业区污水纳管补贴等政策，有力地推进了水源保护区内污水收集处理设施的建设和完善。2009 年上海市建立了水源地生态补偿制度，针对水源保护区发展机会受限和生态保护任务过重进行补偿。

二 上海市饮用水安全与水环境存在的主要问题

（一）饮用水水源布局不尽合理，水源地水质尚不稳定

黄浦江上游水源地是上海市目前最大的饮用水水源地，向中心城区及闵行、松江、奉贤、金山、青浦等郊区供水，取水规模达 770 万立方米/天，青草沙水源地投入运营后，黄浦江上游水源地取水规模将调整为 500 万立方米/天。

按照国家标准，水源地水质要求不劣于Ⅲ类。黄浦江上游属于河道型开放式水源地，受上游来水水质影响，水源地水质尚不稳定；同时受潮汐影响，中下游的污水随潮涨潮落而回荡，对水源地水质也构成威胁；水源地保护区内仍存在一定数量的污染企业，严重威胁着水源地水质安全；船舶通航繁忙、码头分布密集，突发水污染事件成为水源地安全供水的重大隐患。内河分散中小水源地尚未完成归并，取水口多分布在区级或镇级河道，原水水质无法得到有效保障。

目前上海市相关部门正在开展黄浦江上游水源地安全保障规划研究工作，初步形成东太湖引水方案、太浦河金泽水库方案和黄浦江上游水源地原水连通方案三个黄浦江上游水源地规划方案。

长江陈行及青草沙水库水源地水质相对较好，但也面临长江口咸潮入侵的威胁，同时水体氮、磷营养盐浓度普遍偏高，面临着水体富营养化和发生蓝藻水华的风险。

（二）水厂水质与发达国家标准相比还有差距

截至 2009 年底，上海市仅有供世博园区的南市水厂和浦东新区的临江水厂采取了深度处理工艺，其他水厂受原水水质和传统水处理工艺的约束，

现有出厂水质不容乐观。

上海市中心城区为环状网供水，材质主要为球墨铸铁管，郊区大部分地区仍为枝状管网供水，水泥管、灰铁管比例较大，漏损率较高。城镇水箱等二次供水设施陈旧，影响供水水质。供水管网及二次供水设施改造难度大，需结合旧区改造和道路建设同时开展。

（三）水环境污染仍然严重，水环境容量不足

2009 年，上海市 16 条骨干河道（719.8 千米）水质属 Ⅱ ~ 劣 Ⅴ 类。其中，优于 Ⅲ 类水（含 Ⅲ 类）占 28.7%（崇明、黄浦江上游段）；Ⅳ 类水占 27.2%，Ⅴ 类水占 8.5%，劣 Ⅴ 类水占 35.6%，除部分河道受省界影响外，自身的污染仍然比较严重。黄浦江、淀浦河下游河段水质均劣于上游，其余河道的现状水质大多为 Ⅴ 类、劣 Ⅴ 类。

河道水质污染以有机污染为主，主要超标项目为氨氮、化学需氧量和溶解氧。全市水体氮磷超标普遍，郊区河湖均有不同程度出现富营养化现象，部分地区出现藻类、绿萍暴发等问题。中心城区河道水体溶解氧含量低，因分流制雨水泵站初期污水污染严重，合流制泵站雨天放江，部分河道出现间歇性的黑臭现象。

上海市河湖众多，水网密布，水系按照现有的水利分片格局进行治理。多年来，由于城市发展、市政建设、房地产开发等原因，本市水面率有所下降，断头浜、死水塘和阻水坝较多，自然水系受到较大程度的破坏，部分河道的自净能力和调蓄功能明显下降。水系不通、水动力不足问题相当突出，同时长江过境水资源丰富，但上海调水引流工程能力不足，使得利用长江水资源改善水环境容量的能力难以提高。

（四）污染排放总量大，污水处理能力不足

上海市入河污染负荷超过水环境容量。人口经济快速增长和产业结构偏重、布局分散对水环境的压力较大。农村面源（分散污水处理、垃圾、农田、畜禽养殖）污染影响不容忽视，过多使用氮磷化肥及高毒农药的现象仍然存在。郊区工业企业数量多，布局分散，治理设施相对落后，污染水环

境，并存在潜在风险。

全市污水整体收集处理能力不能满足城市化进展需求，中心城区污水系统局部配置不合理，雨水排放系统能力不匹配，合流制泵站雨天溢流等情况已经导致泵站排水成为影响河道水质的重要污染源；分流制泵站存在雨污水混接、混排问题；郊区污水处理率仅61.1%，二、三级管网建设不足；农村地区生活污水直排现象普遍，处理设施不完善；污水处理厂污泥处置能力严重滞后于污水处理能力；尤其是处理方式主要以填埋为主。

目前，上海市污水处理厂采用《城镇污水处理厂污染物排放标准》（GB18918—2002），太湖流域青浦三镇要求达到一级A标准，其他区域排入水体的水质标准为一级B或二级排放标准。

（五）上海地处下游，上游来水水质影响本市饮用水安全与水环境

1. 上海骨干河道水质受江苏、浙江省界来水影响

上海主要河流均源于苏、浙两地，上游来水水质较差。黄浦江水源地上游跨苏、浙、沪两省一市，水源地水质受上游三条支流影响。北支源自江苏东太湖—太浦河和淀山湖，经斜塘入黄浦江，太浦河出湖水质一般为Ⅱ～Ⅲ类，太浦河过京杭运河交叉后水质降低1个类别（Ⅲ类）；中支为红旗塘—大蒸港—园泄泾，主要承泄浙江嘉北区来水，水质较差；南支为大泖港，主要为浙江平湖方向来水，水质较差。近几年，黄浦江上游来水水质略有改善。

2. 长江口饮用水源地仍然存在一定隐患

目前长江是上海水源地中水质最好的水源，除黄浦江上游饮用水源地外，陈行水库、青草沙水库、东风西沙水库（未建）均位于长江口，作为典型的潮汐型河口开放系统，长江口水源仍然存在一定隐患。

长江口水源地在枯季容易遭受咸潮入侵影响，出现较长时间的氯化物超标现象。同时，长江承接整个流域上游来水，其上游汇集的点源和面源污染物，除部分沿程降解或沉降于底泥中外，大部分仍将输送到河口地区，影响长江口水质。长江航道运输船舶燃油和危险化学品，对饮水安全有一定威胁。

三　推进上海市饮用水安全与水环境
保护的对策和建议

《长江三角洲地区区域规划》明确提出，到 2015 年长三角地区将率先实现全面建设小康社会，到 2020 年力争率先基本实现现代化。推进长三角区域一体化发展，不仅是经济一体化，环境也要一体化，二者是相辅相成的。上海市社会经济发展迅速，人口规模增长较快，但土地资源极为有限，上海市目前 1/5 的区域是水源保护区，区域内的产业发展受到严格限制。由于单位面积上的人口密度和排放强度都非常高，并且上海市处于流域下游，水质直接受上游来水的影响，水环境质量的持续稳定改善是一项长期而艰巨的任务。调整产业结构、转变生产生活方式是上海经济发展的必由之路，是形成经济发展与环境保护相协调的格局的必然选择，也是水环境质量持续改善的必然要求。

（一）完善上海水环境与饮用水安全的目标体系，研究更为严格的饮用水安全标准

国务院批复的《太湖流域水功能区划》要求 2020 年流域水功能区水质达标率为 80%，2030 年水功能区水质全部达标。《长江三角洲区域规划》强调要进一步提升上海的核心地位，要率先实现现代化，建议上海市按照有关规划的总体要求，明确各阶段的治理目标。"十二五"规划中确定易于考核的水环境保护的目标体系，明确 2015 年水源地水质目标达到 III 类标准。建议 2020 年上海市水功能区全部达标，2030 年消除 V 类水。

按照国家要求，供应人们日常生活的饮用水和生活用水水质应执行《生活饮用水卫生标准》，水质 106 项指标全部达标最迟于 2012 年 7 月 1 日实现，不仅包括水厂的出水标准，还包括经管网和二次供水设施后的龙头水要求，建议 2012 年要完成必要的原水预处理和水厂深度处理的建设，同时加快对城市管网与二次供水设施的改造。

上海市处于长江与太湖下游，上游有大量的污染源存在，应研究增加水

源地不在国家标准范围内有毒有害物质、"三致"物质、环境激素等关系人民健康安全的监测指标，以利于上下游共同保护。

（二）切实加强上海市饮用水源保护工作

1. 全面落实《上海市饮用水源保护条例》

加紧落实《上海市饮用水源保护条例》相关工作，积极做好从源头到龙头全程饮用水安全保障工作，开展一级保护区的整治清拆和二级保护区的截污纳管工作，以及保护区范围内相关污染源的搬迁和拆除工作；完成中小分散水源地及乡镇小水厂的集约化改造；加快黄浦江上游六大取水口连通管工程。加快启动建设崇明东风西沙水库水源地。

加强淀山湖和青草沙水源保护区的生态建设，采取有效措施，提高水源地的自然净化功能。

长江氮磷含量较高，需要进一步研究青草沙等长江水库富营养问题，避免产生蓝藻水华。

2. 加快推进黄浦江上游水源地布局调整建设

黄浦江上游水源地是开放式的，取水水质不稳定，因此必须对黄浦江上游水源地布局加以完善。在目前已经研究的东太湖引水方案、太浦河金泽水库方案和黄浦江连通方案等方案中，抓紧确定黄浦江水源地规划布局方案，"十二五"期间应开展工程建设，推进太浦河清水走廊工程建设。

青草沙水库建成后与黄浦江的水源地管网没有实现完全互通，作为一个特大型城市，建议在"十二五"期间要积极开展"两江互备"的方案研究。

3. 进一步推进水源保护区生态补偿措施

黄浦江上游水源一级保护区和二级水源保护区涉及青浦、松江、闵行、奉贤和浦东（南汇）等区，逐步完善形成市、区两级生态补偿的制度保障体系。市级层面上主要从立法、管理协调的角度，对生态补偿的政策和措施予以保障，同时指导区县级政府部门按照市级制度体系，建立相应的区级保障体系和实施细则等；加大市级财政对水源保护区的支持力度，支持水源保护地发展环境友好产业，探索多元化融资补偿渠道，建立和完善统计监测和绩效评价与激励机制，对于水源保护地区，政府部门的工作绩效考核，以水源保护指标完成情况为主，而不是以 GDP 为主。

（三） 加大水环境治理力度

1. 加大污水处理力度

研究解决中心城区雨污合流泵站雨天排江问题。对雨污分流的区域加强监管，及时整改，避免雨污混接；提高郊区污水处理率与管网配套建设。建议提高污水处理标准，争取全市污水处理厂处理标准达到一级 A 标准。

上海市污水处理厂主要建在靠近沿江、沿海一带，大量污水处理厂的尾水排放威胁着上海沿岸带水环境，近年来已出现赤潮现象。在研究内陆水环境的同时要关注近岸的长江、海洋水质问题。

2. 开展农业面源污染治理

加大农村面源（分散污水处理、垃圾、农田、畜禽养殖）及农药、化肥等污染的治理力度。要抓紧研究制定相关的政策法规，建立健全各项激励机制，规范农药化肥使用和各种规模的畜禽养殖，鼓励科学种田，推广使用有机肥和生物农药，以减少面源污染；继续加大农村环境基础设施建设力度、加快农村生活污水治理进度，积极开展农村地区生活垃圾的集中收集处理，并建立运营维护的长效机制；鼓励通过生态的方法治理农业面源污染，对非法使用禁忌农药、养殖废水直排水体等行为坚决予以查处。

3. 加强河道综合治理、调活水体，增加水环境容量

沟通水系、增加水动力是改善水环境质量的重要手段。借鉴太湖流域水环境综合治理中江苏、浙江的一些做法，科学系统地考虑全市的水系规划，调活水体，增加水动力；加强河道综合治理，对流经区域较多的骨干河流要进行分段水质监测，进一步明晰治理污染的责任，切实落实上游对下游负责机制。加强水生态修复建设，充分利用长江水资源提高上海的水环境容量。

（四） 加强省界水环境保护的目标考核

上海作为长江的下游城市，也是长三角的龙头城市，省际边界太湖流域地区地处平原河网，水污染较重，水情复杂，应借鉴莱茵河、多瑙河等国际

河流联合治污和水环境监测的经验，积极请国家主管部门及两省一市加强省际沟通协调、共同保护，研究推进省际的饮用水水源安全工程建设。重点做好太浦河、淀山湖水环境治理与水资源保护工作，保障黄浦江水源地安全，关注长江的水环境风险。进一步完善以流域为单元的水资源管理机制，完善流域层面的水环境综合治理规划。

1. 建议国家建立省际水环境立法考核机制，强化水功能区监督管理

《水污染防治法》中明确省界水体水环境质量由流域水资源保护机构负责监测，目前长江水资源保护局与太湖流域水资源保护局每月对长江和太湖流域的省界断面进行监测并发布公告，建议国家按照流域机构发布的省界水体水质通报进行考核。探讨上下游生态补偿机制。

2. 流域与区域形成工作合力，开展省界河道与重点区域的水环境整治

上游省市利用水利工程开展了水资源调度工作。上海位于太湖流域下游，可能受尾水影响，长江有丰沛的水资源，建议探索流域与区域水利工程联合调度，提高水环境容量。建立和完善省界突发事件应急预案，对于影响饮用水安全的重大项目，应建立下游参与机制。对于吴淞江（苏州河）、太浦河、淀山湖等跨界河湖，要加强省际沟通，共同治理。

（五）加大投资力度，完善政策保障力度

加快推进水资源、环境资源市场化配置，充分调动全社会特别是企业对水环境治理投入的积极性，拓宽融资渠道，建立政府、企业、社会多元化投入机制，认真落实方案项目建设资金。建议"十二五"期间要加大饮用水安全与水环境保护的政府投资和补贴力度，加快征地、资金等瓶颈问题的解决；对于公益性工程，建议向中央呼吁争取在土地指标上有所倾斜，地方在土地指标分配上，优先向水环境治理倾斜。

运用经济杠杆促进水资源节约利用，合理确定各类用水的水资源费标准，完善污水处理收费和阶梯水价政策。

（六）提高公众参与度，加强社会监督

政府主管部门要广泛认真听取并吸纳不同领域专家的有关观点、意见和

建议，定期就水环境治理的工作思路，尤其在饮用水源与饮用水安全的目标、标准等方面进行决策咨询。

积极推广社会组织介入水资源保护工作，充分发挥社会组织专业背景、技术力量、社会影响力，调动社会公众参与的积极性，通过舆论媒体，加强水资源保护的宣传、水科学资料的普及。全面推进政务公开，加强公众监督，增加社会监督的广泛性和民主性。

B.12

老港垃圾填埋场综合利用的设想与探讨

李铭裕　何文远　顾士贞*

摘　要：本文介绍了上海老港垃圾填埋场综合利用的设想：通过建立静脉产业园区，开发风力发电、填埋气发电、太阳能发电，在静脉园区构建"立体式、多模式"能源再利用体系，将垃圾填埋场封场后土地再利用和发展可再生能源有机结合在一起，具有示范意义。

关键词：垃圾填埋场　静脉园区　可再生能源

一　老港静脉产业园区规划概况及园区定位

老港填埋场是上海市最大的生活垃圾处置设施，位于上海市中心东南约60千米的东海之滨，地处市郊南汇区境内，该场已实施了四期工程，总占地671公顷。一、二、三期工程于1989年开始建设，全部填埋区占地约（4000～4200）米×800米，共335公顷，目前已停止堆填垃圾，正进行封场工程。四期工程于2005年开始建设，占地4200米×800米，即336公顷。目前正在实施填埋的区域位于场址北部，约1300米×800米，设计可填埋库容2360立方米、填埋堆高约45米、可使用20年；其余部分为填埋预留区。

为了给上海市城市社会经济的健康持续发展提供长期可靠的环境安全保证，上海环境正在固废处理处置、循环经济、节能减排等方面进行有益的探索，拟规划建设老港静脉产业园区，使得上海有机会以尽可能少的资源消耗和尽可能小的环境代价解决城市固废处置问题。老港静脉园区将依据循环经

---

* 李铭裕、何文远、顾士贞，上海环境集团有限公司。

济理念、工业生态学原理和清洁生产要求，实现物质闭路循环、能量多级利用和废物产生最小化。规划分四个区域：生态修复区、填埋区、产业区及远期填埋预留区（湿地滩涂），将建设生活垃圾、城市污泥、工业固废、危险废物处理处置及其他产业固废资源化项目。近期重点以生态恢复类项目、能源类项目和固废处理处置类项目为主，优先考虑生态恢复类项目，还清历史老账，恢复老港生态环境。中远期将建设其他产业固废项目，包括：废旧包装桶再生、餐厨垃圾资源化、废旧轮胎综合利用、电子废弃物处理、废塑料综合利用、建筑垃圾综合处理等资源化项目。届时将实现静脉园区的规模化、集约化。

能源再生利用在静脉园区中占有重要地位，在 2020 年前老港静脉产业园将形成"三大基地、三个中心"，即环境和谐的固废处理处置百年托底保障基地；循环经济与节能减排示范基地（可再生能源基地）；固废处理与资源化科研实证基地。园区将在对生活垃圾、工业固废、危险废物等多种固体废弃物处理处置的基础上，开发和引进资源化项目，实现资源有序循环、能量多级利用。建成我国种类多、规模高、影响广的固废处理处置中心、资源循环利用中心和能源再生利用中心。

二 老港静脉园区新能源项目基础条件分析

（一）风力发电

据由上海气候中心主持完成的《上海市风能资源评价报告》（2005 年 3 月 25 日通过专家评审）数据显示，上海地区的风速由沿江、沿海地区向市区逐渐减小，全年以东南偏东风为主。风速在 8 级及以上的年平均大风日数沿江、沿海地区有 10～12 天。10 米高度年平均风功率密度在 25～48 瓦/平方米之间，长江口近海面则可达 265 瓦/平方米。上海年有效风速小时数在 3560～4904 小时，长江口近海面可达 7564 小时。上海近海地区风能资源丰富，表面粗糙度低，湍流度小，可获得更高的"能量曲线"。在近海地区，风力发电机的使用寿命较长，可弥补近海风力发电场造价高的不足。

老港填埋场位于东海之滨，具有良好的风能利用条件，可以在填埋场封场区域和基地沿海护堤上建设风力发电场。老港填埋场距上海市风力发电有限公司建设的南汇森林公园风力发电站（10×1500 千瓦机组）约 4～5 千米。据上海市风力发电有限公司的测定，该场址附近的年平均风速（50 米高处）约为 6.7 米，（70 米高处）年平均风速约为 7.2 米，是一个较为理想的风力发电站场址。

（二）填埋气发电

上海老港生活垃圾填埋场四期工程，目前每天处理生活垃圾达 8000 吨左右，将来可能每天达到 10000 吨以上，是目前亚洲在建的最大的生活垃圾卫生填埋场之一，对如此大型的填埋场来说，科学、有效地管理填埋气体是非常重要的。目前收集到的填埋气体中甲烷含量较高，约 60%，具有很好的能源利用价值。老港四期填埋场填埋气产生量和收集量预测数据见表 1。

表 1　填埋气产生量和收集量预测

单位：立方米

年份	填埋气产生量	填埋气收集量	年份	填埋气产生量	填埋气收集量
2009	55941137	36361739	2015	80291782	52189659
2010	68746414	44685169	2016	81985402	53290511
2011	71538720	46500168	2017	83517853	54286604
2012	74065304	48142448	2018	84904471	55187906
2013	76351451	49628443	2019	86159135	56003438
2014	78420043	50973028	2020	87294403	56741362

（三）太阳能发电

从全国范围太阳能资源分布情况来看，上海市属于三类地区，太阳能年辐射量近年来平均值为 4461 兆焦每平方米，具有开发利用太阳能的资源条件，为可利用太阳能资源的地区。

就单位面积的日照时间而言，上海的太阳能资源比较丰富。据统计，

2007 年上海市区日照时数达 1617 小时。南汇地区是全市日照时间最长的几个地区之一，达到 2100 多小时，具有利用太阳能的有效条件。

（四）并网条件分析

目前正在建设的可再生能源项目有风力发电一期和填埋气发电。近期风力发电新建一座 110 千伏升压站，并通过一回截面为 240 平方毫米的 110 千伏架空线路并网接入 220 千伏南汇变电站的 110 千伏母线。填埋气发电亦新建一座 110 千伏升压站，并通过一回截面为 240 平方毫米的 110 千伏架空线路并网接入 220 千伏南汇变电站的 110 千伏母线，即利用老港风电场并网接入系统工程中开断的惠南至南汇的一回 110 千伏互馈线的剩余线路，并延长至填埋场气体发电厂。

从提高上海市固体化废物无害化处理率的角度出发，规划将老港废弃物处置场发展成为生活垃圾、工业固废、危险废物处理"三位一体"的全能型、综合性固体处置基地，在发挥多种组合技术处理城市产生的多种废物的同时，积极开展对废物中所包括的物质、能量的循环利用，使老港基地成为一个以处理与利用废物为主要特征的生态工业园，包括风力发电（一期 19.5 兆瓦、二期 80 兆瓦）、填埋气发电（15 兆瓦）、生活垃圾综合处理发电（12 兆瓦）、危险废物焚烧发电（1 兆瓦）等项目，根据初步估计，至 2020 年，老港静脉园区总装机规模将达到 150 兆瓦。

远期考虑静脉园区规划的发电项目的接入，拟在老港处置场内建设 110 千伏开关站，老港静脉园区内各发电项目接入该开关站。110 千伏开关站采用单母线分段接线，利用现有惠南至南汇 110 千伏联络线开断环入，作为与系统连接线路，线路输送容量满足老港静脉园区远期最大送出电力的要求。

三 老港静脉园区能源再生利用体系构建设想

目前园区正在建设风力发电一期项目和填埋气回收发电项目。风力发电一期将安装 1.5 兆瓦发电机组 13 台，总装机容量 19.5 兆瓦，年平均上网电量约 3.8 万兆瓦时。二期规划为 40 台 2 兆瓦风力发电机组，总容量约为 100 兆瓦。填埋气发电项目本期建设规模为总装机容量 15 兆瓦。目前收集、净化、发电系统已初步建成，并已有 2 台发电机组投入了孤网运行。本项目实现电、热、冷三联供。采用燃气内燃机发电，同时对发电机组的缸套冷却，对尾气排放的余热进行回收。余热冬天用于污水处理厂加热和管理区间的采暖，夏天用于管理区间的制冷；以及全天候提供填埋场、污水处理厂和发电厂 100 人次的洗澡用热水。

老港一、二、三期垃圾填埋场已进入封场和生态修复阶段。若利用垃圾填埋场土地资源建设太阳能并网电站，可提高土地等资源的循环利用水平，同时，也可减少温室气体排放，减少环境污染，为上海提供绿色电力。在封场后的垃圾填埋场上开发太阳能发电不仅突破了城市发展大规模太阳能并网发电土地资源不足的瓶颈，同时对填埋场封场后土地再利用提供了一种新模式。

随着风力发电和填埋气发电的建设，老港静脉园区能源再生利用体系正在逐步完善，若继续推进垃圾场上的大型太阳能并网发电项目，将形成"地下：填埋气回收发电、地表：太阳能发电、空中：风力发电"的立体式、多模式可再生能源开发利用的格局。届时，老港静脉园区可再生能源开发利用将实现新的突破，园区也将成为全国的可再生能源示范基地和封场后土地再利用示范基地，对区域经济发展和环保事业有重要意义。

四　结论

垃圾填埋场封场后土地再利用一直是学界探索的重要课题，同时由于城市土地资源紧张也制约了城市大型太阳能并网发电，在封场后的垃圾填埋场上发展太阳能发电，实现了土地再利用和能源再利用的双重效益。"立体式、多模式"的可再生能源利用体系在国内属于新的创举，将会把上海老港静脉园区打造成为一个具有示范意义的再生能源利用基地和中心，对静脉园区的产业形成具有推动和促进作用。

B.13

城市可持续发展案例比较研究

刘　婧*

摘　要：城市可持续发展是一个城市维持生命力的根本。通过对国内外低碳城市建设的案例的解析，可以从中总结出一些在我国城市可持续发展过程中可以借鉴的先进经验，对城市低碳经济的发展具有重要的意义。本文分别分析了美国纽约、英国伦敦、德国柏林、日本东京、新加坡五大国外低碳城市建设的案例，以及保定、香港、台湾三个国内低碳城市建设的案例，通过国内外案例的比较研究，总结城市可持续发展的经验。纵观国内外低碳城市的实践，可以看出其普遍重视制定低碳经济发展的法律、战略、政策和措施；重视产业结构的转型升级；重视科技进步与创新的应用；重视基础设施的建立和功能配套；重视公共管理和公共服务；重视构建低碳建筑和低碳交通体系；加强与国内外政府或节能企业的合作。

关键词：低碳城市　可持续发展　案例　比较　经验

一　国外低碳城市案例

城市可持续发展是一个城市维持生命力的根本。国外低碳城市的案例分析可以为我国在城市可持续发展过程中提供先进经验，因此对城市低碳经济的发展具有重要的意义。

---

* 刘婧，上海社会科学院生态经济与可持续发展研究中心博士；研究方向：环境经济学、公共政策分析。

（一）美国纽约

美国是经济大国和资源消费大国，大量生产、大量消费带来了诸多的环境问题：一是美国的经济发展需要消耗大量的资源和能源，废弃物不断增加，处理压力日益增大；二是传统的经济模式造成生态失衡，生产环节中排放的二氧化碳居世界前列。因此美国需要从根本上改善经济体系，需要在承担国际义务的同时促进国内经济发展，协调好减排义务与国内经济发展的矛盾。因此，低碳经济成为美国发展的必然选择。

1. 碳减排方面

长期的工业化使得纽约空气污染十分严重。建筑、交通、电力等行业排放出各类大气污染物至城市空气中，导致纽约空气中碳含量超标，温室效应显著。为大量削减纽约市的碳排放，政府颁布了相关政策及措施来治理碳排放。2007年，纽约政府制定了一项长期的城市规划——"规划纽约"计划（plaNYC：A Greener, Greater New York）。该计划涉及土地、空气、水资源、能源和交通五大议题，涵盖127项行动方案。例如"纽约市百万棵树"（Million Trees NYC），旨在未来10年内于纽约五大区遍植及维护100万棵树；"绿色纽约"（GreeNYC）活动，旨在号召纽约人通过举手之劳为减少市内污染及降低温室气体排放做出努力，创造一个更绿色、更健康的大都市。2009年，纽约政府提出"碳减排"新提案，将制定有关法案来改善环境，预计将使纽约市的碳排放减少5%。为了提高房屋建筑的能源利用率，该法案规定，每十年进行一次能源调查，要求纽约各大建筑设施5年内在改进能耗方面取得初步成效，并自行承担相关的投入成本。这是纽约首次大规模消减建筑物碳排放的全市整治计划。

2. 产业结构方面

自20世纪60年代开始，纽约的产业结构出现了制造业的急剧衰弱与金融、服务业等第三产业崛起的双重变化；70年代中期至今，制造业和消费者服务业的产值和就业比重持续下降，生产者服务业在产值和就业份额上均超过了传统的消费者服务业。在城市产业的空间分布上，制造业向郊外迁移，生产者服务业向大都市中心地区集中。经过20世纪60~70年代的产业结构调整，目前纽约的产业结构已趋于稳定。目前纽约大部分产业位于产业链上游，以技术研发和开发为主，附加值高而资源消耗相对较少。第二产业比重较低，第三产业中的服务业和金融业发达。因此，纽约产业结构方面的调整主要是第三产业内部的"优化调整"，例如鼓励新能源开发、节能技术在重点耗能领域的推广、扶持对碳减排有促进作用的服务业及完善相关金融产品等。

3. 能源发展方面

纽约是美国能源利用率最高的城市之一，能源问题是纽约不可忽视的重要问题之一。纽约市面临着能源基础设施老化、市场无效率、能源价格上涨和建筑能效低效、需求不断增长的情况。为此，纽约制定了能源发展中长期规划。依照规划，2007年以来纽约市采取了一系列能源新政策：建立能源规划委员会，实施并改进能源规划；加强监管和立法，减少纽约市的能源消费；加快电力重组，扩大清洁能源供应；促进电力传输设施的现代化，改进城市电网的安全性。同时，纽约十分重视节能及开发新能源。在节能方面，纽约注重提高存量建筑的能源利用率，主要针对居民楼宇进行一系列升级改造计划；在开发新能源方面，纽约未来将致力于太阳能产业的发展，着重推行太阳能光伏发电系统，积极开展风能及潮汐发电的能源项目，这些都具有巨大的节能潜力。在节能服务方面，纽约大力推广合同能源服务，向愿意进行节能改造的客户，如工业企业、机关团体、学校医院、小区住宅等提供能源效率审计、节能项目设计、原材料和设备采购、安装施工、调试监测、技术培训、运行管理等一条龙节能服务，将城市专业节能行业推向高层次发展，通过与客户分享项目实施后产生的节能效益获得滚动成长。这也是纽约实行节能减排的重要推动因素之一。

4. 发展循环经济方面

纽约主要采取了以下措施：一是制定相关法律法规，处理垃圾回收问题。1987年，纽约率先通过"垃圾管理计划"，这个计划要求在10年之内将垃圾产出量减少到当年水平的50%。1989年，纽约市通过"垃圾分类回收法"，规定所有纽约市民有义务将生活垃圾中的可回收垃圾分离出来。1990年，纽约市对"垃圾分类回收法"再次进行补充。要求市民必须将家中废电池、轮胎送到有关回收机构。这次补充法案使纽约市在环保立法中走在了全国的前列。1997 年 10 月 1 日开始在全市范围内全面推进"垃圾分类法";二是在节水方面。纽约倡导全体市民参与节水的行动，随时提醒公众的节能节水和环保意识。并采取积极有效的节水措施，如实行自来水收费上下水双向收费等;三是积极发展公共和共乘交通，推广新型汽车。纽约市政府大力发展公共交通，减少私家车使用频率，从而减少排污，改善空气质量。2005 年，纽约市在全市推广使用电力和汽油可混合使用的新型汽车。市政府鼓励率先在出租行业使用这种环保车辆，这种混合型车辆可比传统车辆减少九成因燃烧汽油而排出的废气;四是引导企业积极参与政府的一些环保节能、循环经济的计划。如美国环境署发起的"绿色能源计划"、"垃圾预防合作计划"、"购买再生商品计划"等计划均得到企业的参与。

（二）英国伦敦

2003 年，英国政府发布了能源白皮书——《我们未来的能源：创建低碳经济》，首次提出了"低碳经济"的概念，引起了国际社会的广泛关注。2009 年，英国政府又公布了能源与气候变化白皮书《英国低碳转换计划》，该计划标志着英国正式启动向低碳经济转型。

英国的低碳经济发展经历了建立专门机构、立法、制定战略方案等历程，其中包括制定减碳技术战略、低碳战略、国家气候能源战略、碳预算战略等，取得了明显的成效。在国家推进低碳经济的大框架下，英国低碳城市的建设也走在世界的前列。

1. 产业结构方面

在 20 世纪 30 年代，伦敦建立了电气机械、汽车、飞机等一系列工业部门，成为世界上工业规模最大的城市。但是伦敦制造业在 20 世纪 50 年代达到顶峰后一直下滑至今，与此同时，金融与商业服务业逐渐崛起。2006 年，伦敦市服务业、制造业和农业在经济总量中的比重分别为 88.8%、11.1% 和 0.1%[①]，服务

---

① 陈晖：《全球性国际城市的服务业及其发展历程：伦敦》，2009 年 7 月 14 日，上海情报服务平台，http://www.istis.sh.cn。

业在经济结构中已经占据了绝对核心的地位。目前，伦敦已形成了以金融服务业为主导，房地产和商务服务业、旅游业、批发和零售业、教育业等产业崛起的服务业多元化发展格局。

2. 碳减排和低碳城市建设方面

2007 年，伦敦颁布了《市长应对气候变化行动计划》，提出了一系列低碳伦敦的行动计划。第一，行动计划明确提出要将 2007～2025 年间的碳排放量控制在 6 亿吨之内，即每年的碳排放量要降低 4%。各种措施的制定、实施和评估都是以碳排放减少量来衡量；第二，行动计划的重点领域是建筑和交通。据统计，在伦敦市碳排放总量中，家庭住宅占到 38%，商用和公共建筑占 33%，而交通占 22%。因此低碳城市的重点在于降低这两个领域的碳排放；第三，在发展低碳城市的进程中争取最大限度的公众支持。《伦敦应对气候变化行动计划》中专门指出，只要 2/3 的伦敦家庭采用节能灯泡，每年就能够减少 57.5 万吨二氧化碳排放；第四，技术、政策和公共治理手段并重。在推广新技术、新产品应用的同时，构建鼓励低碳消费的城市规划、政策和管理体系。政府发挥引导和示范作用，综合运用财政投入、宣传激励、规划建设等手段，鼓励企业和市民的参与。并结合城市实际情况，通过重点工程带动低碳城市的全面建设①。

（三）德国柏林

德国在能源开发和环境保护技术方面处于世界前列。德国政府实施气候保护高技术战略，将气候保护、减少温室气体排放等列入其可持续发展战略中，并通过立法和约束性较强的执行机制制定气候保护与节能减排的具体目标。

1. 实施气候保护高技术战略

为实现气候保护目标，自 1977 年起，德国联邦政府不断出台能源研究计划，以能源效率和可再生能源为重点，通过德国"高技术战略"提供资

---

① 刘志林、戴亦欣、董长贵、齐晔：《低碳城市理念与国际经验》，《城市发展研究》2009 年第 6 期。

金支持。该战略确定了未来研究的 4 个重点领域，即气候预测和气候保护的基础研究、气候变化后果、适应气候变化的方法和与气候保护措施相适应的政策机制研究。

2. 提高能源使用效率，促进节约

主要通过以下四个途径进行，包括征收生态税、鼓励企业实行现代化能源管理、推广"热电联产"技术、实行建筑节能改造。

3. 大力发展可再生能源

通过《可再生能源法》保证可再生能源的地位，对可再生能源发电进行补贴，平衡了可再生能源生产成本高的劣势，使可再生能源得到了快速发展。近几年，德国的可再生能源发展取得了很大成功，确定了以下两个重点领域：促进现有风力设备更新换代，发展海上风力园；促进可再生能源的使用。

4. 减少二氧化碳排放

通过发展低碳发电站技术、降低各种交通工具的二氧化碳排放和排放权交易三个方式来进行碳减排。在发电站技术方面，德国政府计划制定了关于清洁煤技术（CCS）的法律框架；在交通减排方面，计划通过修改机动车税规定来推动到 2012 年新车二氧化碳排量应达到 130 克/公里这一目标的实现。并规定新车要标注能源效率信息，并努力根据欧盟指令完善标注方法，同时将二氧化碳排量纳入标注范围；在碳交易方面，德国政府开展二氧化碳排放权交易的主要目的是通过市场竞争使二氧化碳排放权实现最佳配置，减弱排放权限制给经济造成的扭曲，同时也间接带动了低排放、高能效技术的开发和应用。

5. 开展国际合作

德国同许多国家，尤其是发展中国家都开展了气候保护领域的合作。近年来，德国积极主张将美国这个二氧化碳排量大国纳入应对气候变化的行动中，并将此作为跨大西洋对话的重点之一。发起了欧盟与美国间的"跨大西洋气候和技术行动"，重点是统一标准、制订共同的研究计划等，并在 2007 年 4 月召开的欧盟与美国首脑会议上确定了该项行动的具体措施。

（四）日本东京

日本是《京都议定书》的发起国和倡导国，一直在宣传推广节能减排，主导建设低碳社会。日本政府于90年代提出"环境立国"口号，并提出发展"循环型社会"。东京作为世界上单位 GDP 能耗水平最低的城市之一，在低碳城市建设方面有着丰富的实践经验，提出城市的主要发展方向为向低碳城市进行转化。

1. 碳减排方面

从 2002 年起，东京就开始制订并实施针对温室气体排放的环境对策，推进节能和能源多样化，加强减排。主要政策有以下两项。一是"十年减排计划"。2006 年 12 月，东京开始着手制定了一项长远减排温室气体的行动计划——"十年减排计划"。在该计划中规定，今后 10 年东京要建成一个低二氧化碳型的、以新技术开发为主的都市，并且要建设较小环境负荷社会。而东京要达到的环保目标是，2020 年温室气体的排放量要比 2000 年削减 25%。按照企业、居民、城市管理、汽车、组织五大方面实施减排计划，主要把强力推进各种企业的二氧化碳等温室气体的减排作为首位①。二是总量封顶和排放权交易制度。2008 年 6 月，东京通过法案，从 2010 年起实行排放封顶制度，2011 年东京将启动自己的排放权交易市场。

2. 低碳城市发展的具体方案方面

东京的低碳城市建设是以减少能源消耗与提高能源效率为中心，广泛采用各种先进节能减排技术与新能源技术，辅以政策法规与宣传教育，引导人们自觉为低碳城市建设作出贡献。针对不同的部门与对象，东京提出与实施了低碳建设方案与措施。例如，大型商业机构的碳减排规划与措施报告制度、家电产品的能效标签制度、家庭部门的白炽灯更换计划、针对建筑物的绿色建筑计划、城市绿化中的绿墙与屋顶绿化建设规划、交通部门的减排规划等。

3. 产业结构和能源结构方面

东京的工业化进程主要经历了初级工业化、重化工业化、高加工化和知

---

① 张乐：《东京成日本减排先锋》，2007 年 7 月 8 日《新京报》。

识技术高度密集化几个阶段，是一个逐步高度化和产业结构不断优化的发展过程。东京的第三产业发达，其产值早在 1997 年就已占到东京总产值的 77.26%。在发展过程中，东京运用了不同于欧美国家城市低密度、粗放式的扩张模式，采用了以便利、完善的基础设施为基础，以集约化产业链为格局的发展模式，形成疏密相间、适度集中的都市圈。能源结构方面，东京已普及了天然气，改善了煤在传统能源结构中的依赖程度。从居民的能源消费中可以看出，目前使用最多的是电气、天然气和煤油。而太阳能等新能源由于成本较高，在家庭中普及程度不高。此外，政府从企业、居民、城市管理、汽车、组织等重点行业入手，进一步调整能源结构，如采取向这些行业大力推广节能降耗产品，实施节能改造计划等措施，来达到节能减排的目的[①]。

4. 在节约能源方面

2007 年 5 月 29 日，东京制定了《东京节能办法 2007》，旨在削减政府机关、学校、医院等公共设施的二氧化碳排放量。它规定，在新建、改建和大规模装修时必须加强建筑物的隔热能力，且要实现设备系统的高效化，加强绿化和引进可再生能源等，将公共设施逐渐转换为节能的示范建筑，并由此进一步推广至区县村和普通民居[②]；根据日本政府绘制的蓝图《10 年后的东京》，东京制定了《10 年后的东京执行计划 2008》。其中东京政府计划为 4 万户家庭提供太阳能发电设备及利用太阳光热的设备。同时，政府计划完全废除白炽灯、扩大普及高效能热水器等，以推动节能节电。同时，东京从 2009 年度起实施"环境减税"制度，为了促进中小企业推行节能措施以及推动纯电动汽车或插电式混合动力车等绿色汽车的普及，还将积极推广利用生物燃料，鼓励市民及企业使用低污染、低耗油的交通工具。

（五）新加坡

新加坡虽然没有明确提出低碳经济，但节能减排、可持续发展的意识非

① 戴星翼、张真：《浦东新区节能减排以及低碳经济和循环经济发展研究》，复旦大学城市环境管理研究中心，2009 年 12 月。
② 王颖颖：《日出台〈东京节能办法 2007〉全民动员节能减排》，2007 年 6 月 4 日《新民晚报》。

常强烈，在节能以及发展清洁能源方面取得了一定的进展。

1. 节约能源方面

新加坡主要从交通节能和建筑节能两方面着手。《新加坡交通管理法》以及一些法规规定了控制机动车增长而又不失灵活性的交通控制方面的综合措施。包括综合运用税收、价格、配额等多种手段限制汽车数量；通过实行地区限制方案与 ERP 系统控制汽车使用等。在城市建设方面，新加坡高度重视绿色建筑，政府鼓励私人楼宇建造屋顶花园和有绿化的阳台。具体措施包括：第一，2001 年 4 月，新加坡开始推行新的建筑物能源效率衡量指标，它更准确地衡量由室外进入室内的光线和热量，从而减少室内的灯光需求和制冷系统的用电负荷；第二，为了对建筑物的能耗水平进行评价，从而奖励绿色建筑，限制高能耗建筑，新加坡房屋建设局于 2005 年 1 月开始实施"绿色建筑标志认证计划"（即绿色标章计划）①；三是，为了促进合同能源管理的发展，政府出台了"公共机构节能导航计划"②，即政府部门首先采用合同能源管理模式，促进政府办公部门和公共场所节约能耗，提高能效；四是，为了鼓励工业企业与建筑物开展能源合同管理，新加坡国家环境局于 2005 年 4 月开始实施"能源效率提升援助计划"；五是，为了提高新加坡对建筑节能措施的重视程度，激励业主、承包商有效利用资源，新加坡国家环境局推出"建筑能耗标签计划"；六是，为了鼓励节能设备的应用，新加坡于 1996 年开始实行"投资津贴计划"和"加速贬值津贴计划"。

2. 清洁能源发展方面

2007 年 3 月，清洁能源被提升到新加坡战略性增长领域的高度。新加坡发展清洁能源有若干有利因素，包括其强大的电子、化工、精密工程等专业领域的技术力量，健全的知识产权保护制度，以及独特的区位条件。新加坡政府计划斥资 3.5 亿新元（2.88 亿美元）将新加坡打造成全球清洁能源枢纽，其产业发展重点放在太阳能领域，也将拓展到燃料电池、风力、潮汐能、能源效率和碳服务业等领域。预计到 2015 年，将创造 17 亿新元的增值

---

① 王荣：《新加坡近年来力推建筑节能，绿色建筑遍布花园城》，2007 年 10 月 30 日《深圳商报》。
② 魏晓燕：《新加坡节能措施的特点》，《中国科技成果》2006 年第 21 期。

资金和 7000 个新工作岗位。同时，新加坡计划通过产业集群化发展、科技开发、国际化这三方面的策略来推动清洁能源产业的发展。在产业集群化发展方面，已经出台了相应的措施来吸引主要国际公司，推动当地公司进军世界级公司的行列，并激励行业新秀。在科技开发方面，计划使新加坡成为全球清洁能源技术的实验基地和早期清洁能源产品及解决方案的应用基地。在国际化方面，新加坡将通过大公司来加速清洁能源解决方案的输出。

3. 产业结构方面

新加坡政府坚持制造业和服务业并重的政策。在制造业发展方面，近年来，新加坡重视本地制造业的作用，拥有比重较大、竞争力很强的制造业，是世界第三大炼油基地和石化产品供应中心。电子电器、炼油、船舶修造是新加坡制造业的三大支柱。与此同时，受化工、生物医药、半导体芯片等产业的快速发展的带动，制造业在 GDP 中的比重略有增加。可见，新加坡的制造业基本属于高附加值的先进科技产业，拥有不少具有强劲国际竞争力的尖端科技产品，被称作高新产业制造中心和技术服务中心。新加坡政府决定将来力保制造业在本地经济中的比重不低于 15%①。

4. 服务业发展方面

根据新加坡的统计年鉴，新加坡的服务业主要包括批发零售业（含贸易服务业）、商务服务业、交通与通信业、金融服务业、膳宿业（酒店与宾馆）、其他共六大门类。2001 年新加坡服务业在 GDP 中的比重为 67%，达到服务业比重的巅峰期。

二 国内低碳城市案例

（一）"中国电谷"保定

保定高新区于 1992 年 11 月经国务院正式批准建立。多年来，保定高新

---

① 王静波：《新加坡服务业发展现状与趋势》，上海情报服务平台，2006 年 7 月 4 日，http：//www.istis.sh.cn。

区积极营造创新创业环境，构建区域创新体系，逐渐探索出一条以发展新能源与能源设备制造业为主导的特色产业发展之路。保定高新区以发展光伏设备产业、风电设备产业、输变电设备产业等新能源和能源节约产业为突破口，形成了风电、光电、节电三大完整产业链条和一批行业领军企业，在国内新能源发展和节能领域树起了一面旗帜。2006 年保定市政府出台了《关于鼓励"中国电谷"建设的若干规定》和《关于加快推进保定"中国电谷"建设的实施意见》，确立了"中国电谷"中长期发展规划，将在资金、土地等方面倾力支持，优先发展。

1. 集成五大"平台"

目前"中国电谷"保定已集五大国家级科技产业"平台"于一身，不断升级新能源产业，分别获得"国家新能源与能源设备产业化基地"、"国家太阳能综合应用科技示范城市"、"国家可再生能源产业化基地"、"中国低碳城市发展项目"和"新能源产业国家高技术产业基地"称号。

保定高新区把风力发电、太阳能发电和传统电力技术创新与产业化作为"二次创业"、构建区域创新体系、提高经济竞争能力的重要支点。资料显示，2007 年，保定国家新能源与能源设备产业基地骨干企业达到 160 余家；实现工业销售收入 160 亿元，同比增长 42.9%；实现利税 17 亿元，同比增长 65%；出口创汇完成 4.3 亿美元，同比增长 95.5%，完成年度计划的 190%。保定国家新能源与能源设备产业基地在光伏设备、风电设备和输变电设备制造方面已形成产业优势，在节能节电技术方面形成较强的创新能力①。

2. 构筑新能源产业体系

保定高新区通过与国电集团、国家开发银行等一批国有大型企业和金融机构通力合作，全力打造以新能源产业为代表的先进装备制造产业，取得了显著的成绩②。

一是培育起行业龙头。保定高新区从 2001 年起，对风电设备领军企业

---

① 《保定高新区打造"中国电谷·低碳保定"》，2008 年 3 月 12 日《中国高新技术产业导报》。
② 《保定高新区打造"中国电谷·低碳保定"》，2008 年 3 月 12 日《中国高新技术产业导报》。

给予包括办公场地、代建厂房、借款、争取政策性资金支持等在内的各项扶持措施。保定高新区先后帮助中航惠腾公司建起3个新厂区，为惠腾公司迅速实现规模化发展，在国内风电叶片市场树立龙头地位发挥了重要作用；从1998年开始支持多晶硅企业英利公司发展，从3兆瓦高技术产业化示范工程开始，到建立起世界第四、国内唯一的具有全产业链的太阳能多晶硅电池生产体系，实现了跨越式发展。英利与保定天威集团共同投资组建的天威英利新能源公司2005年实现产值5亿元，2006年实现产值22亿元，2007年产能达200兆瓦。2007年6月8日，天威英利（YGE）成功登陆美国纽交所，募集资金3.19亿美元，成为河北省第一家在美国主板上市的企业。英利总投资30亿元、分三期进行的500兆瓦太能阳多晶硅工程，于2006年7月1日开工建设，第一期100兆瓦已经投产，2009年上半年全线投产后，预计销售收入将达150亿元，公司将跨入国际光伏巨头行列。

二是搭建起技术创新与信息服务平台。2005年，中国第一个风电叶片研发中心在保定高新区成立。该中心目前已在叶片异型研发、大功率叶片开发等重点领域实现突破。2007年11月12日，国内最大级别（2兆瓦级）、拥有自主知识产权的风电叶片在保定华翼公司成功下线。华翼公司立足于自主研发，坚持引进、消化、吸收，再创新，与荷兰国家能源中心（ECN）、荷兰复合材料技术中心（CTC）合作开展联合设计，开创了我国在风电叶片领域自主设计研发的新时代。另外，保定高新区与中科院工程热物理研究所共同建立的中国首个可再生能源技术研发中心正在建设之中；与美国可再生能源试验室、世界风能协会、欧洲风能协会等国际新能源领域的行业协会、重点实验室建立了长期合作关系；联合多个技术研发中心及国家级检测平台筹备建立的信息交流平台也正在建设之中。

目前，保定高新区正在进行风电整机、风电叶片、风电控制三大检测平台的建设，并积极申报国家检测平台。同时，启动中国风能杂志、中国风能信息中心、中国风能之家项目建设，积极与国家太阳能协会、可再生能源协会、节能协会保持良好合作，构筑起新能源产业信息服务、技术、人才交流平台。

三是构建形成新能源人才培养体系。保定高新区与华北电力大学达成战略合作关系，设立国内首个风电专业并成立可再生能源学院；与风能协会联合建立亚洲风能培训中心，为中国风能专业培养高级管理人才；在技术工人培养方面，联合高新区企业和保定市 20 余家职业技术学校，成立了国内首个新能源专业职业教育集团。

3. 实现产业链和集群化发展

保定高新区在风电、太阳能、输变电等领域产业链条逐步延伸，专业化、集群化发展已经迈出重大步伐，具体领域如下①。

在光伏发电领域。天威英利光伏产业及配套产业链正在谋求进一步扩大。同时，在太阳能应用产品方面，已聚集 40 余家光伏—LED 产品生产企业，形成太阳能光伏产品研发、制造、应用的完整产业链，实现与 LED 产业的紧密结合与广泛应用，并在光热发电、太阳能电站、太阳能建筑一体化技术领域取得突破。目前保定高新区正在组织成立光伏—LED 行业协会，制定行业标准，形成企业联盟，使"中国电谷"成为国内光伏—LED 产品的制造与集散地。

在风电方面。保定高新区已形成由风电整机、叶片、控制系统及相关配套工程所组成的较为完备的风电产业链。保定高新区拥有涵盖风电叶片、整机、控制等关键设备自主研发、制造、检测企业近 50 家，拥有风电设备及相关企业 20 余家。其中，龙头企业中航惠腾公司产品成功服务于全国 30 多家大型风电场，2007 年其产量占国产叶片的 90%；惠德风电已批量投产并向美洲出口；国电联合动力兆瓦级风电机组成功下线，预计投产后年可实现产值 80 亿元。总投资 11 亿元的中国电谷风电设备产业园已开工建设，投产后预计可实现产值 100 亿元。同时还建有以中国科学院专家技术为依托的中国第一个叶片研发中心和风电控制系统研发中心，2007 年成功研发制造出拥有自主知识产权的 2 兆瓦风电叶片，填补了国内这个领域的空白。此外，中国电谷 3 兆瓦海上风机项目被科技部列为国家科技支撑计划项目。

在输变电产业方面。保定天威集团有限公司是国家重大装备制造业骨干企业、中国制造业 500 强企业，在特高压、超高压交直流大型输变电关键设

---

① 《保定高新区打造"中国电谷·低碳保定"》，2008 年 3 月 12 日《中国高新技术产业导报》。

备研发制造方面处于世界先进水平。天威集团拥有国家级输变电技术开发中心和太阳电池级晶体硅片工程研究中心，是世界上拥有变压器行业核心技术最齐全、电压等级覆盖面最宽、品种最多、技术装备先进的大型企业集团，与日本三菱、韩国三星等国际知名装备制造企业在保定高新区建有合资项目。天威集团紧跟国家能源发展政策，以太阳能光伏、风电设备制造为切入点进入新能源产业，形成了该公司"双主业"中以太阳能和风能双翼组合的新能源产业。

另外，在输变电方面，保定高新区还有许多创新企业。其中三川公司以大电网稳定技术、电网反窃电技术和华仿电控公司的大型电动机串级调速节能技术为代表的电力控制管理技术，可使电网效率和用电效率大大提高。

未来，保定高新区将形成以风力发电设备、光伏发电设备为重点，以输变电设备、节能设备、新型储能设备、电力自动化及电力软件为基础的新能源与能源设备企业群和产业群，形成相关行业的技术、人才、信息、产业聚集区，成为国际化的新能源与电力设备产业发展平台，成为中国新能源产业发展的领跑者。以构建国内最大的新能源与能源设备产业基地作为切入点，在迅速做大做强"中国电谷"产业集群的同时，将全力开启绿色能源发展之路，破解经济发展、能源束缚、环境压力平衡难题，探索经济又好又快发展的新路径。

（二）香港

废物减量和循环再造是香港废物管理工作的主要内容，因此香港的低碳经济主要关注其固体废弃物的处理和循环。

1. 提高固体废物的回收率方面

为了提高固体废物的回收率，1998年香港政府推行《减少废物纲要计划》，制订多种减少废物的方法。该计划包括在屋村范围提供分类收集箱，分类收集塑胶类废物、纸张和铝罐等；在市区公园、郊野公园烧烤地等公众场所设置特别收集箱；增加收集次数，成立专责小组研究更有效的分类收集方法；支持废物回收及循环再用行业，将8块土地以短期租约形式分租给多个废纸、金属、塑胶及橡胶轮胎回收商。在上述措施的实行之下，香港的整体废物回收率有所提升。2001 年香港的废物回收系统共回收 194 吨都市固体废弃物，其中 9% 在本地循环再造，91% 运往内地及其他国家循环再造，为香港带来超过 26 亿元的出口收入。但香港政府认为其在减少废物及回收家居废物方面仍需加倍努力。2001 年，政府完成了《减少废物纲要计划》的中期检讨工作，认为有几点需要今后继续提升：第一，提升都市固体废物的回收率，从 2000 年的 34% 提升至 36%（2004 年）及 40%（2007 年）；第二，提升家居废物的回收率，从 2000 年的 8% 提升至 14%（2004 年）及 20%（2007 年）；第三，向建造业推广回收概念，希望可令运往堆填区的拆建废物在 1999～2004 年减少 25%①。

为了鼓励屋苑/住宅楼宇在楼层设置废物分类设施，扩大可回收物料的种类，以增加家居废物回收量及减少所需弃置的废物，2005 年环保署在全港推行"家居废物源头分类计划"。该计划推行两年半之后初见成效：全港共有超过 650 个屋苑参加"家居废物源头分类计划"，涵盖 84 万户共 250 万市民，占全港人口 36%；香港的家居废物回收率，由 2005 年的 16% 升至 2006 年的 20%；家居废物弃置量持续下降，2006 年的弃置量较 2005 年减少 3%。该计划的目标是，在 2010 年达到八成市民参与，家居废物的回收率由 2005 年的 16%，提升至 2012 年的 26%。

2. 建筑垃圾的处理方面

为了减少建筑垃圾的产生，提高建筑垃圾回收再利用和循环再造的成效，减少堆填区的建筑垃圾接收量，香港采取的主要措施包括：在交通方便的地点，辟设足够的公众填土区及转运站；推行堆填区收费计划；鼓励把混杂的建筑垃圾分类；鼓励把建筑垃圾回收再用，循环再造。2006 年，特区政府还在实施建筑废物处置收费，取得了显著效果，运往堆填区的建筑废物，已由 2005 年的每天 6560 吨，减至 2007 年的每天 2910 吨。

香港环境保护署在 2005 年 12 月发表了《都市固体废物管理政策大纲（2005～2014）》（以下简称《政策大纲》）。《政策大纲》阐述往后十年就处理香港都市固体废物管理问题提出的策略和措施，策略的主要特色是透过都

---

① 香港特别行政区政府环境管理署，http：// www. epd. gov. hk。

市固体废物收费及生产者责任计划，实践污染者自付原则。政策大纲建议利用简单而有效的经济诱因，倡导市民加强循环再造，减少弃置废物。

除此之外，香港还采取了一系列垃圾优化处理的措施，如垃圾填埋场沼气开发项目、填埋场修复工程和多元化的废物处置措施。

（三）台湾

近年来，台湾根据自身环境现状，采取了很多有关低碳城市建设的做法，取得了一定的成绩。

1. 加强环境研究

努力提高环境质量，保持社会经济的持续发展。台湾积极开展全球变化研究工作，加强对整合学术研究的组织和推动，台湾于1992年成立了全球变迁研究中心，该中心挂靠在台湾大学，全球变迁研究中心下设大气化学、海气交换与气候、黑潮与海洋循环、古环境变迁、现代环境变迁与生态、资讯和永续发展与经济社会冲击七个组。同时"国科会"作为地区性科学基金资助机构也是全球变化研究资助机构国际组织（IGFA）的成员单位，参与国际全球变化资源评估工作。

2. 大力发展低碳交通

推广油气双燃料（LPG），把公务车和公交车改装为油气双燃料（LPG）车辆，并补助出租车改装油气双燃料。同时，各城市积极规划自行车租借制度，在台北和高雄等地都已经出现了自行车租借服务。

全面换装LED交通信号灯，鼓励机关单位把逃生门等24小时警示灯换成LED，推出LED路灯示范补助。强制要求饭店将灯泡更换为省电灯泡与T5灯管，通过补助的形式鼓励居民购买节能家电。

3. 重视发展低碳建筑

选用较低反射率的玻璃设计，减少开窗面积，有效减低刺眼的反射阳光，同时减低空调负荷并节约能源。鼓励民宅和旅馆装设太阳能热水器。多使用再生建材，比如由回收砖瓦、废料所烧制的砖，当做墙和地板用，把废轮胎制成橡胶粉加入沥青铺设道路，不仅能够防滑，还可以降低行车经过时的噪声。

4. 重视水资源的节约和回收再利用

台湾年年缺水，为使水资源得以再度利用，通过收集雨水和收集空调冷却水开发新水源，作为次级用水。建立大楼和小区水回收试点。

5. 对半导体产业的全氟化物排放进行减量

PFCs 经大气化学家证实对温室效应的影响后，台湾半导体业已自发性地将其排放减量纳入产业发展及各会员公司商业成长的措施中。台湾半导体行业协会 TSIA 自 1998 年 5 月在 ESH 委员会下成立 PFCs 减量小组后，立即积极收集世界上最新可行的减量技术供会员参考，在 1998～1999 年注册的会员已开始参考 WSC 方法，使用先进制程尾气量测仪，如密闭腔式红外线光谱仪（Close-cell FTIR）和四极柱质谱仪（QMS）监控制程反应终点，以使得 PFCs 在制程的用量得以节制使用。

自 1999 年 5 月底，TSIA 也相继邀请应用材料（Applied Materials）公司、通际名联（TEL）公司、诺发（Novellus）公司、莱姆（Lam）公司、明尼苏达矿务及制造业（3M）公司、空气化工产品（Air Products）公司、爱德华氧气（BOC Edward）公司、埃微美科材国际贸易有限（ATMI）公司、日立（Hitachi）公司、太阳金属工业株式会社（Taeyang Tech）等，介绍最新制程或排放减量技术，并积极鼓励会员参与气体公司提供的制程减量活动。由各会员所共同提供的资讯显示制程最适化或化合物的替代，根据制程的不同可减少 30%～70% 的 PFCs 百万公吨碳当量（MMTCE）排放。此外，PFCs 排放处理设备商通过提供最新的产品，协助半导体厂解决因 PFCs 排放减量所产生之碳酰氟（COF_2）、氟化氢（HF）和氟气（F_2）等危害气体的处理技术。

在减量的成效方面，单位产出晶圆面积所耗 PFCs MMTCE 值显著下降。TSIA 的 PFCs 排放减量工作，自排放基准年承诺后，已进入落实阶段。

三 低碳城市建设经验

纵观国内外低碳城市建设的案例，可以从中总结出一些可以借鉴的先进经验，对开发区今后低碳经济的发展具有重要的意义。

1. 重视制定低碳经济发展的法律、战略、政策和措施

国内外低碳城市的实践表明，政府要首先制定低碳经济发展的各项政策。一是通过立法的形式，对低碳经济发展的各个具体部门进行法制约束，对减排量或能耗标准及排放标准都可以进行约束，从而保障低碳经济发展的有效性。二是据地区经济发展的现状、优势、劣势等基本情况，制定低碳经济发展规划，提出具体的政策措施和战略目标等。三是制定对低碳经济发展的支持政策，如在税收、政府资金补贴等方面给予资金支持和政策扶持。

2. 重视产业结构的转型升级

国内外城市广泛通过各种政策和措施进行产业结构的转型和升级，在改造传统的产业体系、调整产业结构的基础上，大力发展先进制造业和现代服务业。一方面，广泛引进战略性新兴产业和节能环保相关产业，改善产业结构布局；另一方面，重视产业集聚。通过聚集产业、集约发展，形成产业链，以最小的资源投入、资源消耗，形成最大的经济产出。

3. 重视科技进步与创新的应用

国内外城市广泛重视节能环保技术的研发和创新，不断加大技术研发力度和科技创新力度。如建立专业化较强的园区和基地，采用多种先进的节能环保技术等，在节能环保产业和低碳发展上取得了显著成效。

4. 重视基础设施的建立和功能配套

国内外城市普遍重视基础设施的建立和城市功能的完善，通过加大基础设施的资金投入力度，大力发展交通、建筑、绿化、生活配套等基础设施，为实现低碳发展奠定了基础。

5. 重视公共管理和公共服务

国内外城市在经济增长和产业转型的过程中，重视公共管理和公共服务的完善。如技术转让平台、技术交流平台、能源管理中心、低碳经济评测中心、碳交易市场等。这些公共服务的完善，可以为低碳经济发展提供必要的技术、研发、交流等，满足企业的服务需求。

6. 构建低碳建筑和低碳交通体系

建筑和交通是一个城市或园区发展的重要基础。国内外城市均非常重视低碳建筑和低碳交通体系的构建。通过先进的低碳技术运用到建筑和交通系统中，实现了建筑和交通能耗的显著降低。

7. 加强与国内外政府或节能企业的合作

国内外城市通过互相合作，共同应对气候变化给人类带来的挑战。加强合作为低碳经济发展带来资金、人才和技术，取得更加显著的低碳发展成果。

附　录

Appendix

B.14

附录1　2011年上海市资源环境发展报告年度指标

——上海市能源、环境发展状况

刘召峰*

本书利用图表对上海市2010年度能源、环境指标进行简要直观的表示，以反映2000年以来，上海市能源效率、环境质量所发生的变化，并根据"十一五"规划的目标，来评价与分析上海能源、环境发展所取得的成绩与存在的不足。本书选取的2010年度环境指标主要包括大气、水环境、固体废弃物、噪声、绿化、能源、环保投入等。

一　环保概况

2009年，上海市环境质量总体稳中趋好。全市空气质量优良率首次超

---

* 刘召峰，上海社会科学院生态经济与可持续发展研究中心研究助理。

过 90%，达 91.5%，连续 7 年空气优良率超过 85%。全市城镇污水处理率为 78.9%[①]，并有望在 2010 年达到 80% 以上，中心城区污水处理率达到 86.8%，工业废水达标率为 98.8%，生活垃圾无害化处理率为 82.3%。城市绿化覆盖率为 38.1%，人均绿化面积为 12.8 平方米。2009 年，上海市二氧化硫排放总量比 2005 年下降了 26.11%，化学需氧量（COD）排放总量比 2005 年下降了 20.04%；上海市万元产值二氧化硫排放量与万元产值化学需氧量排放分别比 2005 年下降了 51.7% 与 50.9%（见图 1）。

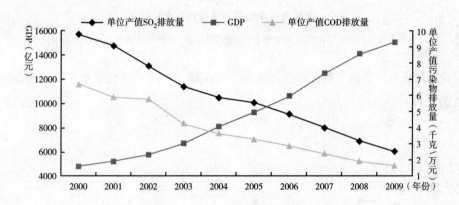

图 1　上海市历年 GDP 与单位生产总值污染物排放情况

资料来源：根据《上海统计年鉴》计算而得，GDP 数值为名义 GDP。

（一）大气

近年来，上海市环境空气质量总体稳中趋好，空气优良率首次超过 90%，达 91.5%，连续 7 年空气优良率超过 85%，并达到《上海市环境保护与生态建设"十一五"规划》中设定的环境空气质量优良率力争到 2010 年达到 85% 以上的目标（见图 2）。

2009 年，上海市二氧化硫排放总量比 2005 年下降了 26.11%，提前完成"十一五"节能减排规划所规定的 2010 年二氧化硫排放总量在 2005 年的基础上减少 26% 的目标（见图 3）。截至 2009 年 6 月底，上海市"十一五"期间计划

---

① 参照《2009 年上海水资源公报》。

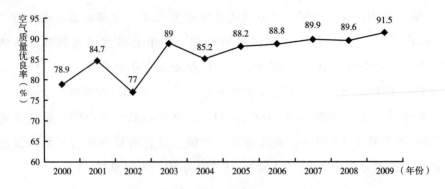

图 2   上海市历年空气质量优良率变化趋势

资料来源:《中国 2010 年上海世博会环境报告》与《2010 年上海市环境状况公报》。

建设的燃煤电厂脱硫工程已经全面完成①。目前,上海一些燃煤电厂已经开展脱硝工作。

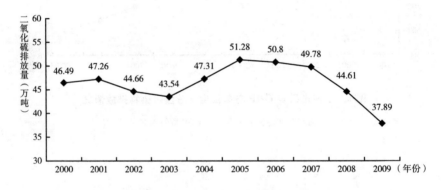

图 3   上海市历年二氧化硫排放情况

资料来源:《上海市统计年鉴》。

2009 年,上海市废气排放总量为 10709 亿立方米,首次出现负增长,比上年减少了 3.33%。其中,工业废气排放量比 2005 年增长了 17.6%。虽然上海依旧面临较大的工业废气污染源的减排压力,但是从工业废气排放增长幅度看,上海在工业废气污染源治理方面取得了相当大的成绩(见图 4)。

2009 年,上海市粉尘排放总量为 10.18 万吨,比上年减少了 4.2%。其

---

① 《上海脱硫工程全面完成　力争今年实现"十一五"减排目标》,2009 年 7 月 24 日《中国环境报》。

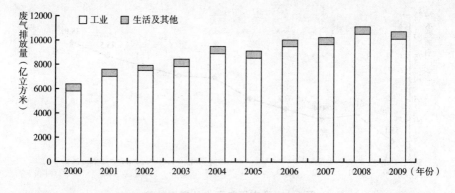

图 4　上海市历年废气排放情况

资料来源：《上海统计年鉴》。

中，工业粉尘继续减少，比 2005 年减少了 26.5%；而生活及其他领域的粉尘基本维持不变。由此可见，生活及其他领域的粉尘治理工作任务艰巨（见图 5）。

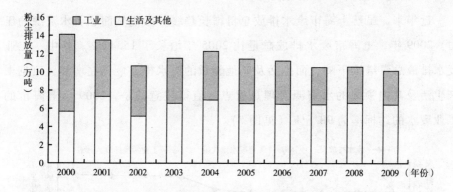

图 5　上海市历年粉尘排放情况

资料来源：《上海统计年鉴》。

（二）水环境

2000 年以来，上海市污水处理水平一直不断提高。2009 年上海市污水处理率为 78.9%，比 2005 年增长了 12.39%，并有望在 2010 年完成上海"十一五"规划规定的全市污水处理率达到 80% 以上的目标（见图 6）。截至 2009 年底，本市建成城镇污水处理厂 52 座，污水处理能力达到 686.5 万立方米/日，比上年增加 14.25 万立方米/日；污水处理厂日平均净运行水量

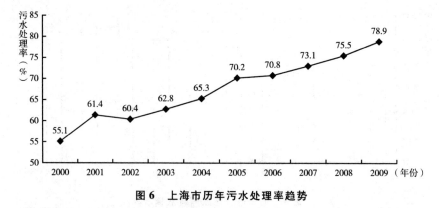

图6 上海市历年污水处理率趋势

资料来源:《中国2010年上海世博会环境报告》与《上海水务局下达本市城镇污水处理厂2010年度运行指标》。

为563万立方米(扣除地下水渗入量和雨季截流雨水量后为499.28万立方米/日,比上年提高18.1万立方米/日)①。

近年来,虽然上海市废水排放总量增长趋缓,但仍然面临着水资源的压力。2009年,上海市废水排放总量比2005年增长了15.42%。其中,工业废水排放总量继续下降,而生活及其他领域的废水排放量仍在增加,可见未来生活及其他领域的水资源管理是重点。值得注意的是,2009年上海市的工业废水的达标率为98.8%(见图7)。

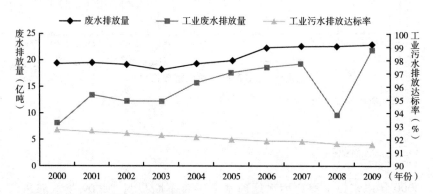

图7 上海市历年废水排放量、工业废水排放量与工业污水排放达标率

资料来源:历年《上海统计年鉴》。

---

① 参照《上海水务局下达本市城镇污水处理厂2010年度运行指标》。

2009 年，上海市 COD 排放总量为 24.34 万吨，比 2005 年下降了 20.04%，提前完成了"十一五"节能减排规划规定的 2010 年 COD 排放总量在 2005 年的基础上减少 15% 的目标（见图 8）。

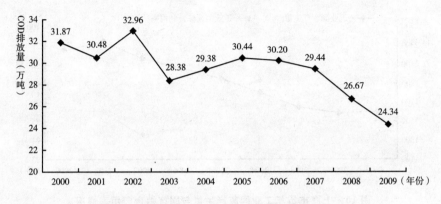

图 8 上海市历年 COD 排放情况

资料来源：《上海统计年鉴》。

（三）固体废弃物

近年来，上海市生活垃圾的产生量呈逐年上升趋势。2009 年，上海市生活垃圾产量为 710 万吨，比 2005 年增长了 14.15%。由此可见，上海面临着较大的生活垃圾处置压力（见图 9）。

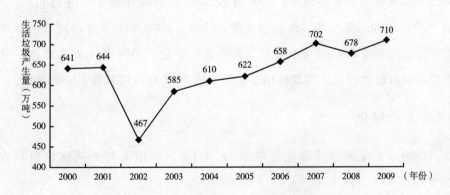

图 9 上海市历年生活垃圾产生量

资料来源：《上海统计年鉴》。

2009 年，上海市工业固废产生量为 2255 万吨，比 2005 年增加了 14.8%。近几年来，上海市工业固废的综合利用率一直在 94% 以上，可见，上海市在发展循环经济方面已经取得了显著成就。

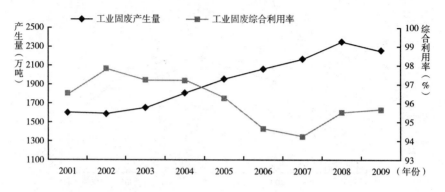

图 10　上海市历年工业固废产生量与固废综合利用率情况

资料来源：《上海统计年鉴》。

（四）噪声

2009 年，上海市区域环境噪声达到相应功能的标准要求，但道路交通噪声夜间时段未能达到相应功能的标准要求。其中，近五年（2005～2009 年）的监测数据表明，上海市区域环境噪声均达到相应功能的标准要求，2005～2008 年总体保持稳定，2009 年较 2008 年有所好转（见图 11）。近五年（2005～2009 年）的监测数据表明，2005～2008 年上海市道路交通噪声均未能达到相应功能的标准要求，总体保持稳定，2009 年上海市道路交通噪声昼间时段达到相应功能的标准要求，较 2008 年有所好转[①]（见图 12）。

（五）绿化

2009 年，上海城市绿化覆盖率为 38.1%，城市人均公共绿化面积为 12.8 平方米（见图 13）。

---

① 上海环境保护局：《2010 年上海环境状况公报》。

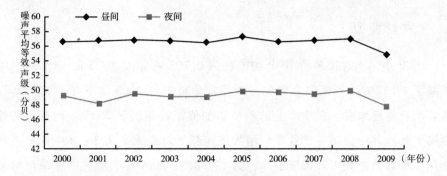

图 11　上海市历年区域环境噪声平均等效声级

资料来源:《上海统计年鉴》。

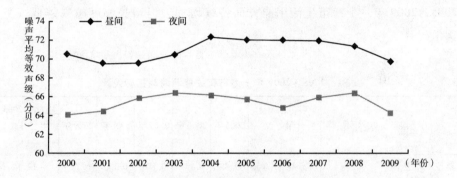

图 12　上海市历年交通环境噪声平均等效声级

资料来源:《上海统计年鉴》。

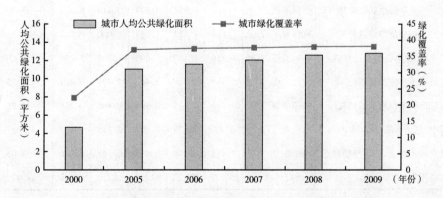

图 13　上海市主要年份城市绿化覆盖率与人均公共绿化面积

资料来源:根据《上海统计年鉴》、《中国 2010 年上海世博会环境报告》与《2009 年上海市国民经济和社会发展统计公报》总结而得。

（六）能源

2009 年，上海市单位 GDP 的能耗为 0.727 吨标准煤/万元，比 2005 年下降了 17.12%。规模以上单位工业增加值能耗比 2005 年下降了 25.23%。从各产业能耗来看，三次产业的单位增加值能耗相对于 2005 年均有不同程度的下降。其中，第一产业单位增加值能耗下降最大，为 36.36%；第三产业单位增加值能耗下降幅度最小，为 15.38%。2009 年，第三产业单位增加值的能耗为 0.418 吨标准煤/万元，低于第一、第二产业单位增加值的能耗水平，可见，大力发展第三产业对单位 GDP 能耗的降低具有重要意义。2005～2009 年，上海市生活用能方面持续增加，但增长幅度越来越低（见表 1）。

表 1　2005～2009 年上海市有关能源消耗指标统计

指　　标	计量单位	2005 年	2006 年	2007 年	2008 年	2009 年	相对于 2005 年上升或下降(%)
单位 GDP 能耗	吨标准煤/万元	0.88	0.847	0.807	0.777	0.727	-17.12
单位 GDP 电耗	千瓦时/万元	1006.1	964.3	914.2	884.1	808.49	-19.64
规模以上单位工业增加值能耗	吨标准煤/万元	1.28	1.20	1.006	0.958	0.957	-25.23
第一产业单位增加值能耗	吨标准煤/万元	1.067	0.984	0.824	0.816	0.679	-36.36
第二产业单位增加值能耗	吨标准煤/万元	1.184	1.112	1.054	1.000	0.981	-17.15
其中:工业单位增加值能耗	吨标准煤/万元	1.236	1.160	1.090	1.305	1.028	-16.83.
建筑业单位增加值能耗	吨标准煤/万元	0.515	0.489	0.486	0.407	0.437	-15.15
第三产业单位增加值能耗	吨标准煤/万元	0.494	0.495	0.494	0.486	0.418	-15.38
其中:交通运输、仓储和邮政业	吨标准煤/万元	2.43	2.479	2.602	2.715	3.233	33.05
批发和零售业、住宿和餐饮业	吨标准煤/万元	0.415	0.410	0.416	0.346	0.216	-47.95
生活用能	万吨标准煤	657.28	753.51	821.7	927.9	949.60	44.47

说明：（1）规模以上单位工业增加值能耗的统计范围是年主营收入为 500 万元及以上的工业法人企业。

（2）GDP 和工业增加值按照 2005 年价格计算。

资料来源：根据历年上海市单位 GDP 能耗等指标公报整理而来。

二　环保投入及"三废"产值

2009 年，上海市环保投入为 460 亿元，占当年 GDP 的 3.06%，并连续 10 年环保投入占 GDP 的 3% 以上。上海市历年环保投入情况及占 GDP 的比重如图 14 所示。

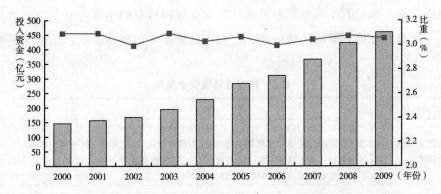

图14　上海市历年环保投入情况及占 GDP 的比重

资料来源：《上海统计年鉴》。

2009 年，上海市的"三废"（废渣、废水、废气）的综合利用产品产值为 16.14 亿元，比上年略有下降。上海市历年"三废"综合利用产品产值如图 15 所示。

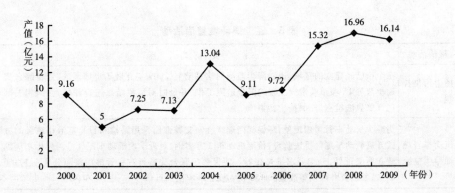

图15　上海市历年"三废"综合利用产品产值

资料来源：《上海统计年鉴》。

三 迎世博环境保障与整治①

为了凸显 2010 年世博会"城市，让生活更美好"的主题，从世博 600 天开始，按照《迎世博 600 天行动计划》推展工作，上海世博会环境保障工作与环境整治工作顺利推进，当前突出的一些环境问题得到缓解，环境面貌进一步改善。表 2 列举了迎世博环境安全保障机制的主要内容。

针对上海市主要的环境问题，上海市开展了专项整治活动，见表 3。

表 2 迎世博环境安全保障

保障机制	主 要 内 容
饮用水源安全保障	全市在用的取水口周边 16 平方公里及黄浦江上游水源保护区范围内的化工、制药、电镀、印染等 8 类风险企业落实了限期关闭、跟踪监管等措施，对黄浦江上游水源一级保护区内的浮吊船进行了全面清理，并对进入黄浦江上游水源保护区的危险品运输船舶安装了 GPS 全球卫星定位仪，以确保世博会期间的饮水安全
辐射环境安全保障	制定了上海世博会期间放射性同位素生产、销售、使用、运输、储存、处置六个环节的管控措施，组织各区县环保局对全市放射性同位素利用单位进行了反恐督导检查。召开了全市各探伤单位负责人参加的"世博会期间 γ 探伤源管控工作座谈会"，落实世博会期间 γ 探伤源的管控措施。牵头组织本市相关部门、单位开展了跃龙化工厂放射性废物处置工作
危险废物应急处置	完成了本市社会化应急处置队伍建设，落实了危险废物持证单位应急预案编制与应急演练，基本形成本市反恐应急体系。2009 年，妥善完成了 4 家企业搬迁遗留剧毒化学品的清除工作，应急处理了 12 起危险废物污染突发事件，共处理处置突发事件危险废物 60 余吨

表 3 迎世博环境整治活动

整治活动	主 要 内 容
扬尘污染控制	在全市已经建立的区域、道路降尘监测网络基础上，2009 年开展了世博园区、虹桥综合交通枢纽等 15 项市政重点工程的降尘监测工作，并及时对监测结果进行评估，会同相关部门开展执法检查，控制扬尘污染
机动车冒黑烟专项整治	为减少机动车冒黑烟现象，环保部门继续会同交警部门采用路检和行业整治相结合的方式开展机动车尾气执法监督，检测机动车 3 万多辆，对近千辆机动车尾气检测超标车辆除暂扣行驶证外，一律要求维修保养。环保部门联合交通行政主管部门检测公交车 17160 辆次，发出责令限期整改通知 158 份，处罚 24 家次

---

① 上海环境保护局：《2010 年上海环境状况公报》。

续表3

整治活动	主 要 内 容
机动车禁鸣	2009年7~9月,在每月两次对全市原70个禁鸣监测点进行监测的基础上,增加随机监测点,并将违法鸣号的机动车有关信息提供给交警部门作为管理参考依据。据统计,从7月15日至9月15日,共出动交警约15万人次,查获违法鸣号77182起。违法鸣号现象呈现逐渐下降趋势,机动车违法鸣号率也从上半年的3.7%下降至3%
秸秆禁烧	市环保局会同市农委制定了《2010年上海世博会期间秸秆禁烧工作方案》,明确了各级政府的责任,建立了部门协同机制和信息通报制度,通过调整种植结构、提高秸秆综合利用率、加强空气质量监测和预警等措施,确保世博会举办期间环境空气质量不因秸秆焚烧而显著下降
河道环境整治	由市水务局牵头负责,对本市18条区界河道采取清除垃圾、整修边坡、拆除部分违章建筑、种植绿化、疏浚底泥等措施,进行环境综合整治。建立河道巡查制度,重点关注世博园区周边、中心城区等重点区域以及水环境质量薄弱、人口聚集、主要交通要道周边等区域的河道环境,并针对一些河道突发的环境脏乱差现象,及时启动应急处置工作
长三角区域污染联防联控	建立了世博会期间长三角区域环保合作机制,明确了两省一市联合进行电厂、机动车、秸秆焚烧等污染联防联控的工作机制和任务,初步形成了长三角区域空气污染联防联治的良好局面

B.15
附录2　2010年上海节能减排大事记

刘　婧*

2010年1月　上海市规划委员会召开的2010年度第一次全体会议，确定了上海将建第一个低碳商务社区——虹桥商务区。

2010年3月　上海市召开节能减排和应对气候变化工作会议。

2010年3月　上海市人民政府发布了《上海市2010年节能减排和应对气候变化重点工作安排》的通知。

2010年3月　上海市深化节能减排家庭社区行动——"低碳家庭·时尚生活"主题活动举行。

2010年4月　节能减排政策大型宣讲会——"享受节能减排政策扶持，提升企业竞争力"在上海科学会堂举行。

2010年5月　上海市发展与改革委员会、上海市财政局对《上海市循环经济发展和资源综合利用专项扶持暂行办法》（沪发改环资［2009］31号）进行了修订完善，发布了《上海市循环经济发展和资源综合利用专项扶持办法（2010年修订）》。

2010年5月　上海市科学技术委员会发布了《2010年度"科技创新行动计划"节能减排专项资助申请指南》。

2010年5月　上海市人民政府印发《关于本市贯彻〈国务院关于进一步加大工作力度确保实现"十一五"节能减排目标的通知〉的实施意见》的通知。

2010年5月　上海召开确保实现"十一五"节能减排目标推进大会。

---

* 刘婧，上海社会科学院生态经济与可持续发展研究中心博士。主要研究方向：环境经济学、公共政策分析。

2010 年 6 月 第五届"上海国际节能减排博览会"召开。

2010 年 7 月 上海市节能减排工作领导小组办公室印发《关于进一步做好市节能减排专项资金管理和信息公开工作的有关意见》。

2010 年 8 月 上海市发展和改革委员会节能减排工作领导小组办公室发布了《关于下达本市 2010 年节能减排专项资金安排计划（第三批）的通知》。

2010 年 8 月 上海市质量技监局发布了《关于进一步加强节能减排工作的通知》。

2010 年 9 月 上海市发改委发布《关于组织申报 2010 年可再生能源和新能源发展市级专项扶持资金和编制 2011 年扶持资金使用计划的通知》。

2010 年 9 月 上海市建管办发布《关于加强开工建设管理确保实现节能减排目标的通知》。

2010 年 10 月 上海市工业和通信业系统"我为节能减排献一策"活动举行。

B.16
附录3 上海新能源发展大事记

陈 宁*

2010 年 1 月 松江区高新技术产业化基地获批。

2010 年 1 月 上海市发改委正式发文批准上海老港风力发电项目二期工程（沪发改能源［2010］4 号）。

2010 年 2 月 总功率为 30 千瓦的非晶硅薄膜光伏发电系统在上海财经大学科技园办公楼屋顶投入使用。

2010 年 2 月 由合肥阳光电源有限公司承建的 2010 年世博会主体工程—主题馆、中国馆的大型光伏发电系统已成功并网发电，开始为举世瞩目的世博会供应清洁绿色的电力。

2010 年 2 月 全球欧洲之外第一个海上风电并网项目，中国第一个国家海上风电示范项目上海东海大桥海上风电项目所有 34 台机组整体安装成功，首批机组已正式投运。

2010 年 3 月 上海乃至全国首家由太阳能专家兴办的"光伏发电超市"在莘庄报春路开张迎客。

2010 年 2 月 上海核工程研究设计院 40 周年庆祝大会在上海市委党校隆重举办。

2010 年 3 月 上海市高新技术成果转化服务中心"2010 年度上海高新技术成果转化项目认定与授证会议"在上海科技馆举行。

2010 年 5 月 上海市政府与中国国电集团公司在沪签署《关于推进新能源发展战略合作框架协议》。

2010 年 5 月 上海电气定向增发 36 亿元人民币扩大核电和风电产业。

2010 年 5 月 上海市政府下发《上海推进智能电网产业发展行动方案

* 陈宁，上海社会科学院生态经济与可持续发展研究中心博士。主要研究方向：产业经济学、资源与环境经济学。

（2010～2012 年）》的通知。

2010 年 5 月 特变电工公司在上海世博会联合国太阳能技术论坛上获得"技术创新特等奖"。

2010 年 6 月 在第 39 个世界环境日，我国第一艘太阳能混合动力游船"尚德国盛号"在上海黄浦江畔起航。

2010 年 7 月 我国国内自主研发的技术最先进、目前容量最大的风力发电机组——3.6MW 大型海上风机在上海电气临港重装备基地成功下线。

2010 年 7 月 我国最大的海上风电场——上海东海大桥 100 兆瓦海上风电场全部机组并网发电。

2010 年 7 月 上海市发改委正式核准华电上海柘中太阳能光伏发电项目"沪发改能源〔2010〕081 号"。

2010 年 7 月 "光电之星科技港·新奥智城"智能低碳示范区在上海揭牌。

2010 年 7 月 京沪高铁上海虹桥站太阳能工程并网发电项目成功并网。

2010 年 7 月 上海实业（集团）有限公司与中国航天科技集团公司上海航天技术研究院正式签署《推进新能源产业发展战略合作框架协议》。

2010 年 7 月 位于奉城镇的上海新能源产业基地投资开发有限公司正式对外招商。

2010 年 7 月 上海市政府与国家电网公司正式签订了《智能电网建设战略合作协议》。

2010 年 8 月 尚德集团宣布上海基地停产薄膜太阳能电池。

2010 年 8 月 总投资达 30 亿元的华锐风电科技（集团）股份有限公司上海临港风电产业基地项目在上海举行签约仪式。

2010 年 8 月 由我国自主设计制造的二代加核电百万千瓦级蒸汽发生器在上海临港核电基地竣工。

2010 年 10 月 备受业内关注的我国首轮海上风电特许权项目招标结果公布。

2010 年 10 月 "浦东新能源产业联盟"正式成立。

2010 年 10 月 上汽集团公布新能源汽车发展规划。

2010 年 10 月 政府部门已经明确，将对电网企业实行配额制，以促进新能源尤其是风电上网。

ℬ.17

附录4 上海新能源汽车发展里程碑

刘召峰*

2006 年 1 月 上海市委、市政府专门成立了跨部门的新能源汽车推进领导小组和办公室，统筹协调新能源汽车发展的重大问题。

2006 年 4 月 上海市新能源汽车推进办公室、上海市经济委员会发布《2006～2008 年上海市新能源汽车推进项目指南》。

2007 年 4 月 上海市新能源汽车推进领导小组办公室与上汽签订了《世博新能源汽车推进项目协议》。

2008 年 8 月 由上燃动力、同济大学、上海大众共同开发的 20 辆燃料电池轿车将作为赛时公务用车服务北京奥运会。

2009 年 1 月 国家启动"十城千辆节能与新能源汽车示范推广应用工程"，上海被列入首批 13 个试点城市。

2009 年 6 月 上海市公布了《上海推进新能源高新技术产业化行动方案（2009～2012 年)》。

2009 年 7 月 上海市经济与信息化委员会，嘉定区和上汽集团共同打造上海市新能源汽车及关键零部件产业基地（嘉定）。

2009 年 11 月 在上海举行的《2009 中国国际工业博览会》上，上汽集团展出 6 款为 2010 年上海世博会服务的新能源车。

2009 年 12 月 上海市发展改革委、市经济信息化委制定《关于促进上海新能源汽车产业发展的若干政策规定》。

2010 年 5 月 作为迄今世界最大规模的一次新能源汽车"集体上路"，服务于上海世博会。

---

* 刘召峰，上海社会科学院生态经济与可持续发展研究中心研究助理。

2010 年 5 月　国家出台了《关于开展私人购买新能源汽车补贴试点的通知》，上海成为五个试点城市之一。

2010 年 7 月　上海市人民政府与国家电网公司在沪正式签署《关于智能电网建设战略合作协议》。

2010 年 10 月　上汽集团公布新能源汽车发展规划。

2010 年 11 月　上海汽车与通用汽车联合宣布，双方将在新能源汽车基础技术研发和新一代车型开发等核心领域加强合作，并签署了相关的战略合作备忘录。

2010 年 11 月　8 辆从世博园"退役"的超级电容车加盟 11 路。

B.18
后　记

　　《上海资源环境发展报告（2011）——世博后城市可持续发展》的选题、研究框架、编辑、统定稿以及研究团队的组建由上海社会科学院周冯琦研究员负责，刘婧博士协助编辑。

　　本书的选题和研究工作得到了上海社会科学院有关领导以及科研处等部门的关心支持和帮助，在此一并致以衷心的感谢！

　　特别感谢上海社会科学院世界经济研究所所长张幼文研究员在百忙中对本书的选题给予的指点和宝贵建议！

　　除了上海社会科学院生态经济与可持续发展研究中心、上海市生态经济学会外，在沪人大代表专题调研组、上海市环保局、上海市政协人口资源环境建设委员会、民盟上海市委、上海世博局、上海市政协经济委员会、上海市统计局、上海市节能协会、上海市环境集团等单位也参与了此项研究，并给予了积极的帮助。社会各界专家学者的积极参与，为项目研究取得预期成效奠定了扎实的基础，也为今后进一步开展合作研究拓展了广阔的空间。

　　此书的编辑为编辑排版工作付出了夜以继日的艰辛劳动，社科文献出版社副总编辑、皮书出版总监范广伟先生更是为本书的出版倾注了大量心血，在此对他们的付出和敬业精神表示衷心的感谢和崇高的敬意！

　　真诚感谢每一位团队成员的积极参与、交流与奉献。

周冯琦

2010 年岁末

图书在版编目（CIP）数据

上海资源环境发展报告. 2011. 世博后城市可持续发展/周冯琦
主编. —北京：社会科学文献出版社，2011.1
（上海蓝皮书）
ISBN 978 - 7 - 5097 - 2039 - 4

Ⅰ. ①上… Ⅱ. ①周… Ⅲ. ①环境保护 - 研究报告 - 上海
市 - 2011 ②自然资源 - 研究报告 - 上海市 - 2011 Ⅳ. ①X372.51

中国版本图书馆 CIP 数据核字（2010）第 255833 号

上海蓝皮书

上海资源环境发展报告（2011）
——世博后城市可持续发展

名誉主编／张仲礼
主　　编／周冯琦

出 版 人／谢寿光
总 编 辑／邹东涛
出 版 者／社会科学文献出版社
地　　址／北京市西城区北三环中路甲 29 号院 3 号楼华龙大厦
邮政编码／100029
网　　址／http：//www. ssap. com. cn
网站支持／（010）59367077
责任部门／皮书出版中心（010）59367127
电子信箱／pishubu@ ssap. cn
项目经理／邓泳红
责任编辑／吴 丹
责任校对／李海雄
责任印制／蔡 静 董 然 米 扬
品牌推广／蔡继辉

总 经 销／社会科学文献出版社发行部
　　　　　（010）59367081　59367089
经　　销／各地书店
读者服务／读者服务中心（010）59367028
排　　版／北京中文天地文化艺术有限公司
印　　刷／北京季蜂印刷有限公司

开　　本／787mm×1092mm　1/16
印　　张／17.75　字数／276 千字
版　　次／2011 年 1 月第 1 版　印次／2011 年 1 月第 1 次印刷

书　　号／ISBN 978 - 7 - 5097 - 2039 - 4
定　　价／59.00 元

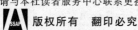

盘点年度资讯 预测时代前程

从"盘阅读"到全程在线阅读
皮书数据库完美升级

·产品更多样

从纸书到电子书，再到全程在线网络阅读，皮书系列产品更加多样化。2010年开始，皮书系列随书附赠产品将从原先的电子光盘改为更具价值的皮书数据库阅读卡。纸书的购买者凭借附赠的阅读卡将获得皮书数据库高价值的免费阅读服务。

·内容更丰富

皮书数据库以皮书系列为基础，整合国内外其他相关资讯构建而成，内容包括建社以来的700余部皮书、20000多篇文章，并且每年以120种皮书、4000篇文章的数量增加，可以为读者提供更加广泛的资讯服务。皮书数据库开创便捷的检索系统，可以实现精确查找与模糊匹配，为读者提供更加准确的资讯服务。

·流程更简便

登录皮书数据库网站www.i-ssdb.cn，注册、登录、充值后，即可实现下载阅读，购买本书赠送您100元充值卡。请按以下方法进行充值。

充值卡使用步骤：

第一步
· 刮开下面密码涂层
· 登录 www.i-ssdb.cn
  点击"注册"进行用户注册

卡号：52198245518280

密码：

（本卡为图书内容的一部分，不购书刮卡，视为盗书）

第二步
登录后点击"会员中心"
进入会员中心。

社科文献资源库
SOCIAL SCIENCE
DATABASE

第三步
· 点击"在线充值"的"充值卡充值"，
· 输入正确的"卡号"和"密码"，即可使用。

如果您还有疑问，可以点击网站的"使用帮助"或电话垂询010-59367071。